전쟁의 원인과 평화의 조건
미국과 러시아

전쟁의 원인과 평화의 조건
미국과 러시아

초판인쇄일　｜　2024년 1월 30일
초판발행일　｜　2024년 2월 10일
지은이　｜　피티림 A. 소로킨 Pitirim A. Sorokin
옮긴이　｜　정헌주
펴낸곳　｜　간디서원
펴낸이　｜　최청수
주소　｜　(03340) 서울 은평구 가좌로335, 2층
전화　｜　02)3477-7008
팩스　｜　02)3477-7066
등록　｜　제2022-000014호
E_mail　｜　gandhib@naver.com
ISBN　｜　978-89-97533-55-8 (93330)

ⓒ 정헌주, 2024

* 잘못된 책은 바꾸어 드립니다.

전쟁의 원인과 평화의 조건
미국과 러시아
RUSSIA AND THE UNITED STATES

피티림 A. 소로킨 PITIRIM A. SOROKIN 지음
정헌주 옮김

간디서원

일러두기

- 인명, 지명 등 각종 고유명사는 원음에 근거하여 표기하였다. (단 관행적으로 사용하고 있는 외래어는 그대로 사용했다)
- 독자들에 이해를 돕기 위해 인명, 지명, 사건 등에 대해 옮긴이가 첨가한 주석은 주로 위키백과, 다음백과, 네이버지식백과, 철학사전, 인명사전 등을 참조하여 정리한 것임을 밝혀둔다.
- 본문에 있는 대괄호[ ]는 독자들의 이해를 위해 옮긴이가 첨가한 것이다. 소괄호()는 원문에 있는 내용이다.

차례

옮긴이 서문   9
제2판 서문   13
초판 서문   15

1부   사회구조와 정신

1장 | 미국-러시아 관계의 중대한 교훈   21
1. 대격변   21
2. 미국-러시아 간의 장구한 평화의 기적   22
3. 기적의 의의   25
4. 주요 원인   25

2장 | 촉진 요인: 사회구조의 유사성   32
1. 전쟁 및 평화에서 사회구조의 유사성의 역할   32
2. 방대한 대륙의 두 나라   34
3. 두 나라의 비교적 평화로운 팽창   36
4. 두 나라의 다양성 속의 통일   41

3장 | 미국의 정신과 러시아의 정신   58
1. '슬라브 민족 정신'의 신화   58
2. 미국인과 러시아인의 정신구조의 유사성   66

2부   사회제도와 정신

4장 | 미국과 러시아의 사회제도   79
1. 두 나라 사회제도의 민주적 성격   79
2. 가족   81
3. 러시아의 지방자치, 농촌자치, 도시자치   89

    4. 러시아의 법률 및 사법 제도　　　　　　　　　　93
    5. 러시아의 귀족과 부르주아지(또는 중간계급)　　98
    6. 러시아의 중앙정부　　　　　　　　　　　　　101

5장 ǀ 러시아의 종교 및 교회 제도　　　　　　　　108
    1. 러시아정교 및 그 외 종교들　　　　　　　　　108
    2. 러시아정교의 신학적 및 철학적 측면　　　　　115
    3. 위계 조직　　　　　　　　　　　　　　　　　120
    4. 러시아혁명 이전부터 쇠락하는 종교　　　　　122
    5. 러시아혁명기의 교회 개혁과 박해　　　　　　124
    6. 혁명에 의한 파괴 시대 후 종교의 부흥　　　　128

6장 ǀ 양국의 도덕 기준　　　　　　　　　　　　　135
    1. 러시아　　　　　　　　　　　　　　　　　　135
    2. 미국　　　　　　　　　　　　　　　　　　　144

3부　상호 영향

7장 ǀ 두 나라의 창조적 개화　　　　　　　　　　151
    1. 유례없는 비약적인 발전　　　　　　　　　　　151
    2. 러시아의 인구 성장　　　　　　　　　　　　　153
    3. 러시아 사회정치의 발전　　　　　　　　　　　154
    4. 러시아 경제·산업·기술의 발전　　　　　　　　162
    5. 러시아 교육·문화의 발전　　　　　　　　　　168
    6. 미국의 유례없는 발전　　　　　　　　　　　　184
    7. 두 나라의 평화 유지에 양국의 유사성이 갖는 함의　189

8장 ǀ 양국이 각자의 사회구조 생활에 미친 영향　190
    1. 미국이 러시아에 미친 영향　　　　　　　　　190

2. 러시아가 미국에 미친 영향　　　199

9장 ｜ **혁명의 파괴 국면 이후의 러시아**　　　208
　　　1. 공산주의 유령과 자본주의 유령　　　208
　　　2. 주요 혁명의 주기　　　209
　　　3. 러시아혁명의 주기　　　210
　　　4. 공산주의의 쇠퇴와 활력 넘치는 신생 러시아의 성장　212
　　　5. 결론　　　243

4부　전쟁의 원인과 평화의 조건

10장 ｜ **미국 – 러시아 간 갈등의 진짜 원인**　　　247
　　　1. 표면적인 원인　　　247
　　　2. 진짜 원인　　　252
　　　3. 화해의 가능성과 방법　　　258

11장 ｜ **전쟁과 평화의 원인 및 요인**　　　271
　　　1. 주요 원인 대 복합적인 인과관계　　　271
　　　2. 국내 평화와 국제 평화의 주요 원인　　　274
　　　3. 이 명제들의 타당성에 대한 증거　　　276

12장 ｜ **전후 시대 지속적인 평화를 위한 조건과 가능성**　293
　　　1. 이전의 모든 계획과 노력이 실패한 주요 원인　　　293
　　　2. 항구적인 평화를 위한 네 가지 필수적인 조건　　　296
　　　3. 현재 제안된 계획은 실현 가능한가?　　　303

찾아보기　　　307

옮긴이 서문

이 책은 피티림 A. 소로킨Pitirim A. Sorokin의 *RUSSIA AND THE UNITED STATES*(Sevens and Sons Limited, New York, 1950)를 번역한 것이다. 피트림 A. 소로킨은 러시아제국 말기인 1898년에 태어났다. 빈농 가정에서 태어난 소로킨은 순회 노동자에서 시작하여 직공 생활을 하다가 페테르부르크대학에 입학했다. 졸업 후에는 같은 대학교수가 되어 철학, 심리학, 윤리학, 역사학, 법학을 연구하고, 최종적으로 사회학으로 방향을 전환하여 1917년 페테르부르크대학 최초의 사회학 교수가 되었다.

학창시절부터 정치에 관심을 가진 소로킨은 신문 편집주간, 전(全)러시아농민소비에트 창립 멤버로 활동하다가 1917년 수립된 임시정부의 케렌스키 내각에 각료로 참여했고, 러시아 공화국회의 및 헌법회의 위원을 지냈다. 1917년 10월 혁명 후에 소로킨은 케렌스키 내각에 참여한 이유로 볼세비키 정부에 의해 투옥되어 사형선고를 받았다. 그러나 각계에서 구명운동이 펼쳐지자 볼세비키 정부는 국외 추방 명령을 내렸다.

1923년 소로킨은 망명신청을 하여 미국으로 건너갔다. 1924년 미네소타대학에서 교수를 거쳐 1930년 하버드대학으로 옮겨 사회학과를 창설했다. 미국에서 교수를 하면서 소로킨은 『사회이동』*Social Mobility*(1927), 『사회·문화 동학』*Social and Cultural Dynamics* 4권(1937~1941), 『혁명의 사회학』*Sociology of Revolution*(1925), 『사회·문화 및 퍼스낼리티』*Society, Culture and Personality*(1947) 등 당시 급변하는 사회의 변동에 관한 많은 대작을 저술하여 미국 사회학의 발달에 지대한 기여를 했다.

오늘날 우리가 접하고 있는 러시아(옛 소련 포함)와 미국에 관한 저작들은 대부분 서구 학자들에 의한 것이어서 서구적인 시각에서 심지어 서구 중심주의 관점에서 기술된 경향이 있다. 따라서 이들 저작은 서구 편향적인 틀을 벗어나지 못하고 있다는 지적이 있다. 특히 현재 유포되고 있는 저작들과 정보 중 다수는 냉전시대에 기술된 것이어서 러시아(옛 소련)와 미국을 주로 적대적 관계로 묘사하고 있으며, 심지어 미국은 긍정적으로 러시아는 부정적으로 규정하는 이분법적 논리로 단정하는 경향이 있다. (그 반대의 저작은 금서로 지정되어 일반인은 접하기 힘들기 때문에 논외로 한다.)

반면 소로킨의 『미국과 러시아』*RUSSIA AND THE UNITED STATES*은 러시아와 미국을 서구 편향에서 벗어나 중립적인 관점에서 소개하고 있다. 소로킨은 러시아에서 태어났을 뿐만 아니라 러시아 최고의 대학 페테르부르크대학에서 교수를 했고, 미국에서도 최고의 대학 하버드대학에서 교수를 하여 서구 편향에서 다소 자유롭다고 할 수 있다. 더구나 소로킨은 사회 최하층에서 사회 최상층까지 온갖 사회계층 사다리를 거쳐 대부분의 저작에서 흔히 나타날 수 있는 계급 편향에서도 자유롭다고 할 수 있다.

『미국과 러시아』은 소로킨이 하버드대학에 있던 1949년에 저술한 것이다. 『미국과 러시아』는 냉전이 본격화하기 시작될 무렵에 쓴 탓도 있지만, 미국과 러시아를 대립적 또는 적대적 관계로 묘사하지 않고 오히려 두 나라 사이의 관계를 우호적 협력적 관계로 묘사하고 있다. 이는 냉전시대 관점에서 보면 틀릴 수도 있지만 사실 미국은 1776년 독립한 이래로 오랫동안 러시아와 교류하며 우호적 관계를 유지해왔다.

미국이 독립할 당시 영국과 대립하고 있던 러시아는 미국의 독립을 적극적으로 지지했다. 그 후로 러시아와 미국은 서로 충돌하기는커녕 사회, 문화, 예술, 문학 등 여러 분야에서 상호교류하며 우호적 관계에 있었다. 19세기 제국주의 시대에도 미국과 러시아는 심각한 충돌이 없었으며, 특히 러시아가 알래스카를 양도했을 때 미국에서 러시아 인기는 절정에 달했다.

1917년 혁명이 일어나면서 두 나라 사이의 관계가 일시적으로 소원해지기도 했지만 잠시뿐이었다. 미국은 혁명을 지지하지는 않았지만, 혁명을 저지하려는 백군에 참여는 소극적이었으며, 러시아가 대기근에 직면한 1920년대 초에 미국은 구호단을 파견해 러시아를 도왔다. 20세기 들어 두 차례에 걸친 전쟁에서도 두 나라는 오히려 동맹을 맺고 전우애를 발휘하며 서로 협력했다.

냉전 시대에 접어들면서 두 나라는 적대적 관계로 변했지만 1970년대 들어 양국 정상이 서로 상대국을 방문하는 등 두 나라 사이에 화해 무드가 조성되었고, 1985년 페레스트로이카, 1990년대 동구권 개방시대에 이르면서 두 나라 사이의 경제협력이 왕성해졌다. 21세기 들어 9.11 사태와 함께 세계 곳곳에서 분쟁이 심화됨에 따라 양국 간에 대리전 형태로 많은 충돌이 일어났지만 역사적으로 보면 두 나라가 적대적 관계로 충돌한 시기는 그리 길지 않고 오히려 서로 우호적으로 교류한 시기가 더 많다.

『미국과 러시아』은 그간 두 나라가 우호적 관계를 유지한 근거를 두 나라 사이의 기원부터 냉전 이전까지 두 나라 사이의 친화성에서 찾음으로써 기존의 틀에서 벗어나 새롭게 볼 수 있는 신선한 관점을 제시하고 있다. 또한 『미국과 러시아』은 러시아가 탄생하여 제국으로 성장하기까지 그리고 혁명 후 러시아 사회, 정치, 경제 상황에 대해 간략하게 요점적으로 알려주고 있다. 게다가 러시아와 미국이 사회, 문화, 예술, 문학에서 서로 어떻게 상호영향을 주었는지도 간략하게 보여주고 있다. 나아가 『미국과 러시아』은 그간 우리가 왜곡되게 알고 있던 러시아 그리고 러시아와 미국 간의 관계에 대해 새로운 각도에서 조명할 수 있게 해주고 있다.

소로킨이 이 글을 쓰게 된 것은 냉전시대에 이르러 양국이 적대적 관계로 돌변하면서 세계 평화가 다시 위협을 받고 있는 상황에 대한 우려에서 비롯되었다. 역으로 열전시대에 두 나라가 발휘하던 전우애를 회복하여 세계 평화를 재건하려는 열망에서 비롯되었다. 세계 평화를 위해서는 두 나라가 협력하여 '항구적인 평화의 전당'을 세워야 한다. 소로킨의 바람대로 '항구적인 평화의 전당'을 세우려면 러시아와 미국 두 나라 사이의 적대적 관계를 불식하고 냉전시대 이전의 우호적 협력적 관계로 되돌아가야 할 것이다. 소로킨의 소망이 이루어지길 바란다.

2023년 추운 겨울
안암골 연구실에서

제2판 서문

제2판에서는 초판 내용을 일부 개정하고 최근 자료를 활용했으며 새로운 장(제10장)을 추가했다. 여기서는 초판의 중심 사상은 변경 없이 그대로 두었지만, 『사회 동학과 문화 동학』*The Social and Cultural Dynamics*을 비롯한 여러 저작들에서 발전시킨 폭넓은 '역사철학'에 기초하여 새롭게 구성했다.

이 역사철학에 따르면, 공산주의 혁명을 러시아 풍토 균이 낳은 순수한 러시아 질병으로 보거나 혹은 건전한 서구 사회와 문화에 매우 위험한 것으로 간주하는 것은 치명적인 오류다. 러시아혁명은 서구의 감각적 사회문화 질서가 붕괴하면서 발생한 서구의 네 가지 기본적인 병폐 중 하나이며, 러시아에서 최초로 발현한 것은 아니다. 다른 세 가지는 1차 세계대전, 파시즘 및 나치즘과 일련의 반공 혁명, 2차 세계대전이다.

서구의 치명적인 질병을 일으킨 세균은 러시아혁명이 일어나기 전에 악성 균으로 번졌으며, 지금은 서구의 반(反)소비에트 진영은 물론이고 동유럽의 소비에트 진영에도 널리 퍼져 활성화되고 있다. 현재는 전 세계로 퍼져 파업, 공장 폐쇄, 폭동, 혁명, 내전 등 온갖 종류의 사회불안으로 발현되고 있다. 이 같은 상황에서는 병든 세계를 치유하기 위해 반(反)소비에트 진영과 소비에트 진영이 각각 주위에 방역선을 세우는 것은 소용이 없다. 그런 식으로 서로 격리하더라도 세균이 박멸되지는 않는다.

또한 상호 증오와 '강경책', '냉전'과 '열전'으로 세균의 전염을 막으려는 것은 더욱 어리석은 일이다. 그 같은 방책은 오히려 세균을 활성화하고, 번식시켜 더욱 확산시키며 삶이 아닌 죽음을, 안정 아닌 불안정을, 번영 아닌 비참함을, 질서 대신 무질서를 초래한다.

인류의 영원한 공동의 적과 싸우는 성전에서는 동서양이 협력해서 전우애를 되살려야만 감각적 사회문화 질서의 붕괴가 초래하는 죽음, 파괴, 질병, 불행, 광기 등 온갖 병폐를 퇴치할 수 있다. 이 같은 공동의 적과의 전쟁에서는 소비에트 진영과 반(反)소비에트 진영이 협력해야만 '냉전'을 '차가운' 협력으로 바꾸어놓고, 궁극적으로는 '따뜻한' 우애로 바꾸어놓을 수 있다. 증오 대신 공감. 파괴 대신 창조적 건설, 죽음 대신 삶의 존중, 강압 대신 진정한 자유, 외교적 위선 대신 성실이 인류의 적대적인 두 진영을 화해시켜 인류의 새로운 성전(聖殿)을 새로 세울 수 있다.

피티림 A. 소로킨
1949년 8월

초판 서문

지난 몇 달 동안 우연한 계기로 이 책의 주제에 대해 공개 강의를 하게 되었다. 강의 하나하나 끝날 때마다 청중들은 이 강의에 새롭고 계몽적인 값진 내용이 들어 있다며 강의 내용을 책으로 출간해 달라고 촉구했다. 청중들은 이 강의를 책으로 출간하는 것이 두 나라의 이익에도 도움이 되고 평화를 지속하는 데도 도움이 될 거라고 생각했다. 나는 사회적 의무를 소홀히 하지 않으려고 청중들의 제안을 따르기로 결심했고 그 결과 이 작은 책을 쓰게 되었다.

내가 미국과 러시아에 대해 편견 없이 글을 쓸 수 있는 자격이 있는지는 '자신과 자기 가족을 위하여'라는 몇 마디로 충분하지 않을 수도 있다. 나는 러시아에서 태어나 1889년부터 1922년까지 살아서 러시아에 대해 제법 많이 알고 있다. 나는 최하층 집안에서 태어나 자랐다. 그래서 빈농과 순회노동자에서 시작하여 상트페테르부르크 대학 및 여러 고등교육기관의 법학 및 사회학 교수를 지냈고, 케렌스키[1] 내각의 일원, 대도시 신문 편집주간, 전(全) 러시아 농민 소비에트 창립 멤버, 러시아공화국 위원회 위원, 제헌의회 의원 지위 등 러시아의 다양한 사회계층 피라미드를 거쳐 왔다.

이처럼 나는 빈농 소년, 순회노동자, 직공, 투옥 혁명가 및 반(反)혁명가, 교수, 언론인, 정치 지도자로서 살아왔다. 따라서 내가 학자로서 러시아를 연구한 것은 말할 것도 없거니와 러시아 사람들과 생활방식을 다방면으로 제법 안다고 주장한다고 해서 터무니없는 것은 아니다.

나는 1923년부터 현재까지 미국에서 살면서 사회학자로서 의무를 다했다. 나는 이 나라[미국]에 필요한 지식을 어느 정도 습득했다고 생각했다. 나는 두 나라에서 매우 운이 좋은 위치에 있어서 두 나라의 한 측면만 알고 있는 사람보다 두 나라의 제도를 완전히 (조금이라도 더 잘) 비교할 수 있는 위치에 있다고 생각한다.

따라서 일각에서는 내가 러시아를 묘사하고 해석하는 데 편향이 있을 수 있다고 지적하지만 나는 매우 객관적인 위치를 유지할 수 있었다. 나는 러시아의 극빈 하층계급 가정에서 태어나 자랐기에 귀족과 상층계급 측에 유리하게 편향되었다는 비난을 면할 수 있었다. 반대로, 인생의 후반기에는 이들 계층의 역사를 연구하고 그들의 최고 대표자와 최악의 대표자와 직접 그리고 지속적으로 접촉해 온 탓에 상류층과 중산층에 대한 맹렬한 반대자들이 정치적 선전으로 만들어낸 그들에 대한 일방적이고 왜곡된 이미지에 크게 영향을 받지 않았다.

차르 체제와 공산주의 체제에 대해서도 마찬가지다. 나는 구체제에 맞서 싸우다가 세 차례나 투옥되었기에 구체제에 대해 편파적이라는 의심을 벗어날 수 없다. 반대로 공산주의 체제에서도 두 차례 투옥

---

1 케렌스키(Aleksandr Fyodorovich Kerensky 1881~1970) : 1917년 7월부터 10월까지 러시아 임시정부의 수반. 1905년경 사회주의혁명당에 가입, 1912년 노동자단체 대표로 제4대 러시아 의회의원으로 선출, 임시정부의 법무장관과 상트페테르부르크 노동자·병사대표 소비에트의 부의장직을 겸임, 육군 및 해군장관을 거쳐 총리로 선출되었으나 1917년 10월 혁명 때 쫓겨나 미국으로 망명함 - 옮긴이

되고, 사형 선고까지 받았으며, '반공 지식인의 가장 무도한 지도자'로 끈질기게 추적받다가 추방된 나로서는 공산주의 체제에 우호적인 생각을 가질 수 없다.

대체로 나는 [차르와 공산주의] 두 체제에 대해 비교적 균형 잡힌 입장을 취하고 있으며, 나에게 가해진 다양한 징벌적 조치는 어느 쪽에 대해서든 내가 가질 수 있는 편견을 상쇄시켜 준다.

아버지는 대러시아[2] 혈통이고 어머니는 우르고-핀족Urgo-Finnish(지리안Zyrian) 혈통으로 히틀러가 말하는 '지구의 불량아'인 인종 '잡종'이다. 그렇지만 이 같은 혼혈 특성에는 그만한 보상이 뒤따른다. 인종 잡종인 나는 자연스럽게 러시아 민족을 편견 없이 바라보기 때문이다.

나의 해석과 진단은 독재자든 왕이든 대통령이든 권력을 가진 자의 동기와 소망, 환상을 고려하여 이루어진 것이 아니다. 역사의 심오한 기본 과정은 어느 한 개인에 좌우되지 않는다. 역사 과정은 그 민족이 역사적으로 거쳐 온 거대한 집합적인 힘과 다른 민족의 영향 그리고 그 민족 인구의 생물학적 성질과 지리적 환경에 의해 결정된다.

나의 결론은 미국과 러시아 두 나라의 이 같은 요인에 대한 연구를 바탕으로 한 것이다. 그 같은 절차는 대개 여러 통치자들이 내놓는 추측보다는 훨씬 유효하다. 통치자가 권력을 유지하고 싶으면 이 거대한 힘이 지시하는 대로 행해야 한다. 그 힘의 지시를 따르지 않는 통치자는 권좌에서 쫓겨난다. "운명은 의지가 있는 사람을 이끌고 의지가 없는 사람은 끌고 간다."

이 작은 책이 두 거대한 나라의 상호 이해를 증진하는 목적에 조

---

2 대러시아 민족 : 옛 소련의 유럽 북부와 중부 지방에 사는 주요한 러시아 민족 - 옮긴이

금이라도 도움이 된다면 나의 노력이 충분히 보상받았다고 느끼게 될 것이다.

    이 책을 쓰면서 원고를 타이핑하고 인쇄를 준비하는 데 재정적으로 도움을 준 하버드 사회과학연구위원회에 감사한다. 또한 이 원고의 출판을 허락해 준 미국역사학협회와 정의 및 평화 지속 연구회에도 감사의 말을 전한다.

피티림 A. 소로킨
하버드대학교

1부

사회구조와 정신

제1장
미국-러시아 관계의 중대한 교훈

제2장
촉진 요인 : 사회구조의 유사성

제3장
미국의 정신과 러시아의 정신

제1장

미국-러시아 관계의 중대한 교훈

1. 대격변

2차 세계대전이 끝난 후 몇 년 사이에 미국과 러시아의 관계는 근본적으로 변화했다. 미국 역사 전체에 걸쳐 두 나라 사이에 깨지지 않고 지속된 평화와 우애가 전쟁이 끝나면서 '냉전'과 적대 행위로 바뀐 것이다. 미국 국민과 러시아국민 사이에는 '냉전'과 적대 행위가 일어나지 않고 있지만 두 나라의 지배 집단 사이에서는 계속되고 있다. 이 같은 변화는 매우 중대한 재앙을 초래하여 두 나라 국민에게는 물론 전 세계에 큰 손실을 수반한다.

(1) 전쟁 전에 미국과 러시아가 교류하며 장구한 세월에 걸쳐 실현하여 지속된 평화로운 유토피아가 마감되었다.
(2) 이 같은 변화는 두 나라가 가진 헤아릴 수 없을 정도로 소중한 사회적, 문화적 이익을 앗아가고, 두 나라 국민에게 막대한 손실을 안겨주었다.
(3) 또한 전체 인류에게도 영향을 미쳐 인류에게 심각한 고통과 무한한 불이익을 가져다주었다.

이 모든 점에서 그 같은 변화는 진보가 아니라 퇴보를 초래한다. 그 같은 변화가 어떻게 해서 그리고 왜 이런 결과를 낳게 되었는가? 우선 그 같은 변화가 일어나기 전에 존재했던 미국-러시아 사이 우애 관계의 본질에 대해 간략하게 살펴보자.

2. 미국-러시아 간의 장구한 평화의 기적

러시아는 실제로 미국과 한 번도 전쟁을 치른 적이 없을 뿐만 아니라 외교적으로도 단 한 차례의 심각한 갈등도 겪지 않은 유일한 강대국이다. 물론 몇 차례 사소한 외교적 언쟁이 일어나서 각 나라의 여러 지역, 지방, 주(州)들 사이의 관계를 손상시킨 적이 있기는 하지만 미국과 러시아의 관계는 대부분 대단히 온화하고 우호적이며 협력을 유지했다. 19세기 동안 거의 내내 러시아는 미국에서 우방국으로 환대받았고, 미국도 러시아에서 대단히 인기가 있었다. 이 같은 현상을 보여주는 몇 가지 획기적인 사건을 살펴보자.

프랑스와 러시아는 주권국가로서 최초로 미국을 도운 강대국이다. 1779~1780년에 러시아가 영국에 대항하기 위해 발트해 왕국 연맹the League of Baltic Kingdoms을 조직했을 때 이 연맹의 군대를 중립적인 위치에 있게 하여 미국의 독립전쟁을 도왔다. 미국도 1781년에 러시아 정부에 프란시스 데이나[1]를 대표로 파견했다. 그때 이후로 두 나라

---

1 프란시스 데이나(Francis Dana, 1743~1811) : 미국의 법률가·외교관으로 독립운동 당시 처음에는 영국과의 화해를 희망했으나 1776년 이후에는 혁명파 지도자로 활동함. 매사추세츠주 최고재판소 배심 판사, 장관을 역임했으며, 연방주의자로 1780년에 러시아에서 미국 승인운동을 했으나 실패함 - 옮긴이

는 상호호혜적인 외교적·사회적 관계가 급속하게 증진되었다.

1798년에는 러시아가 프랑스에 대항하기 위해 미국에 동맹을 제시했다. 1801년에는 양국이 잦은 인적 교류를 했으며, 알렉산드르 1세[2]와 제퍼슨 대통령[3]이 서로를 진지하게 칭송하는 등 밀접한 우호적 관계가 확립되었다. 1870년에는 양국 간의 우호적인 관계가 한층 더 활발하고 친밀해졌다. 1812년에 알렉산드르 1세는 미국에 영국과 화해하도록 제안하기도 했다.

1812년부터 몇 년 사이에 해양의 중립과 자유 등 양국의 이해관계가 일치하는 중요한 문제에 관한 여러 협정을 체결했다. 이 해 이후로 러시아는 (미국의 경제적·정치적 이익에 매우 중요한 요소인) 해양 중립지대의 완전한 자유를 굳건히 지키기 위해 미국을 활발하게 도왔다. 러시아와 '평화의 군주' 알렉산드르 1세는 당시 미국인들 사이에서 엄청나게 인기가 있었다.

그 후로 두 나라는 상호 이익을 증진하기 위한 여러 조약을 체결했다. 두 나라 중 한 나라가 어려움에 처했을 때 다른 쪽 나라가 도움을 주었다. 일례로 크림반도 전쟁에서 유럽의 강대국 연합군이 러시아를 공격했을 때 미국은 그 연합에 참여하지 않았을 뿐만 아니라 러시아에 우호적인 태도를 보였다. 근래의 예를 들자면, 1921~1922년 러시아

---

2 알렉산드르 1세(Pavlovich Alexander I, 1777년~1825; 재위 1801~1825) : 로마노프왕조 10대 황제로 대학을 신설, 근대적인 교육제도의 도입하고, 성(省)을 설치하는 등 러시아 근대화를 추진함. 나폴레옹 전쟁에서 패해 주변국과 화해를 하고 빈회의와 신성동맹의 결성에 큰 역할을 하는 등 자유주의 정책을 폈으나 나중에 반동 전제군주로 변모함. 재위 당시 농노제 해방을 부르짖는 농민봉기 데카브리스트운동이 일어남 - 옮긴이

3 제퍼슨(Thomas Jefferson, 1743~1826) : 미국의 제3대 대통령. 정치가·교육자·철학자로 독립선언문의 기초위원으로 활동하고, 1800년 제3대 대통령에 당선되고 1804년 재선되었음. 철학·자연과학·건축학·농학·언어학 분야에서도 많은 영향을 주어 '몬티첼로의 성인'으로 불림 - 옮긴이

가 대기근에 직면했을 때 미국구호관리단은 풍부한 지원을 하여 수백만 러시아국민의 생명을 살렸다.

러시아 역시 미국 남북전쟁 때 일부 유럽 강대국들이 미국사태에 개입하여 위협을 가하자 이를 막기 위해 2급 밀봉명령서와 함께 함대를 파견했다. 이처럼 어려운 시기에 러시아는 여러 가지 측면에서 미국을 활발하게 도왔다. 1867년 러시아가 알래스카를 고작 7천만 달러로 미국에 매각했을 때 미국에서 러시아의 인기는 절정에 달했다.

19세기 말과 1917년 러시아혁명을 거치면서 두 나라 사이에 유지되어 왔던 우호적 관계가 엷어지고 서로 소원해지는 조짐이 나타났다. 하지만 이 같은 일시적인 소원한 관계가 전쟁이나 어떤 심각한 외교적 갈등으로 이어지지는 않았다. 1918년 미국이 원정대를 파병한 것조차도 이 같은 진술에 어긋나지 않는다. 그 같은 파병은 러시아를 돕기 위한 것이지 대적하기 위한 것이 아니었다. 이때 파병은 독일이 여전히 러시아를 위협하고 공산주의 정부가 아직 확고히 수립되지 않은 상태에서 주위의 여러 나라의 반공 정부와 일부 러시아인의 명시적으로 요청한 데 대응으로 이루어진 것이다. 더군다나 그 부대의 전력은 형편없었으며 그 부대가 펼치는 군사작전은 전쟁이라 부르기가 무색할 정도였다. 그 부대의 활동은 러시아를 공격하려는 것이 아니었다.

덧붙여 말하자면, 두 나라는 의화단 봉기[4], 1913~1918년의 전쟁[1차 대전], 2차 세계대전 어느 때든 공동의 적에 맞서 싸울 때는 항상 같은 편에서 싸웠다.

---

4 의화단 봉기 : 청조(淸朝) 말기인 1900년 중국 화베이 일대에서 일어난 반기독교 반외세 농민투쟁. 서구 열강 연합군에 진압되어 신축조약 체결로 외국 군대의 중국 주둔이 허용됨 - 옮긴이

3. 기적의 의의

두 나라 사이의 이 같은 독특한 관계는 여러 가지 측면에서 매우 중요한 의미를 가지므로 눈여겨 살펴볼 필요가 있다. 우선, 인류 역사상 서로 교류하는 두 강대국이 165년 내지 (영국이 아메리카대륙에 식민지를 건설한 때부터 시작하면) 335년 동안 평화가 깨지지 않고 유지된 사례는 찾아보기 힘들다. 오랫동안 외교적·사회적 관계를 맺지 않고 서로 고립된 상태에 있는 나라들이 장기간 평화를 유지한 사례는 몇 차례 있긴 하나 서구 역사를 통틀어 강대국이 지속적으로 교류하면서 그렇게 장구한 기간 동안 평화를 유지한 사례는 두 나라 말고는 들어보지 못했다.

이는 "하늘에는 하나님께 영광을, 땅에는 사람들에게 평화를 빈다"는 인류의 오랜 기도가 실제로 미국과 러시아의 상호 관계에 응답한 것이라고 볼 수 있다. 이 현상은 국가 간의 항구적인 평화가 가능하다는 것을 증명하며, 강대국들 사이의 유혈적인 어두운 국제적 갈등의 역사에서 영광스럽게 홀로 빛나는 횃불과도 같다. 이것이 첫 번째 중요한 의의다.

두 번째 교훈은 현재 위태로운 상태에서 평화의 전당을 건설하는 것을 원하지 않는 모든 사람들에 관한 것이다. 모든 사람들은 미국-러시아가 평화를 유지하는 실제 원인을 주의 깊게 연구해야 한다. 그 원인은 발견하면, 그것이 평화를 위한 것인지 전쟁을 위한 것인지 잘 이해하게 될 것이다.

4. 주요 원인

어떻게 해서 미국과 러시아 사이에 그렇게 오랫동안 평화가 유지되었을까? 주로 두 나라 사이에 중대한 이익이나 기본 가치가 심각하게 충돌하지 않았기 때문이다. 또한 두 나라의 정신적, 문화적, 사회적 동질성이 오랜 평화를 촉진했다. 어떤 사회의 중요한 이익 또는 기본 가치 사이의 화해할 수 없는 갈등이 항상 전쟁을 일으키는 필수적인 주요 원인이었다. 그 같은 갈등이 없으면 전쟁은 일어나지 않거나 일어나더라도 아주 드문드문 또는 소규모로 일어난다. 두 나라 사이의 정신구조, 사회제도, 문화의 유사성도 전쟁이 끝날 때까지 평화를 유지해온 중요한 보충 요인이다.

경제 영역, 정치 영역. 영토, 사회구조 어디에서도 미국과 러시아 사이에 심각한 갈등이 없었다는 사실은 더 이상 학문적으로 길게 분석할 필요가 없다. 두 나라는 대륙으로 이루어져 있고 대양을 사이에 두고 멀리 떨어져 있어서 많은 비용을 들여 다른 쪽 영토를 침략하는 데 별 관심이 없었다. 두 나라 모두 충분히 넓은 영토를 가졌으며, 팽창 과정에서 당연히 태평양 건너 멀리 있는 이웃 지역보다는 접근하기 쉽고 많은 이익이 나오는 지역에 관심을 두었다.

러시아가 순수한 명목 가격으로 단 700만 달러에 알래스카를 자발적으로 양도한 사실이 그 같은 일반적인 상황을 아주 잘 예증한다. 미국의 군사적 압력 때문에 러시아가 알래스카를 양도할 수밖에 없었다는 주장은 전혀 근거가 없다. 당시 미국은 (남북전쟁 탓에) 군사력이 약해졌고 러시아에 비해 국력이 약했다. 알래스카를 양도하는 데 미국은 어떤 공개적인 또는 숨은 군사적 압력도 행사하지 않았다.

러시아 정부가 알래스카가 엄청난 경제적 및 전략적 중요성을 가졌다는 것을 알지 못할 정도로 어리석었다는 주장도 인정할 수 없다. 17세기, 18세기, 19세기 초에 걸쳐 러시아 정부가 극동 시베리아, 캄

차카반도, 쿠릴 및 알류샨 열도, 사할린, 베링반도, 알래스카를 탐사하고 합병을 위해 조직한 역사를 연구한 사람이라면 누구나 이들 지역이 엄청난 가치와 중요성을 가졌다는 풍부한 증거를 가지고 있다.

이미 1819년에 러시아가 아메리카대륙 연안에 가진 19개 식민지의 순소득이 600만 루블에 달했다. 그럼에도 불구하고 러시아가 알래스카를 매각한 이유는 건전했고, 충분히 이해할 만하다. 알래스카는 (미국이 태평양에 도달한 후부터는) 지정학적, 경제적, 군사적으로 러시아가 아닌 미국에 중요했다. 지리적으로 불리하고 (생활권[5]을 갈망하는) 영토가 작은 강대국은 그와 다른 정책을 추구해 왔다. 알래스카를 보유하면 사회에 엄청난 이익을 가져다주므로 그 같은 강대국들은 무력행사를 비롯한 온갖 수단으로 알래스카를 차지하려 했다.

러시아는 영토가 넓고, 많은 지역으로 접근이 용이하여 쉽게 발전할 수 있다. 또한 엄청나게 멀리 있는 시베리아도 러시아 제국의 주요 중심에서 분리되어 있지 않고 또 바다를 두고 러시아 본토와 떨어져 있지 않으며, 군사 및 여타의 복잡한 미래의 세균을 보유하지 않았기 때문에 알래스카를 양도하더라도 러시아의 기본 가치를 크게 침해하지 않았다. 그래서 러시아는 알래스카를 헐값으로 팔았다.

두 나라는 순수한 경제적 이익에서도 심각한 충돌이 거의 일어나지 않았다. 오히려 두 나라의 경제적 이익은 상호 보완적인 관계에 있었다. 러시아가 아직 산업이 발달하지 않은 시기에 미국의 산업이 발달했을 때 특히 그러했다. 두 나라는 외국 시장을 차지하기 위해 필사적으로 경쟁할 필요가 없었다. 두 나라는 각기 자체의 값싼 시장을 공

---

5   생활권[(Lebensraum) : 나치가 주장한 정치적·경제적 발전에 필요한 영토 – 옮긴이

급했고, 경제적으로 자립할 수 있을 정도로 산업 발달을 위한 방대한 영토를 가졌다. 더욱이 두 나라의 지리적 상황이 각자의 주요 경제적 영향권을 명확하게 규정했다.

한편, 두 나라는 국제 및 외교에서도 사이좋게 협력함으로써 많은 공통적인 경제적 이익을 얻었다. '공해(公海)의 자유'의 원칙에서든 외교 협정과 조약에 규정된 경제적 이해관계에서든 두 나라는 거의 변함없이 서로 이익이 된다는 것을 알고 있었다. 때문에 두 나라의 상호 경제정책은 물론 외교 정책도 진정한 동맹국의 정책이었다. 러시아보다 일찍 산업화된 미국은 자국의 산업 생산물 시장을 직간접적으로 러시아에서 찾았다. 그에 비견할 만한 시장을 거의 찾아볼 수 없었다. 러시아도 미국의 경제, 산업, 기술의 경험으로부터 크게 이득을 얻었다.

19세기 후반에 들어서면서 미국의 기술과 산업은 러시아에 현저하게 영향을 미쳤고, 최근 몇 년 사이에 갈수록 더 많은 영향을 미치고 있다. 1921년과 1943년 사이에 미국의 기술과 산업이 러시아 재산업화에 수행한 역할은 누구나 알고 있는 사실이다. 러시아가 공산품과 경제적 지도를 필요로 했다면, 산업이 고도로 발달하고 기술이 가장 선진적인 미국으로부터 그런 지원을 찾는 것은 당연한 일이었다.

간단히 말해, 두 나라의 경제적 관계는 대체로 조화롭고 보완적이며 상호 이익이 되었다. 물론 (J. P. 모건, 쿤, 뢥6, 컴퍼니, 해리먼에 의한) 중국의 철도부설 이권을 두고 두 나라 사이에 충돌이 있었긴 하나 이 같은 부차적이고 비교적 중요하지 않은 사소한 마찰은 어디서나 생기게

---

6 자크 뢥Jacques Loeb (1859~1924) : 독일 태생의 미국 실험생물학자이자 생리학자로 주로 동물의 주성(走性)과 재생에 관한 연구를 했으며, 전기분해 물질 이온의 생체작용과 인위적인 단위생식 분야를 개척함. 생체전기 및 단백질의 물리화학에 관한 업적을 남김 - 옮긴이

마련이다. 그 정도로 사소한 충돌은 전쟁이나 심각한 외교 갈등으로 번지지는 않는다.

군사 분야에서도 역시 유사한 마찰이 없었다. 둘 중 어느 나라도 전략적 안보를 위해 상대 나라의 영토나 그 나라와 인접한 나라의 영토를 한 점도 요구하지 않았다. 유일하게 충돌한 지역인 알래스카는 러시아가 미국에 자발적으로 양도했다. 군사적 견지에서 볼 때 러시아는 아메리카대륙의 영토나 러시아 연안에 인접한 사할린을 제외하고 아메리카대륙 동쪽과 서쪽 섬에 대해 어떤 관심도 표명하지 않았다. 미국도 러시아 영토의 어느 부분도 그리고 러시아의 군사적 영향 아래 있는 어느 지역도 탐내지 않았다. 미국과 러시아는 각자 점유한 지역에서 어떤 심각한 분쟁도 일어나지 않았다.

반대로 두 나라가 공동의 적과 맞서는 긴급 상황에서는 중요한 이익이 밀접하게 얽혔다. 일본과 관련된 사태가 대표적인 본보기다. 일본과 러시아의 정책은 과거에도 충돌했고 지금도 충돌하여 전쟁으로 이어졌고 앞으로도 그럴 것이 분명하다. 19세기에 들어서 두 나라 사이에 뿌리 깊은 적대가 시작되었고, 1904~1905년에 전쟁으로 폭발했으며, 2차 세계대전에서 정면으로 충돌했다.

최근까지도 심지어 진주만 공격이 있기까지도 많은 순진한 미국인들은 미국과 일본 사이에 화해할 수 없는 이해관계가 충돌하고 양국 간에 전쟁이 불가피하다는 것을 전혀 감지하지 못했다. 이른바 전문가들조차 어리석게도 일본이 아닌 러시아가 미국의 잠재적 적이고, 미국과 일본은 상호 융화된 이해관계를 가진 동맹이 될 거라고 단언했다. 미국인들은 1904~1905년의 러일전쟁과 1931~1934년 일본의 일련의 침략 행위가 이루어지는 동안 그리고 진주만 공격을 하는 당일까지 유화정책을 펴는 동안 대체로 일본에 우호적인 감정을 가졌다.

진주만 공격이 있기 적어도 20~30년 전에 발간된 청사진에 나타난 일본의 팽창계획을 잘 알고 있는 유능한 또는 식견 있는 사람이라면 일본의 주요 팽창 관심 지역은 시베리아가 아니라 대륙과 여러 섬을 지나 중국 남동부, 남부, 남서부 즉 인도차이나반도, 말레이시아, 네덜란드령 동인도, 호주, 솔로몬군도, 필리핀이라는 것을 잘 알고 있었다. 1939년 이후로 일본은 이들 지역으로 진출했다. 이 분야 전문가들은 두 나라의 상대적인 지리적 위치는 말할 것도 없고 다른 많은 명백한 사실과 징후들을 무시하거나 잘못 해석해 왔다. 1941년 12월에 실제로 전쟁이 발발하고 나서야 그들은 일본과 미국 사이에 화해할 수 없는 중요한 이익이 충돌한다는 것을 확신하게 되었다.

요약하자면, 과거의 수많은 사건들에서는 물론 2차 세계대전에서도 미국과 러시아의 이익은 충돌하지 않았을 뿐만 아니라 공동의 적에 맞서 실제로 연합하기도 했다. 이로써 두 나라가 위의 전쟁에 참전했을 때 왜 변함없는 동지였는지를 알 수 있다.

전쟁이 끝난 후 오랫동안 지속된 평화의 관계가 '냉전'으로 바뀌어 긴장이 심화되자 양국의 중대한 이익이 심각하게 충돌할 조짐을 보이기 시작했다. 더욱이 두 나라 중 어느 쪽도 상대국을 차지할 욕심이 없었는데도 실제로 그 같은 충돌이 일어난 것이다. 2차 세계대전이 발발하면서 서구와 러시아의 문화와 사회가 갑자기 가공할 경쟁자로 바뀌어 양쪽의 중심 가치가 충돌했다. 서로 충돌하는 양국의 이익이 어떤 성질을 가지고 있고 어째서 그리고 왜 충돌하는지는 제10장에서 포괄적으로 분석할 것이다. 지금으로서는 파국적인 변화와 일반적인 원인 즉 양국의 중대한 이익이 조화를 이루다가 충돌하게 된 원인을 밝히는 것으로 족하다.

　이미 말한 바 있듯이, 그 같은 충돌은 어느 나라가 의도적으로 일으킨 것이 아니라 지난 5세기 동안 지배해 왔던 서구 문화가 근본적으로 무너지는 과정에서 두 나라에 강요된 것이다. 서로 충돌하는 가치가 정말로 중요하고 화해할 수 없다면 어떻게 하더라도 충돌을 종결시켜 3차 세계대전을 막을 수가 없다. 서로의 가치가 표면적으로만 충돌하고 화해할 수 있다면 냉전은 저절로 사라지고 수세기에 걸친 우애관계가 다시 확고해질 것이다.

　이 같은 가치-이익의 충돌은 물론 그 외의 어떤 것으로도 그 같은 대격변을 설명하지 못한다. 사회구조의 일치와 유사성은 여러 나라 또는 사회집단의 갖가지 형태의 동맹과 전쟁에 중요한 역할을 하지만 결정적인 역할을 하지는 않는다.

제2장

촉진 요인 : 사회구조의 유사성

1. 전쟁 및 평화에서 사회구조의 유사성의 역할

이 문제에 대해서는 다음과 같은 질문을 제기하며 반박할 수도 있다. 미국과 러시아 두 나라의 문화적 가치와 사회제도는 어떠한가? 두 나라 국민의 정신구조와 심리 상태는 어떠한가? 이것들은 서로 다르지 않은가? 두 나라는 서로 적대적이지 않은가? 그 같은 적대감은 러시아혁명 오래전부터 존재하지 않았는가? 혁명 이전의 차르 독재와 미국 민주주의 사이에, 공산주의 독재와 미국 공화정 사이에, 호전적인 무신론과 자유 종교 사이에, 러시아혁명 이전의 문맹 농민층과 미국의 비교적 개화된 대중 사이에, 신비에 싸인 러시아 농노와 현실주의적이고 실용주의적인 미국인 사이에, 러시아인 심리구조의 극단적인 감정주의 및 비애와 미국인 심리구조의 균형 잡힌 낙관주의 사이에 어떤 공통점이 있는가?

    심리적, 문화적, 사회적 견지에서 볼 때 미국과 러시아는 정반대 극단에 있다. 사회문화 및 심리적 이익 또는 중대한 가치와 관련하여 두 나라는 명백히 충돌해 왔다. 그렇다면 위에서 언급한 두 나라 사이의 깨지지 않는 평화의 원인에 대한 당신의 분석은 불합리하든가 아니면 (당신의 의견대로) 사회문화적 가치가 중요한 이익이 아니다.

언뜻 보면 그 같은 반론이 어느 정도는 중요하고 설득력 있는 것처럼 보인다. 그렇다. 두 나라는 정신구조도 사회문화도 많은 점에서 서로 다르다. 그런데 같은 도시에 거주하거나 같은 주 안의 두 농촌에 거주하는 다양한 집단들 사이에서도 예절과 관습, 생활 수준, 취향, 교육, 종교, 심리가 많은 면에서 서로 다르다. 그렇지만 이 같은 차이가 있더라도 내전으로 이어지지는 않는다.

요점은 두 집단의 정신적, 문화적, 사회적 가치의 불일치와 이들 가치 사이의 화해할 수 없는 적개심을 구별해야 한다는 것이다. 이 나라[미국]에서 시민은 다양한 직업, 정당, 종교, 민족, 동호회, 결사체에 속하고, 지능지수(IQ)가 서로 다르며, 교육 정도가 다르고, 예절과 생활방식이 다르다. 그러나 이 같은 차이가 무력 충돌로 이어지지는 않는다. 이 같은 차이는 화해가능하고 심각한 충돌 없이 나란히 존재할 수 있기 때문이다. 마찬가지로 두 나라에 많은 정신구조 및 사회문화 상에 차이가 있긴 하지만 서로 완전히 양립할 수 있으며 개방적이다. 미국과 러시아의 정신구조 및 사회문화 상의 가치 체계가 전혀 다르긴 하지만 그렇다 하더라도 반드시 그것이 화해할 수 없다거나 전쟁으로 이어지지는 않는다.

둘째, 앞서 말한 두 나라 사이의 정신적, 문화적, 사회적 가치의 근본적인 차이는 지나치게 과장되어왔다. 실제로는 미국과 러시아는 수많은 중요한 정신구조 및 사회문화의 가치에서 유사성과 친근함을 보이고 있다. 이 같은 유사성은 두 나라 사이의 차이를 완전히 상쇄한다. 그래서 이 같은 유사성이 두 나라 사이의 평화를 깨지지 않게 하는 촉진 요인으로서 기능해 왔다.

미국-영국 관계의 역사에서 명백하게 나타나듯이 단순한 사회적, 문화적, 심리적 유사성만으로 두 나라 사이의 평화를 보장하는 데 충분하지는 않다. 항구적인 평화를 위한 현재의 많은 계획들이 실패할 운명에 처해 있는데 이는 이를 위해 제안된 '연합'이나 '동맹'이 단지 정신구조 및 사회문화 상의 친화성에만 기초하고 있기 때문이다. 그럼에도 불구하고, 미국과 러시아의 사례에서 보듯이 두 나라 사이에 중대한 이익이 충돌하지 않을 때는 그 같은 친화성이 평화를 촉진하는 경향이 있다.

그러면 미국과 러시아 두 나라가 공통적으로 가지고 있는 몇 가지 성질에 대해 살펴보자. 이를 분석하면 외국인이 잘 모르는 러시아의 사회, 문화, 심리의 여러 중요한 특징과 지금 통용되고 있는 견해가 심히 편향되어 있음을 보여줄 것이다.

2. 방대한 대륙의 두 나라

이 요인은 지정학, 정신구조, 사회문화에 있어서 대단히 중요하다. 두 나라 모두 그 자체로 하나의 대륙이다. 두 나라 모두 자급자족할 수 있는 풍부한 광물 저장소를 가지고 있으며, 다양한 동식물군이 널리 분포되어 있고, 북극에서 아열대에 이르는 기후 지대와 높은 산과 대초원, 평원지대에 이르는 지리적 조건을 갖추고 있다. 지리적, 기후적, 지정학적 조건은 거주민의 정신구조, 문화, 사회조직에 영향을 미치므로 두 나라의 대륙적 기질은 본질적으로 유사하다고 할 수 있다.

이 같은 점이 좋든 나쁘든 두 나라 모두에 강대국으로서의 역할을 부과한다. 이 같은 역할은 강대국 본연의 수십 가지의 경제적, 정치적,

정신적, 사회문화적 기능을 수반한다. 강대국은 국내적으로도 국제적으로도 소규모 국가와는 근본적으로 다르기 마련이다. 그 같은 강대국이 개입하지 않으면 국제적으로 어떤 중요한 변화도 일어나지 않으며, (특정 소규모 국가에) 어떤 영구적인 중립도 보장할 수 없다. 강대국은 안전을 보장하기 위해 '위성 국가'와 '영향권'으로 둘러싸여 있어야 하며 '완충 국가'에 의해 다른 강대국들로부터 분리되어 있어야 한다. 강대국은 (좋든 나쁘든) '제국주의적'일 수밖에 없다. 강대국은 (최근까지 미국이 그랬던 것처럼) 넓은 바다로부터 보호받지 않는다면, 강한 정부, 공무원 및 관료 조직, 강력한 군사력 등을 갖추어야 한다.

이 같은 대륙 기질은 소규모 국가에서 흔히 나타나는 경제, 정치, 사회문화 영역에서 편협한 정책을 벗어나 광대한 정신적 지평, 폭넓은 비전, 소심하고 엄밀하게 계산적인 심리구조로부터의 탈피를 추구한다.

소규모 국가는 사회문화적으로 이 같은 기질이 있더라도 거대 경제회사 및 여타 조직, 정치적 모험심, 선도적인 문화 중심을 창출하려는 노력을 수행하는 데 필요한 자원이 부족해서 광대한 기획을 실행할 수가 없다. 강대국이 되면, 문학과 드라마, 음악과 순수 예술, 철학과 종교, 법학과 경제학, 과학과 기술 등에서도 탁월한 성과를 추구한다. 또 강대국이 되면 거대 도시, 화려한 궁전과 연회장, 일류 대학, 멋진 전당과 박물관 등을 가지기를 열망한다.

강대국이 영토와 군사적으로만 우월하고 짧은 기간만 지속되면, 때때로 이 같은 목표들을 달성하는 데 실패하게 된다. 그러나 이집트의 12대, 18대 19대 왕조, 최전성기의 아시리아, 중국의 당나라 및 여러 위대한 왕조, 인도의 굽타 왕조[1]와 마우리아 왕조[2], 아라비아의 강력한 제국들 그리고 페리클레스[3], 알렉산더, 아우구스투스[4], 엘리자

베스 여왕, 앤 여왕[5], 루이 14세, 표트르 대제, 예카테리나 여제, (19세기 말 이래의) 미국처럼 많은 경우 강대국들은 적어도 몇몇 문화적 창조 영역에서 그 같은 목표를 실현했다.

3. 두 나라의 비교적 평화로운 팽창

그다음으로 두 나라 사이의 중요한 유사성은 두 나라 모두 자신이 속한 대륙에서 비교적 평화롭게 팽창해 왔다는 점이다. 과거 및 현재의 많은 제국들과 달리 두 나라 모두 군사력에 의해서가 아니라 다양한 부족 또는 민족들의 자발적인 복속에 의해 그리고 주로 소작농 또는 농장주, 탐험가, 상인, 선교사 등 개척자들의 평화로운 침투를 통해 팽창해 왔다. 두 제국은 비교적 유혈적이고 강압적인 그리고 잔혹한 탄압 없이 비교적 평화롭게 탄생했다. 미국의 경우 이 같은 사실은 잘 알려졌으니 더 이상 부가적인 설명이 필요 없다.

---

1 굽타(Gupta) : 4세기 초부터 6세기 말까지 인도 북동부 지역(현 바하르 지방)에 있던 마가국을 통치한 왕조 - 옮긴이

2 마우리아(Maurya) 왕조, BC 317~BC 180) : 180년 찬드라 굽타가 인도 북부 지역을 통일하면서 세운 인도 최초의 강대국 - 옮긴이

3 페리클레스(Perikles, BC 495~BC 429) : 고대 그리스 아테네의 정치가, 웅변가, 장군으로 그리스-페르시아전쟁과 펠로폰네소스전쟁 사이에 아테네의 황금시대를 열었음. 델로스 동맹을 통해 아테네 제국을 확립하고, 예술과 문학을 장려하고, 아크로폴리스에 파르테논 신전 등을 건축함 - 옮긴이

4 아우구스투스(Augustus, BC 63~AD 14) : 고대 로마의 초대 황제. 41년간 통치하며 로마의 평화시대를 열었고, 베르길리우스, 호라티우스, 리비우스 등이 활약하는 라틴문학의 황금시대를 탄생시킴 - 옮긴이

5 앤(Anne) 여왕(1665~1714) : 잉글랜드-스코틀랜드 연합의 마지막 여왕이자 최초의 그레이트브리튼 왕국의 여왕 및 아일랜드의 여왕으로 스튜어트 왕조의 마지막 군주 - 옮긴이

러시아의 경우에 대해서는 해외에서 별로 알려진 바가 없다. 실제로 (15세기에 겨우 대략 500제곱마일[6] 밖에 안 되는) 모스크바 대공국 같은 그리 대단하지 않는 나라가 현재 지구상에서 가장 방대한 대륙의 제국으로 확장된 것이다. 처음에는 동쪽으로 뻗어나가 드네프르 강[7] 을 넘어 흑해와 코카서스 지역을 지나 (볼가강 경계를 넘어) 아시아로 향해 페르시아, 아프가니스탄, 중국, 태평양으로 확장해 나갔다. 이 같은 팽창은 주로 러시아 농민, 탐험가, 상인, 선교사에 의해 이루어졌고, 일부는 수많은 부족과 민족이 자발적으로 복속하면서 이루어졌다. 군사력으로 정복하여 팽창한 경우는 그리 많지 않았다.

이 같은 팽창은 많은 점에서 주목할 만한 현상이므로 그 자체로 약간 부가적으로 언급해둘 필요가 있다. 이 같은 팽창은 러시아가 진정으로 대제국을 건설했음을 말해준다. 특히 이 같은 팽창은 초인적인 난관을 극복하여 모든 어려움을 무릅쓰고 이루어졌을 뿐만 아니라 정복한 민족을 잔인하게 대하거나 노예로 만들거나 말살하는 경우가 극히 드물게 성취되었다.

이 같은 팽창은 모스크바 대공국을 비롯한 여러 러시아 공국들이 두 세기에 걸친 타타르족의 혹독한 지배 아래 있던 시절에 시작되었다. 이때 [타타르족 지배에서] 해방 투쟁을 벌이는 것은 가망 없는 듯이 보였다. 그러나 다른 어느 기독교 국가나 비기독교 국가의 도움 없이 독자적으로 곧바로 해방 투쟁을 전개했다. 폴란드인, 리투아니아인,

---

6 서울 면적 605km²의 두 배가 약간 넘는 정도 - 옮긴이
7 드네프르강 : 러시아 스몰렌스크주(州)의 발다이 구릉지대 (모스크바 서쪽) 남쪽 기슭에서 발원하여 벨라루스, 우크라이나를 거쳐 흑해로 들어가는 길이 2,200km의 강 - 옮긴이

리보니아인[8], 스웨덴인, 제노바 시민 등 기독교 교도들과 여러 유럽인 용병은 여러 러시아 공국들을 공격하여 약탈했으며, 중대한 순간에 타타르족[9] 압제자들에게 군사적 지원을 제공해주었다!

예컨대 그간 모스크바 대공국을 정복하려고 시도한 타타르족 칸 마마이Mamai의 군대가 러시아 공국들의 봉기를 진압하기 위해 개입했는데 그 군대에는 서구의 수많은 기독교도 용병이 포함되었다. 모스크바 대공국의 대왕 디미트리 돈스코이[10] 군대는 쿨리코보 전투[11]에서 이 용병들과 교전했다(1380년). 더욱이 기독교 국가들은 타타르족이 침략하여 노예로 삼은 러시아인들을 조금도 주저하지 않고 사들였다.

그럼에도 불구하고 1480년에 러시아는 타타르족의 지배에서 벗어났으며 그 이후로 서쪽을 향해 팽창했다. 폴란드, 리투아니아, 리보니아, 스웨덴 등이 장악했던 옛 러시아 공국들을 일련의 해방 전쟁을 통해 러시아가 재정복했다(이 전쟁들은 사실상 방어 전쟁이었다). 그 결과 결국 서유럽 국가들에 의해 합병된 러시아 공국들 대부분이 대공국과 다시 연합하게 되었다.

모스크바 대공국이 남쪽과 동쪽, 특히 볼가강을 넘고 코카서스 산맥과 우랄산맥을 넘어 아프가니스탄과 중국, 태평양으로 확장한

8 　리보니아(Livonia) : 발트해 동쪽 해안 지방으로 현재 라트비아와 에스토니아 전 지역을 일컬음 - 옮긴이

9 　타타르족 : 러시아의 동부, 남부와 시베리아 남부에 걸쳐 사는 유목민족 - 옮긴이

10 　디미트리 돈스코이(Dimitri Donskoi; 재위 1359~1389) 모스크바 공국의 왕으로 1380년 몽골군과 타타르족을 격퇴하여 러시아를 해방하고 모스크바를 중심으로 통일국가를 완성함 - 옮긴이

11 　쿨리코보(Kulikovo) 전투 : 1380년 러시아 공국과 킵차크 칸국이 쿨리코보 평원에서 벌인 전투로 이 전투에서 킵차크 칸국이 대패하여 러시아가 해방됨 - 옮긴이

것은 더욱 평화적으로 이루어졌다. 모스크바 대공국은 키예프공국과 옛 러시아국가를 그 지역 주민과 추장 보그단 크밀린츠키Bogdan Chmielinicki가 자발적으로 복속하여 다시 차지했다. 폴란드와 투르크족 아래서 박해, 약탈, 착취에 대항하는 가망 없는 투쟁에서 키예프공국은 모스크바 대공국과 재연합하는 것이 유일한 구원의 방책이라는 것을 알게 되었다.

모스크바 대공국이 마침내 코카서스산맥에 도달하자 기독교 국가인 조지아왕국이 러시아에 복속했다. 조지아는 당시 강대국인 비기독교 국가인 튀르키예와 페르시아 사이에 끼여 두 나라에 의해 운명이 좌우되었다. 조지아로서는 키예프처럼 러시아 보호령이 되는 것이 유일한 구원의 길이었다. 1783년에 조지아 왕 헤라클리우스 2세[12]는 이 같은 조치를 결정했다.

러시아가 평화적으로 확장하는 또 하나의 방식은 앞서 말한 것처럼 농민, 탐험가, 상인, 선교사가 원주민 부족이 거주하는 지역 또는 아무도 거주하지 않는 지역을 꾸준히 침투해들어가는 것이다. 이것은 러시아가 볼가강에서 아프가니스탄, 만주, 중국, 베링해협, 알래스카에 이르는 아시아 전역으로 확장할 때 지배적인 방식이었다. 이 개척자들은 아메리카의 개척자들과 마찬가지로 대개 국가의 군사력의 도움을 받지 않고 새로운 지역을 개척, 정착하고 가꾸었으며, 이들이 새로운 땅을 차지한 후에 때때로 소규모 분대가 파견되었다.

이후의 사례들은 이 같은 경향을 잘 예증해준다. 겨우 840명뿐인

---

12 헤라클리우스 2세(Heraclius II) : 7세기 비잔티움제국을 지배한 왕조. 610년에 시작되어 711년 유스티니아누스 2세까지 지속됨. 군관구제와 둔전병제를 도입하는 등 이슬람 세력의 침공을 방어할 수 있는 기반을 마련함 - 옮긴이

민간조직이 1587년에 시베리아의 상당 부분 – 페름 지역(우랄산맥 유럽 쪽)[13] 과 이르티슈[14] 및 토볼 강[15], 중국의 신장 지역 사이에 있는 방대한 땅 – 을 개척하여 차지했다. 토볼강과 바이칼호 사이에 있는 극동 시베리아, 레나강[16], 이르쿠츠크도 역시 이 같은 민간조직이 개척했다.

이들이 이곳에 벽돌집을 세우고 교역 센터를 구축하자 일부 부족들의 공격으로부터 이를 보호하기 위해 이 지역에 130명의 분견대를 파견했고(1641년) 원주민들은 러시아 보호령에 자발적으로 복속했다. 개척자들은 시베리아 나머지 지역을 넘어 유사한 방식으로 오호츠크해와 태평양, 북극해로 확장했다. 오호츠크에 성벽을 세운 사람은 54명에 불과했다. 베링해 주위의 콜리마[17] 강어귀를 지나 북극해에 도달했을 때 탐험대원은 고작 25명뿐이라는 탁월한 기록을 남겼다. 아무르강 계곡, 만주, 캄차카, 쿠릴 열도와 알류샨 열도, 알래스카를 개척한 대원들의 수도 손꼽을 정도에 지나지 않았다.

미국도 아메리카대륙의 영토를 유사한 방식으로 확장해 왔다. 이 두 나라의 개척자들은 (좋게 말하자면) 자신들을 보호하기 위해 벽돌집을 짓고 나아가 교역 센터, 학교, 교회, 고속도로, 정식 우체국 등을 설립하여

---

13 페름(Perm) 지역 : 러시아 연방 우랄산맥 서쪽에 있는 도시로 볼가강의 지류인 카마강을 끼고 양쪽에 시가지가 펼쳐져 있음 - 옮긴이

14 이르티시(Irtysh)강 : 카자흐스탄과 서시베리아를 북쪽으로 흐르다가 오브강의 좌안에 유입하는 길이 4,248km의 강 - 옮긴이

15 토볼(Tobol)강 : 카자흐스탄의 우랄산맥에서 발원하여 북쪽으로 흐르다가 서시베리아 저지(低地)를 지나 이르티시강에 합류하는 길이 1,670km의 강 - 옮긴이

16 레나(Lena)강 : 러시아 동시베리아를 북으로 흘러 랍테프해로 흘러드는 길이 4,270km의 강 - 옮긴이

17 콜리마(Kolima)강 : 러시아 동부 하바롭스크 지구의 콜리마산맥에서 발원해 북쪽 및 북동쪽으로 흘러 북극해로 들어가는 길이 2600km의 강 - 옮긴이

황무지를 문명의 중심지로 바꿔놓아 지금까지 사람들이 관심을 가지지 않은 외진 곳이 살기 좋은 농업 및 상업지대로 탈바꿈했다. 1663년에 70,000명이던 시베리아 인구가 1710년에는 250,000명으로 늘었다.

더욱 주목할 사실은 처음부터 개척자들은 복속한 원주민들을 다른 유럽 국가들이 정복한 원주민들보다 훨씬 공정하고 인간적으로 대우했다는 점이다. 시베리아 원주민에게 부과한 부담금은 모피 형태로 공납금을 납부하도록 했다. 이들은 몰살되거나 노예가 되지 않았으며, 어떤 잔혹한 형벌도 받지 않았다. 더욱이 그들은 기독교로 개종하여 러시아 시민으로서 정치적으로 동등한 지위를 얻었으며, 정부의 관직에 진출하기도 했고, 러시아인과 결혼할 수도 있었다. 그들은 어떤 인종차별도 받지 않았다.

러시아는 팽창을 위해 — 생존을 위해서도 — 강력한 중앙집권적 정부를 구축해야 했다. 그 과정에서 사실상 모든 계급은 어쩔 수 없이 상당히 자유를 박탈당했고 결국에는 실질적인 농노제에 해당하는 병역에 복무해야 했다. 그러나 순수한 러시아인은 식민지 토착민에 비해 어려움을 크게 겪지 않았다.

4. 두 나라의 다양성 속의 통일

두 나라 사이의 세 번째 유사성은 두 나라 모두 여러 인종, 종족, 민족, 문화 집단이 뒤섞인 도가니melting pot사회라는 점이다. 사실 러시아는 미국보다 훨씬 다양한 도가니 사회다. 러시아는 서로 다른 언어를 가진 150개가 넘는 다양한 인종 집단이 나란히 공존하고 있다. 이 같은 '다양성 속의 통일'은 두 나라 국민의 정신구조, 문화, 생활방식에 강한 영향을 미치고 있다.

'다양성 속의 통일'은 단일 인종 집단으로 구성된 민족보다 더욱 폭넓은 포용력을 가진다. 또한 단일 인종집단의 정신과 문화보다 훨씬 다양하고 풍부하다. 수많은 인종과 민족이 각기 그 나라 전체 문화에 기여한다. 나중에 보게 되겠지만 미국과 러시아는 특히 19세기 중엽 이래로 대부분의 유럽 국가들보다 어쩌면 훨씬 더 성공적으로 성숙해졌는데 그 한 가지 이유는 인구가 다양한 인종, 민족, 문화로 구성된 탓이다.

이 같은 현상은 인구의 인종적, 민족적 동질성이 아닌 다양성에 기초한 연방국가united nation를 형성한다는 또 하나의 중요한 가치를 가진다. 이 같은 종류의 사회구조는 단일의 동질적인 집단으로 구성된 사회구조와 크게 다르다. 히틀러를 비롯한 많은 이들이 하나의 인종, 하나의 민족, 하나의 문화, 하나의 언어집단으로 구성된 그런 동질적인 사회만이 진정한 통일과 진정한 가치를 가질 수 있다고 사람들을 현혹해 왔다.

미국과 러시아는 그 같은 주장을 단호하게 반박한다. 이 두 나라는 '다양성 속의 통일'은 가능할 뿐만 아니라 단일 인종 또는 민족집단으로 구성된 어떤 사회보다도 강하고, 창의적이며, 무너지지 않는다는 것을 입증하고 있다. 2차 세계대전 동안에 히틀러의 경험은 자신의 오류를 분명하게 깨닫게 해주었다. 그는 자신의 강력한 공격으로 미국과 러시아의 도가니는 단번에 깨질 거라고 예상했다. 이렇게 예상한 그는 미국과 러시아의 다양한 인종 및 민족집단의 분리주의, 상호 적대, 배타적 이해관계를 부추겨 편협한 이기주의를 조장하는 정책을 채택했으나 그 객관적인 결과는 완전한 대실패였다.

히틀러는 붕괴된 러시아 대신에 모든 민족집단이 침략자에 맞서 영웅적으로 싸우는 전례 없이 통합된 국가와 대결했다. 다소 다른 형태이긴 하지만 그는 미국에 대해서도 동일한 환멸을 경험했다. 두 나라 모두 '깨지는 도가니'가 아니라 어느 사회도 할 수 없을 정도로 분할할 수도 파괴할 수도 없는 견고하고 강력한 통일체가 되었다.

이 같은 사실은 현재뿐 아니라 미래에 더 큰 의미를 지닌다. 국가의 통일이 하나의 인종 또는 민족집단으로만 구성되어 있을 때만 가능하다면, 진정한 평등과 자유를 기반으로 한 세계 연합, 심지어 둘 이상의 분리된 민족으로 구성된 연합을 위한 미래의 모든 희망은 물거품이 되고 만다.

이 경우에는 잔혹한 강압에 의해 노예가 된 백성을 거느린 '지배 민족'의 연합만 가능할 것이다. 바로 히틀러와 그 열성 추종자들의 이데올로기이자 정책이 바로 그러했다. 미국과 러시아는 그 같은 이론과 실제가 철저하게 잘못되었다는 것을 분명하게 보여준다. 미국과 러시아는 지배 집단의 지배와 '열등한' 집단의 예속에 의해서가 아니라 진정한 평등에 기초하여 '다양성 속의 통일'이 가능하다는 것을 입증하고 있다.

미국과 러시아 어느 나라에도 소수 민족 또는 소수 인종, 분리주의, 민족 또는 인종 적대 같은 심각한 문제가 없다. 모든 요소들이 동등한 기반 위에서 나란히 평화롭고 자긍심을 갖고 살고 있으며, 주인과 노예, 지배 집단과 예속 집단, 우월한 요소와 열등한 요소의 구별 없이 각자 창조적인 힘을 펼칠 수 있는 동등한 기회가 주어진다. 물론 거대한 사회적 실험이 아직 완료되지 않아서 아직은 약간의 불평등의 흔적이 남아 있다. 그러나 그것들은 잔재에 불과하다.

요컨대 두 나라는 모두 평등과 자유로운 연대를 결합하여 한데 묶은 다양한 요소들로 이루어진 통합된 사회를 만드는 중요한 사회적 실험을 성공적으로 수행하는 거대한 실험실이다. 더욱이 이 실험은 인류

– 또는 인류의 가장 많은 부분 – 의 통일이 실제로 가능하며 또 이 위대한 목표를 달성하기 위한 가장 확실한 방법임을 가르쳐준다.

러시아의 경우 이 같은 실험은 러시아혁명과 함께 시작된 것이 아니라 그보다 오래전에 시작되었다는 점에 주목해야 한다. 어떤 의미에서 보면 그 실험은 최초의 러시아 공국이 출현하면서 시작되었다. 그것은 정복과 함께 시작된 것이 아니라 정부, 특히 군대를 관리하기 위해 스칸디나비아 추장들이 자발적으로 모여들면서 시작되었다. 이렇게 하여 러시아 최초의 왕조인 스칸디나비아인 류리크 왕조[18]가 세워졌다.

러시아 민족은 비러시아 민족에게 자발적으로 특권적 지위를 부여했다. 그 이후로 상류층과 지배계급이 국내외의 모든 인종 및 민족집단에서 충원되었다. 모스크바 대공국의 귀족과 지배계급은 정말로 도가니였다. 러시아의 대부분의 귀족 가문은 러시아인뿐만 아니라 비러시아인 혈통으로 구성되었다. 실례로 골리친[19]과 트루베초이오프 등 리투아니아 게디민스 왕조 혈통, 톨스토이와 셰르바토프 등 독일 출신의 무법자 혈통, 메셰르스키, 모르드비노프, 우루소프로 대표되는 핀란드와 타타르족 혈통, 체르카스키 등 코카서스 출신 등등 여러 혈통이 있다.

비러시아 귀족 중 몇몇은 보리스 고두노프Boris Godunov같이 차르가 되기도 했다. 특히 주목할 것은 표트르 대제 이후로 상류층에서 비러시아인 비율이 늘어난 점이다. 표트르 대제는 그의 후계자들과 마찬

---

18 류리크(Rurik) 왕조 : 9세기 중반부터 16세기 말에 이르기까지 러시아의 군주를 배출한 왕조. 862년 류리크 공후가 러시아 옵슈치나에 최초의 국가를 세우면서 시작됨. 1598년 표도르 1세가 사망하면서 단절되고, 이후 로마노프왕조가 시작됨 - 옮긴이

19 골리친(Golitzyn: Dmitri Mikhailovich Golitsyn, 1665~1737) 18세기 러시아의 귀족, 정치가. 원로원 의원으로 표트르 2세 때 귀족 과두제를 내세움. 최고 추밀원 의장으로 황제권한을 추밀원에 종속시키는 서명을 안나 황제에게 강요함 - 옮긴이

가지로 재능 있는 외국인을 러시아로 유치하고 높은 지위와 영예를 부여하는 데 노력을 아끼지 않았다. 표트르 대제 이후로는 스코틀랜드인, 프랑스인, 네덜란드인, 유대인, 이탈리아인, 조지아인, 폴란드인, 리투아니아인, 타타르인, 몽골인, 독일인이 상류층의 상당 비율을 차지했다. 특히 독일인은 러시아 전체 인구에서 차지하는 비율보다 상류층에서 차지하는 비율이 더 높았다.

표트르 대제와 알렉산드로스 1세 사이의 기간 동안 압도적인 수의 튜턴족이 침투해 들어왔다. 그것은 타타르족이 지배했을 때보다 러시아 인구에게 더 나쁜 영향을 미치는 억압의 근원이 되었다. 쿠를란드-브룬스윅-홀스타인 파벌은 대개 어리석고, 탐욕스럽고, 잔인했다. 러시아를 몹시 싫어하는 세력이 러시아 왕좌를 장악하기도 했다. 그 시대의 황제와 여제(예카테리나 1세[20], 안나 이바노브나[21], 표트르 3세[22])에는 (주로 또는 독점적으로 제3계급 튜턴족 혈통을 대표하는) 로마노프[23] 혈통은 거의 없었다.

(러시아 역사상 가장 역겨운 통치자인 비론Biron의 독재시기를 포함해) 육군, 해군, 정부의 모든 주요 직책은 이 파벌이 독점했다. 그 시대의 연

---

20 예카테리나 1세(Catherine I; 재위 1725~1727) : 표트르 1세의 두 번째 부인으로 남편의 사망 후 러시아 군주의 자리를 계승한 러시아 최초의 여제 - 옮긴이

21 안나 이바노브나(Anna Ivanovna) : 러시아제국의 4대 황제이자 두 번째 여제. 표트르 1세의 이복형이자 공동 차르였던 이반 5세의 딸 - 옮긴이

22 표트르 3세[Peter III], 1728~1762) 러시아 로마노프왕조의 제7대 황제이며 친 프로이센 성향과 무능하고 방탕한 생활로 민중의 지지를 잃어 황후 예카테리나의 쿠데타로 즉위 6개월 만에 폐위됨 - 옮긴이

23 로마노프(Romanov)왕조 : 1613년 즉위한 제1대 차르 미하일 표도로비치로부터 마지막 황제 니콜라이 2세에 이르기까지 304간 러시아를 통치한 왕가. 이 기간 동안 유라시아 대륙을 아우르는 대제국을 건설함. 1917년 혁명에 의해 니콜라이 2세의 하야로 마감함 - 옮긴이

대기 작가 말을 빌리면 "러시아는 도둑의 장물을 거래하는 장터로 전락했다." 비론, 민니치, 오스테르만, 로벤펠트 등은 그들의 추종자인 쿠를란드-브룬스윅-홀스타인 군단 그리고 리프만 같은 유대인 고문과 함께 전체 러시아 역사의 가장 어두운 장(章)을 장식했다.[24]

아주 다양한 민족으로부터 지배계급이 충원되는 일은 오늘날까지 계속되고 있다. 라즈빌스와 차르토리지스키스 등 폴란드 귀족의 자손, 코트추베이스 등 우크라이나 귀족의 자손 그리고 조지아인, 핀란드인, 프랑스인, 스코틀랜드인, 유대인, 특히 독일인 출신 등은 전체 인구의 비율에 비례하여 계속 고위직에 올랐다. 전문직과 중간계급 지위도 마찬가지였다.

달리 말해, 전체 인구뿐만 아니라 특히 상류계급과 중간계급도 러시아인과 비러시아인 ― 특히 튜턴족 ― 이 어우러진 진정한 도가니를 구성했다.[25] 어느 민족이 상층계급에 진출하는 데 차별을 받았다면, 약 150~175개의 소수 민족이 제국에 흡수된 후에도 대러시아, 소러시아, 백러시아 민족, 정확히 말하면 러시아제국과 러시아 문화를 창조한 지배 민족이 전체 인구의 약 77~80%를 차지하고 있기 때문이다.

이 같은 불멸의 역사적 전통은 현재의 소비에트 정부의 구성에서도 드러난다. 소비에트 정부 독재자 스탈린은 조지아 혈통이다. 그의 오른팔 몰로토프는 러시아인이고, 그의 최측근 보좌관(키가노비치)은

---

24 일반적으로 말하면, 위대한 독일 민족은 러시아에 다소 부정적인 영향을 미쳤다. 독일은 결코 칸트와 베토벤, 괴테와 실러, 심지어 비스마르크와 여타의 창조적인 인물을 러시아에 주지 않았다. 그 결과 러시아계 독일인이 러시아 문화(문학, 음악, 조각, 회화, 연극, 과학 및 철학, 종교, 법률 및 윤리, 정치 및 군사 리더십)에 기여한 바가 별로 없다.

25 다음 일화는 독일 혈통의 우세하다는 것을 잘 보여준다. 니콜라스 1세가 코카서스 지방을 정복하고 조직하여 행정을 맡고 있는 에르몰로프(Ermolov)에게 공을 치하하며 어떤 보상을 원하느냐고 묻자 에르몰로프는 아이러니하게도 이렇게 답했다. "예 폐하, 저를 독일인으로 만들어주십시오."

유대인이었다. 그 외 다른 정치적 보스들도 아주 다양한 인종 및 민족집단으로 구성되어 있으며, 그 속에서 (전체 인구의 80%를 차지하는) 러시아 민족의 역할은 미미하다.

지금까지 보았듯이 러시아는 항상 다양한 인종 및 민족집단으로 구성된 진정한 도가니였으며, 그들은 모두 이 같은 '다양성의 통일' 속에서 협력하며, 각자 러시아 문화와 러시아국가에 기여했다. 또한 일반적으로 통용되고 있는 잘못된 견해와 달리 이 같은 통합은 러시아 민족이 다른 민족에 대한 강압적 지배에 의해 이루어진 것이 아니다.

러시아 민족이 러시아국가와 러시아 문화의 형성에 주요한 역할을 한 것은 사실이다. 그러나 러시아 민족은 싸우는 일뿐만 아니라 온갖 노동과 희생을 견디어냈다.[26] 러시아 민족은 많은 피와 땀을 흘리고, 힘겹게 일하고, 선거권을 박탈당했고, 심지어 그 보상으로 농노로 전락했음에도 그에 대한 보상과 특권은 비교적 적게 누렸다(제4장 5절을 보라).

거듭 말하건대, 러시아 민족이 다른 민족을 무자비하게 억압했다는 주장은 그야말로 순전히 신화다. 나는 많은 사람들이 이 말은 믿지 않는다는 것을 충분히 알고 있다. 이에 대한 많은 반론이 즉각 제기되고 있다. "그렇다면 폴란드인이나 유대인, 핀란드인의 권리가 제한된 것은 어찌 된 일인가? 그들이 러시아 민족이 누리고 있는 많은 권리를 박탈당했다는 것이 사실이 아니란 말인가?

이 같은 반론은 충분히 그럴듯하게 들리며 비러시아 민족에 대한

---

26 현재에도 소비에트 정치 귀족에서 러시아 민족의 비율이 불균형할 정도로 낮은 반면 군대에서 러시아 민족이 차지하는 비율은 다소 불균등하게 높다. 적군에는 러시아 민족이 압도적으로 많으며, 장군(샤포슈니코프[Shaposhnikov], 주코프(Joukov), 발루틴(Vatutin), 보로노프(Voronov), 로카소프스키[Rokassovsky], 티모셴코[Timoshenko] 등)과 장교는 러시아 민족 비율이 90%가 넘는다.

박해를 비난하는 데 사용되었다. 그러나 폴란드인, 핀란드인, 심지어 혁명 이전 러시아의 유대인 상황을 면밀하게 연구해 보면 근본적으로 다른 결론에 이르게 된다.

우선 폴란드부터 살펴보자. 몇 세기에 걸친 폴란드와 러시아 사이의 격렬한 투쟁은 지난 세기 반 동안의 상호 태도에 크게 영향을 미쳤으며, 최근 두 민족 간 관계의 배경을 형성했다. 폴란드의 불행한 분할에 대해서는 비록 러시아가 관여했고 따라서 책임을 져야 하지만 그것은 기본적으로 러시아만의 문제가 아니라 유럽의 문제였다.

그 문제는 전적으로 국제 분쟁의 영역에 속한다. 따라서 그것은 폴란드인이 러시아 시민으로서 어떻게 대우받았는가의 문제가 아니다. 이 질문으로 되돌아가면 결정적인 사실은 다음과 같다. 쓰라린 역사적 기억에도 불구하고 그리고 나폴레옹이 러시아를 침공했을 때 폴란드가 나폴레옹 편에서 싸웠음에도 불구하고, 러시아가 나폴레옹을 물리쳤을 때 알렉산드르 1세는 메테르니히[27]와 여타 유럽 외교관들의 반대 속에서도 새로운 폴란드 왕국을 탄생시켜 폴란드의 러시아 지역에 헌법, 의회 자치, 군대 보유 등 순수 러시아 시민도 누리지 못한 대부분의 특권을 소유할 권리를 부여했다.

1813년 5월 폴란드 상원의장 오스트로프스키 백작에게 보낸 편지에서 알렉산드르 1세는 이렇게 썼다. "전반적인 평화에 관심이 커서 (오스트리아와 프로이센의 반대 때문에) 폴란드 민족 전체를 동일한 왕권 아래

---

[27] 메테르니히(Klemens von Metternich, 1773~1859) : 오스트리아의 외교관이자 정치가. 비스마르크의 등장 이전에 프랑스의 탈레랑과 함께 19세기 전반기 유럽의 국제 질서를 정립한 주인공이자 백년 평화를 이룩하게 만든 주역. 복고적, 반자유주의적인 빈 체제를 구상했지만 나폴레옹 시대 이후 혼란한 상황에서 국가 간 '협력'을 통해 안정된 유럽 질서를 창출하기도 함 - 옮긴이

연합하는 것을 허용하지 않는다면, 나는 적어도 폴란드 민족을 가능한 엄격하게 분리하는 것을 자제하고 그들이 모든 곳에서 자기 민족의 권리를 최대한 누릴 수 있도록 노력하겠습니다." 그해 6월 21일, 바르샤바에서 새로운 왕국이 엄숙하게 출범하여 알렉산드르 1세가 폴란드의 왕으로 추대되었고, 앞서 언급한 자유 헌법과 러시아 본토 시민들보다 훨씬 더 큰 특권을 부여했다. 유럽 전역의 반발에도 불구하고 폴란드 헌법과 의회 자치(무제한 토론과 결정의 자유 포함)가 수년 동안 유지되었다.

이 같은 관대하고 진보적인 정책에서 벗어나게 된 것은 1830년, 특히 1863년에 폴란드 귀족이 반란을 일으켰기 때문이다. 이런 반란들은 당연히 폴란드 측이 엄숙한 계약을 위반한 것으로 간주되었으며, 이로 인해 러시아 정부는 폴란드가 누리는 헌법 및 기타 특권을 유지해야 할 의무에서 벗어났다. 그러나 이 같은 변화조차도 실제로는 귀족에게만 손해를 끼쳤지 귀족들에게 무자비하게 착취당하던 농민들에게는 다소 유리한 것으로 확인되었다.

이 정책으로 폴란드 농노는 러시아 정부로부터 해방되었으며, 그 같은 조치로 폴란드 농노는 러시아 본토의 농노보다 훨씬 유리한 상태에 놓이게 되었다. 농노가 해방되면 이전 주인에게서 받은 토지에 대해 상당한 금액을 지불해야 했는데 폴란드 농노는 그러한 지불에서 면제되었다. 더군다나 폴란드 농민들은 토지 보유 등본을 가진 모든 토지를 보유할 수 있었던 반면, 러시아 본토 농민들은 그 토지의 일부만 획득했다.

1863년의 반란 이후, 이에 대한 반응의 조치로 토지 취득 및 소유, 공개적인 가톨릭 종교 행사 개최, 러시아제국의 공식 언어 러시아어 의무 교육 등 폴란드인의 권리를 일정 정도 제한했다. 그러나 그 같은 제한이 결코 각별히 가혹한 것은 아니었다. 오히려, 그 같은 제한은 영국이 아일랜드 반란군을 다룰 때나 남북전쟁 직후 미국이 남부 반란군을 다룰 때 또는 오스트리아와 독일의 점령하에서 폴란드인을 다룰 때 등 대부분의 다른 나라들이 반란 세력을 다룰 때보다 관대했다.

19세기가 저물고 20세기에 접어들면서 이러한 제한들은 대부분 폐지되었다. 20세기가 되면서 러시아 내 폴란드인들은 나머지 러시아 인구와 거의 동일한 지위를 누렸다. 폴란드에서뿐만 아니라 러시아 전역에서 폴란드인은 정부 관직, 모든 직업 및 기타 고위직에서 두드러진 위치를 차지하는 등 러시아인과 대등한 위치에 있었으며 러시아 문화에 뚜렷하게 기여했다.[28]

이같이 간략하게 조사한 내용의 최종 결론은 다음과 같다. 러시아가 이상적일 정도로 관대하게 폴란드인을 다루지는 않았지만 폴란드인에 대한 러시아의 대우는 대체로 비슷한 역사적 조건에서 여타 강대국이 정복한 민족을 대할 때만큼 관대했으며 많은 서구 강대국이 유사한 집단을 다룰 때보다 훨씬 더 많은 자유를 부여했다. 1830년과 1863년 반란 이전에는 폴란드인들은 러시아 본토의 주민보다 훨씬 더 많은 특권을 누렸으며, 나중에는 러시아인과 거의 동일한 지위를 부여받았다.[29]

20세기 초까지 러시아는 핀란드에 대해서도 폴란드와 매우 유사

---

28 일례로 내가 상트페테르부르크 대학교에 재학 중일 때 폴란드인 교수들이 많았다. 그중에는 저명한 교수 페트라지츠키(L. Petrajitzki) 교수(아마도 20세기의 가장 저명한 법 이론가), 유명한 고전학자 젤린스키(T. Zelinsky), 뛰어난 문헌학자 바우도인 드 쿠르네나이(Baudoin de Courtenay) 등이 있었는데 이들은 각자 자신의 직책의 최전선에서 러시아어로 저술 활동을 하고 어떤 부당한 대우에도 결코 불평하지 않았다. 1917년 이후 그들은 고국으로 돌아왔는데 기묘하게도 폴란드 동포들은 그들을 반기지 않았고 러시아에서 학자로 활동할 때보다 훨씬 덜 인정받았다.

하게 대했으며, 어쩌면 훨씬 관대했다. 이 점에서도 해외에서 널리 통용되고 있는 견해는 완전히 잘못되었다. 우선 러시아는 핀란드의 독립을 빼앗지 않았다. 핀란드는 주권국가인 적이 없었기 때문이다. 1808~1809년의 스웨덴-러시아 전쟁 후 러시아에 넘어가기 전에는 핀란드는 스웨덴에 속해 있었다. 그런데 스웨덴 치하에 있을 때 핀란드 역사는 전혀 행복하지 않았다.

둘째, 스웨덴이 패배하여 핀란드가 러시아에 넘어갔을 때, 후일 폴란드에 헌법을 부여했던 바로 그 알렉산드르 1세가 핀란드가 이전에 소유하지 못했던 국가로서의 존재를 부여했다. 그리하여 핀란드는 공국이 되었고 러시아 차르를 대공국으로 하는 자유 헌법이 주어졌다. 핀란드는 러시아 내의 다른 민족은 누리지 못한 의회 및 여러 특권과 함께 모든 내정과 관해 사실상 완전한 자치권을 부여받았다.[30]

핀란드는 러시아 내 다른 민족에 의무적으로 부과된 군사 의무에서 면제되었다. 또한 철도, 요새, 대학, 박물관 등은 대부분 러시아제국의 비용으로 건설되었다. 내부 자치가 광범위해진 1809년부터 20세기 초까지의 기간은 핀란드 역사를 통틀어 가장 빛나는 시기로 꼽힌다. 19세기 러시아 치하에서 핀란드는 사회, 정치 및 문화생활에서 진정한 르네상스를 맞이했다.[31]

---

29 덧붙여 말하면, 유감스럽게도 1차 세계대전 후에 폴란드가 재건한 후 폴란드는 러시아가 폴란드를 장악했을 때 폴란드인을 대하는 것보다 자국의 소수 민족 - 대러시아인, 백러시아인, 우크라이나인 - 을 (심지어 폴란드인에 대한 러시아의 억압이 가장 심했을 때보다) 훨씬 가혹하게 억압했다. 폴란드에 대한 공산주의자들의 억압은 러시아에 의한 억압이 아니라 세계 혁명을 주도한 국제적인 도당에 의한 것이었다.

30 핀란드는 자치지역 너무 넓어 러시아 혁명가들에게는 안전한 피난처가 되어 차르 정부로부터 안전하게 지냈다. 이런 일이 있음에도 러시아는 핀란드의 자치권을 침해하지 않았다. 이로써 핀란드는 러시아 혁명가들의 활동 중심지가 되었다.

셋째, 보브리코프가 황제의 개인 수행인으로 임명된 후인 19세기 말과 20세기 초에 핀란드의 자유와 특권을 다소 제한하는 일련의 조치들이 시행되었다. 이 '억압' 조치의 주요 항목은 핀란드인도 군 복무를 해야 한다는 것이었다. 이 같은 정책 변화는 쇠퇴하는 러시아 구체제의 무능함이 증가하는 등 국내외 사정이 변화했기 때문이다. 그러나 이 같은 제한에도 불구하고 핀란드는 러시아 내 다른 민족에 비해 훨씬 많은 특권을 누렸다.

넷째, 1917년 러시아혁명과 함께 케렌스키 정권은 모든 제한을 철폐하고 핀란드의 완전한 주권을 약속했다. 이 같은 약속은 3년내에 실현되었으며 그 이후로 핀란드는 러시아로부터 완전히 독립했다. 주권 이양과 함께 핀란드에서 내전이 일어났는데 이는 러시아와의 전쟁이 아니라 공산주의자와 반공주의자 사이의 투쟁이었다.

이상에서 간략하게 살펴본 러시아-핀란드 관계를 볼 때 핀란드인은 러시아국민보다 관대하게 대우받았고 러시아 내 나머지 민족들이 부러워할 지위를 부여받았다.

1939년 소비에트 러시아가 핀란드를 침공했는데 그것은 형식적으로는 침략 행위였지만 실제로는 그 성격이 매우 달랐다. 스탈린은 물론 어느 누구도 핀란드가 러시아에 위협이 될 거라고 우려하지 않았다. 그런데 채무국인 핀란드는 영국, 미국, 독일, 스웨덴의 보호령이 되었다. 1920년에서 1939년 사이에 핀란드는 엄청난 액수의 돈을 빌렸는데 이 빚을 갚으려면 수십 년은 족히 걸릴 것이다. 핀란드는 지급

---

31 핀란드 외무부 장관 학첼(A. Hackzell)은 이 모든 것 외에도 훨씬 더 많은 것들을 1939년 베를린에서 열린 연설에서 언급했는데, 이것은 1939년 3월~4월 『동유럽』(Ost-Europa)에 "핀란드 상황"(Finn land's Stellung)이라는 제목으로 출간되었다.

능력이 불확실한 채무국이 되어 여러 나라의 정부와 자본가들에게 의존하게 되었다.

더 중요한 것은 핀란드에서 만네르하임 도당이 사실상 독재 권력으로 부상하면서 핀란드는 독일의 단순한 군사 기관으로 전락했으며 히틀러가 취임한 후 핀란드를 러시아 침공의 기지로 준비하기 시작했다는 사실이다. 이것은 스탈린은 물론 그 문제에 관련된 어느 누구에게도 비밀이 아니었다. 핀란드는 그 자체로는 러시아에 전혀 해를 끼치지 않았다. 그러나 강대국들이 러시아 침공 계획에 핀란드로 활용하면서 국경선이 레닌그라드에서 불과 12마일밖에 떨어지지 않은 핀란드는 약 1억 8천만 명의 러시아인들에게는 진정으로 위협적인 존재였다. 자국의 안전을 책임지는 정치가라면 그런 상황을 용인할 수 없을 것이다.

이를 조정하기 위한 모든 평화적인 조치가 실패하자 러시아는 예방 전쟁을 벌일 수밖에 없었다. 이것이 이 침략의 실제 성격이었다. 이는 후일 핀란드가 독일과 동맹을 맺고 합동으로 러시아를 침공한 데서 여실히 드러났다.

독일-핀란드 연합군이 에워싼 레닌그라드 포위전에서만 핀란드 전체 인구의 약 절반에 해당하는 약 150만 명이 목숨을 잃었다는 사실을 잊어서는 안 된다. 진정한 인도주의적 관점에서 보면 독일-핀란드의 침략은 러시아가 핀란드를 '침공하게' 된 이유를 충분히 상쇄한다. 또 다른 중요한 사실은 독일-핀란드의 러시아 침공이 초기에 성공하자 만네르하임-리티Mannerheim-Rity 정권의 제국주의적 욕구가 발동했다는 점이다. 이는 핀란드에 속하지 않은 러시아의 일부 지역을 점령하고 거대한 러시아 영토와 심지어 핀란드와 전혀 관련이 없는 스칸디나비아 지역을 통합하는 '대 핀란드'를 진지하게 논의한 사실에서 입증되었다.

다음으로 껄끄러운 유대인 문제에 대해 살펴보자. 여기서도 실제 상황은 러시아 외부에서 일반적으로 알려진 것과는 상당히 다르다. 첫째, 유대인에 대한 박해는 러시아만의 문제가 아니라 고대 이집트와 로마에서 시작하여 현재에 이르기까지 보편적이고 지속적인 현상이다.

둘째, 16세기 이전에 러시아는 중세와 르네상스 시대의 유럽보다는 이와 관련한 죄과가 적었다. 20세기까지는 역사적으로 러시아 내 유대인 박해에 대해 기록된 것은 없지만, 중세 시대에서 심지어 프랑스혁명 시기에 이르기까지 유럽 전역에서 유대인은 심하게 박해를 받았고 권리가 극도로 제한되었다. 이것이 유대인들이 중세 시대부터 수세기 동안 폴란드, 리투아니아, 러시아에 그토록 많이 정착하게 된 이유다.

셋째, 러시아는 이후 유럽의 본보기를 따라 유대인에게 다양한 제한을 도입했는데, 지금은 (알렉산드르 1세와 2세 때처럼) 감소했다가 현재는 (니콜라스 1세와 알렉산드르 3세 때처럼) 증가하여 20세기 초반까지 계속되었고 그중 몇 가지 제한은 1917년 러시아혁명 때까지 지속되었다. 유대인의 권리 박탈 중에서 가장 대표적인 것이 유대인의 정착지를 제한하는 것이었다. 이 때문에 서부 지방의 몇 군데를 따로 분리했다. 아울러 일정한 교육 또는 기술 훈련을 받은 유대인은 모두 일정한 직업을 가졌고, 소유한 자본으로 원하는 곳 어디서나 자유롭게 정착했다. 이는 러시아의 모든 도시에서 유대인을 찾아볼 수 있었다는 데서 알 수 있다.

유대인들은 사실상 러시아 시민에게 부여된 모든 권리를 누렸다. 유대인의 대학 입학생 수를 전체 학생 수의 4%로 제한하고 토지 재산권을 일정한 한도로 제한하여 러시아인 농민이 유대인에 재정적으로

의존하지 못하게 하고 러시아 농민의 땅을 유대인과 도시 상인에게 판매하지 못하게 했다. 이 같은 조치는 비록 잔인하거나 비인간적이지는 않더라도 실제로는 유대인의 권리를 제한하는 것이었다. 더욱이, 이 같은 제한들은 실제 생활에서는 법령 규정에서 제시한 것보다 훨씬 덜 까다로웠다. 예를 들면, 대학에 진학하는 유대인의 수를 4%로 할당했는데 이는 러시아 전체 인구에서 유대인 인구의 비율(약 1.8% 내지 2%)을 초과했다. 게다가 유대인 학생의 실제 비율은 4%를 훨씬 넘었다.

상업 종사자, 전문직 및 정부 관직에서 유대인의 비율도 전체 러시아 인구에서 차지하는 비율보다 훨씬 더 많았다. 유대인이 러시아 문화에 끼친 공헌은 공식적인 법률 규정에 근거한 판단보다 훨씬 결정적이고 풍부했다. 유대인에 대한 다른 많은 제한도 마찬가지다. 그 같은 차별 법령은 러시아국민의 호응을 얻지 못해 대개 사문서나 다름없었다.

이 문제와 관련하여 러시아의 죄과가 상대적으로 낮은 것은 유대인들은 대체로 인종 또는 민족 이유로 차별받은 것이 아니라 전적으로 종교 이유로 공식적으로 차별받은 사실이다. 때문에 유대인은 기독교로 개종하는 순간 모든 제한에서 벗어나 온전한 시민이 되었다. 그리하여 니콜라스 1세 같은 독재정권에서도 유대인은 고위관료 집단에서 괄목할 역할을 했다. 일례로 니콜라스 1세의 재무장관 칸크린 백작은 유대인이었고, (19세기 말과 20세기 초) 약 20년 동안 아르메니아계 유대인 델라노프는 러시아 교육부 장관을 지냈다. 이 같은 경우는 결코 예외가 아니었다.

또한, 러시아는 히틀러의 박해뿐만 아니라 과거와 현재의 다른 많은 나라에서 자행된 유대인에 대한 억압에서 나타나는 체계적인 착취, 굴욕 및 완전한 절멸 같은 잔인하고 냉혹한 정책을 추구한 적이 없다는 점이다. 앞서 말했듯이, 유대인들은 인종 또는 민족집단으로서 결코 차별받은 적이 없다. (일례로 유대인과 이교도 간의 통혼을 금지하지 않았다.) 이는 해외에서 러시아를 가장 효과적으로 선전한 사람은 항상 이전의 러시아계 유대인이었다는 흥미로운 사실에서 나타난다. 유대인들은 차르 체제를 가혹하게 (종종 지나치게 격렬하게) 비난하면서도 러시아 자체에 대해서는 매우 우호적인 감정을 가졌다.

악명 높은 소수 민족 대량 학살 문제가 남아 있는데 그것의 실제 숫자는 크게 부풀려진 것이다. 또한 그 숫자는 미국에서 린치를 당한 희생자 총수보다 훨씬 적은 것으로 기록되었다. 더욱이 그 희생자는 20세기 초에 발생했으며 그 책임은 전적으로 정부 및 준정부 갱단의 소규모 일당에게 있다. 러시아 인구의 압도적 다수는 항상 이 같은 범죄를 단호하게 반대했으며 따라서 그것에 대해 아무런 죄과가 없다.

이제 이 장의 주요 주제로 돌아가 보자. 우리는 러시아를 '다양성 속의 통일', 즉 도가니로 간주하고, 다양한 요소로 밀접하게 결속된 사회를 건설하는 몇 안 되는 주목할 만한 실험 중 하나로 간주한다. 거기서는 우월한 자와 열등한 자, 주인과 노예, 특권층과 소외계층으로 명확하게 구분하지 않는다. 이상의 분석은 상대적인 의미에서 이상적이지는 않지만 미국과 마찬가지로 러시아도 이런 가능성을 실현했음을 입증한다. 이 분야에서 러시아혁명의 과업은 러시아 역사에서 영속적으로 지속되어 온 추세를 계승하여 완결하려는 것에 지나지 않았다.

유대인과 150개 민족에 대한 법률상 및 여타 차별의 마지막 흔적이 마침내 사라졌다. 각 민족은 고유의 문화, 언어, 민족성과 관련하여 창의적인 잠재력을 개발할 수 있는 동등한 기회를 누리고 있으며 그렇게 하도록 장려한다. 모든 민족은 자체의 학교를 가지고 있으며 각자의 언어로 책을 출간한다. 러시아의 역사적 언어이자 지배 민족의 언어인 러시아어가 (우리나라[미국]의 영어와 마찬가지로) 일반적인 매체에서 공통적으로 사용되긴 하지만, 소련 전역에서 150개 민족 언어를 자유롭게 사용하는 것을 제지하지는 않는다.

공식 국명을 '러시아'에서 ('미합중국'을 연상케 하는) '소비에트 사회주의 공화국 연합'으로 바꾸는 등 세부 사항조차도 현재 소비에트 지배계급이 다민족으로 구성되어 있음을 보여준다. 다른 많은 측면에서는 물론 여기에서도 (나중에 살펴보듯이) 러시아혁명은 건설 단계에서도 혁명 이전의 러시아의 중요한 추세를 계속 이어가고 있다.

제3장

미국의 정신과 러시아의 정신

1. '슬라브 민족 정신'의 신화

미국과 러시아의 또 하나의 기본적인 유사성은 양국의 심리구조와 사고방식에 있다. 물론 이 같은 점이 유사하다고 해서 양국의 정신, 감정, 감성, 의지력이 동일하거나 완전히 동질적이라는 것은 아니다. 러시아인 두 명 또는 미국인 두 명 사이에서도 심리구조와 사고방식이 정확히 동일한 경우가 없다. 두 나라 민족은 모두 수천 가지의 유형의 정신구조 유형을 가지고 있다. 첫 번째 점은 특이한 슬라브 민족의 정신구조는 모호하고 신비스럽고 비실재적이며 매우 감정적이고 불안정하며, 황홀경과 우울증 사이를 오간다고 보는데 이 같은 생각은 터무니없는 허구다.

통상적으로 러시아인의 정신구조와 미국인 정신구조는 정반대라고 간주되고 있다. 미국인의 정신구조는 냉정하고, 균형 잡히고, 합리적이고, 실용적이며, 지나치게 감정적이지 않고 자유롭고, 전혀 신비적이지 않다고 여긴다. 이 같은 생각도 마찬가지로 허구다. 두 나라 모두 이 두 가지 유형이 거의 같은 비율로 존재한다. 그 같은 심리구조 유형의 분포에서 두 나라 사이에 확연한 차이가 발견된다면, 그 같은 차이는 상이한 역사적 시기와 특정 사회 상황에 기인한 것이지 각 민족의 생물학적 구성 근저에 영속적인 고유한 특성 때문이 아니다.

인종적으로나 인류학적으로 러시아인과 미국인은 근본적으로 다르지 않으므로 두 나라는 인종 구성과 관련하여 정신구조에서 심오하고 영속적인 차이가 있다고 볼 수 없다. 러시아 인구의 대부분은 알파인(Alpine) 유형과 노르딕(Nordic) 유형에 속한다. 러시아 인구의 약 8%를 차지하는 몽골인과 아시아인 계통을 제외하면 평균 두장폭 시수(頭長幅示數 : 머리의 가로 세로의 비)는 약 82이고 인구의 상당 부분은 82 미만이며 그 외 인구는 82를 약간 상회한다. 이 같은 중요한 기준에서 볼 때 러시아인은 스위스, 독일, 오스트리아, 프랑스, 이탈리아 북부를 포함한 북부 및 중부 유럽 인구의 대부분과 현저하게 다르지 않다.

오히려 러시아인은 프랑스를 포함한 중부 유럽의 거주민들보다는 노르딕 인종에 약간 더 가깝다. 또한 프랑스, 독일, 중부 유럽인의 두장폭 시수의 범위는 광범위하게 걸쳐 있는 반면 러시아인의 두장폭 시수는 양방향으로 폭이 82에서 3포인트 내외라는 점에서 러시아인은 더욱 동질적이다.

인종을 구별하는 또 다른 기준은 눈 색깔과 머리카락 색깔인데 금발은 레토-리투아니아인 약 67%, 백러시아인 57%, 대러시아인 40%, 우크라이나인 35%인데 비해 러시아 내 유럽 인종과 비아시아계 인종의 경우 모두 대략 45~50%다. 프랑스, 브란덴부르크[1]와 프로이센, 스위스, 남부 독일, 체코슬로바키아, 이탈리아, 스페인 및 다른 많은 나

---

1 브란덴부르크 : 베를린 남서쪽 약 61km, 엘베강의 지류 하펠강 연안에 위치한 지역. 512년에 슬라브족이 정착하기 시작, 928년 독일의 하인리히 1세가 정복, 948년 주 교구청 소재지가 됨 - 옮긴이

라와 비교할 때 대부분의 러시아인은 이러한 측면에서 노르딕 또는 알파인 유형에 더 가깝다. 신장과 그 외 인종 기준에서도 마찬가지다.

미국의 인구는 주로 유럽 이민자들로 구성되어 있어서 유럽이나 러시아의 민족 유형과 근본적으로 다르지 않다. 러시아가 인종적으로 8~10%가 아시아인인데 미국도 인디언, 흑인, 아시아인의 비율이 대략 비슷하다. 그 외에 인종 구성의 주요 차이점은 미국의 경우 지중해 연안과 북유럽 극단의 유형의 비율이 다소 더 높다는 것이다. 그렇지만 이 요인들 아주 사소한 것이어서 설령 특수한 정신구조 유형이 특수한 인종 구성과 연관이 있다고 가정하더라도 두 민족의 정신구조에 심각한 차이를 만들어내지 못한다. 그런 연계를 입증하려는 모든 시도는 지금까지 사실상 실패했다.

따라서 두 나라의 인종 구성으로는 두 나라 민족의 정신구조의 내재적이고 영구적인 차이를 추정할 타당한 근거를 제공할 수 없다. 그 같은 주장을 입증할 다른 어떤 근거도 존재하지 않는다.

미국인과 러시아인의 정신구조에 어떤 전형적인 차이가 있다면, 그것은 분명 환경적 또는 역사적 상황의 변화로 인한 후천적인 성질에 기인한다. 그 같은 차이는 영구적이거나 내재적이지 않으며 일시적이고 지역적, 사회문화적 조건에 따라 달라진다. 이를테면, 1917년 러시아혁명을 계기로 많은 사람들은 러시아인은 혁명적 기질을 타고난 반면 미국인, 영국인, 네덜란드인은 보수적이고 질서 유지를 옹호하는 민족이라고 생각하는 경향이 있다.

그런데 17세기와 18세기에는 영국인과 미국인이 러시아인보다 더 혁명적이었다. 러시아, 폴란드, 영국, 네덜란드, 프랑스, 독일, 스페인, 이탈리아, 로마, 그리스, 미국 역사의 모든 혁명을 살펴보고,[2] 이 같은 혼란의 빈도와 길이, 규모를 체계적으로 조사해보면, 장기적으로는 이들 나라 사이에 이와 관련하여 가시적인 차이가 없다는 것을 알 수 있다. 러시아의 기록을 보면 오히려 대부분의 관련 국가의 기록보다 약간 덜 혁명적이다. 유일한 실제 차이는 시간상의 차이다. 특정 기간에는 특정 나라가 다른 나라보다 더 혁명적인 것처럼 보이지만 다른 기간에는 그 반대인 경우가 있다.

지금까지 혁명과 관련하여 말한 것은 전쟁에도 적용된다. 일반적으로 해외에서는 러시아는 본질적으로 호전적인 반면 미국은 매우 평화적인 것으로 간주하고 있다. 19세기 동안에는 미국은 두 개의 넓은 대양의 보호 덕분에 확실히 다소 평화적이었다. 그런데 두 나라 모두 모든 소규모 전쟁(미국의 경우 인디언 부족, 니카라과, 쿠바, 아이티 등 일부 라틴 아메리카 공화국에 대한 여러 차례의 군사 원정)을 계산하면, 100년의 역사에서 미국은 평균 48년(또는 1775년에서 1933년 사이 158년 기간 중 적어도 77년) 전쟁을 치른 데 비해 러시아는 평균 46년 전쟁을 치렀다.

태평양과 대서양이 외세의 침략을 막아주는 장벽으로서 점점 효력을 잃어가는 상황에서 인류의 진정한 평화와 통일이 이루어지지 않는 한 미국의 군사력은 점점 더 커질 수밖에 없다. 그리스, 로마 및 주요 유럽 국가의 역사에서 일어난 모든 전쟁을 체계적으로 살펴보고 이를 모든 중요한 관점에서 연구해 보아도,[3] 이들 나라가 상대적으로 호전적인지 평화를 사랑하는지 근본적인 차이가 드러나지 않는다. 본질적

---

2 이와 관련한 체계적이고 충분한 자료는 졸저 *Social and Cultural Dynamics*, Vol. 3 (American Book Co., 1937)을 보라.

3 졸저 *Social and Cultural Dynamics*, Vol. 3에 있는 사실들을 보라.

인 차이는 단지 시기상의 차이다. 어떤 시기는 다른 시기보다 더 호전적이고, 또 다른 시기에는 역할이 그 반대다.

지금 혁명과 군국주의에 대해 말한 것은 민족 특성의 거의 모든 차이에도 해당된다. 이를테면, 많은 미국 사람들은 미국인들은 기술에 매우 능통한 심리구조를 가지고 있는 반면에 러시아인들은 기계를 발명하거나 개선할 능력이 전혀 없었으며 심지어 기계를 유능하게 다루지조차도 못한다고 생각한다.

19세기 말까지 두 나라의 기술 현황을 비교하면 그런 확신이 충분히 타당한 것처럼 보이지만 그 시기 이전에는 미국이 실제로 이 분야에서 훨씬 더 창의적이었다. 반면에 실제 사실을 체계적으로 조사해보면, '기계 장치에 능통한 정신구조'는 순전히 상대적인 문제로 특정 시기와 그 시기 동안 각 나라의 특수한 상황에 달려있다는 것을 알 수 있다.

지금까지 기록된 모든 기술 발명을 100%라고 고려하고 이러한 발명에서 각 나라가 차지하는 비중을 시기별로 계산해 보면,[4] 그리스의 기술 발명은 기원전 6세기에서 3세기 사이에 높았고, 기원전 6세기 이전과 3세기 이후에는 매우 낮았다. 로마의 기술 발명은 기원전 1세기부터 3세기까지 높았다가 3세기 전후에 매우 낮았다. 아라비아의 기술 발명은 800년부터 1300년경까지 전 세계를 주도했으며 그 시기 전후로 영향력이 약화되었다.

유럽 국가 중에서는 9세기와 10세기에는 이탈리아가 모든 발명품의 40%를 차지했지만 19세기에는 2~3%로 줄어들었다. 1726-1750년 이전에는 이 분야에서 미국이 차지하는 비중은 사실상 전무했다.

---

[4] 졸저 *Social and Cultural Dynamics*, Vol. 2에 실린 발명에 관한 자세한 데이터를 비교하라.

그 이후로 서서히 증가하기 시작하여 1900년에서 1908년 사이에 미국이 차지하는 비중이 전체의 25%에 달했다.

1876년 이전 러시아가 차지하는 비중은 0~2%로 매우 미미했다. 그 후로 서서히 증가하여 1901~1908년에 3.7%에 달했다. 19세기 후반기에 러시아인은 전등(라디긴과 야블로치코프[5]가 토머스 에디슨보다 2년 앞서 발명)과 무선 전송(1897년 포포프[6]가 발명) 및 그 외 많은 발명품 등 몇 가지 주목할 만한 기술 발명에 기여했다.[7]

그런데 러시아는 아직 기계와 관련한 인식이 약해서 이 발명품들은 약간만 활용되었다. 19세기 말과 20세기에 걸쳐 양상이 급격하게 변화했다. 어떤 민족은 기계적 소질을 타고났고 또 어떤 민족은 무능하다고 생각하는 사람들조차 1899년에서 1914년 사이와 1925년에서 1940년 사이에 러시아의 기술 산업 발전이 엄청나게 진전되어 2차 세계대전으로 러시아의 주요 산업 중심지가 파괴되지 않았다면 러시아는 세계에서 (미국 다음으로) 두 번째로 고도로 산업화된 나라가 되었을 것이라고 생각하지 않을 수 없었다.

설사 그들이 이런 사실을 모르더라도 적어도 전쟁 초기에는 러시아가 비행기, 탱크, 총, 트럭, 군사 장비 그리고 그것들을 생산하는 데 필

---

5   야블로치코프(Pavel Nikolaevich Yablochkov, 1847~1894) : 러시아의 전기기술자. 1874년 철도의 전등조명을 비롯해 극장 조명용으로 널리 보급된 일명 '야블로치코프초[燭]'라는 아크등(燈) 장치를 발명. 배전방식·발전기의 개량 등에 크게 공헌함 - 옮긴이

6   포포프(Aleksandr Stepanovich Popov, 1859~1906) : 러시아의 물리학자·무선 연구가. 세계 최초로 무선전신을 발명, 초창기의 무선전신 발전에 선구적 역할을 함. 무선전신 발명 이득의 독점에 반대하여 특허를 내지 않아 무선 개발의 원조는 G.마르코니가 됨 - 옮긴이

7   다음을 참조하라. V. N. Ipatiev, "Modern Science in Russia", *Journal of Chemical Education*, April, 1945, pp. 159~166.

요한 공장을 미국과 독일을 제외한 다른 어느 나라보다 상대적으로 더 많이 공급했다는 것을 알고 있다. 그들은 또한 미국도 (비행기, 휘발유, 텔레비전 장치 등) 몇몇 뛰어난 발명품을 러시아 기술자(시코르스키Sikorski, 이파티예프Ipatiev, 즈보리킨Zworykin)가 제공했다는 사실을 알고 있다.

위에서 살펴본 내용만으로도 충분히 다음과 같은 결론을 내릴 수 있다. 첫째, 특정 민족이 기계를 발명하는 소질을 선천적이고 영구적으로 독점했다는 사실을 증명한 사람은 지금까지 아무도 없다. 둘째, 러시아인들이 이 점과 관련하여 미진하다는 가정은 잘못되었다. 셋째, 미국은 러시아보다 먼저 기술이 발달했다. 넷째, 19세기 말 이후 러시아는 기술 능력이 현저하게 진전되었고 약 40년 만에 거의 2위(미국 다음)를 성취했다. 다섯째, 이 같은 놀라운 발전은 앞으로도 분명 계속될 것이다. 여섯째, 기술 발명 능력은 위대한 문학과 음악을 탄생하거나 뛰어난 종교, 철학, 법률 체계를 발전시키는 능력보다 훨씬 쉽게 획득할 수 있다.

실제로 역사적으로 존재한 모든 나라들은 석기 시대, 청동기 시대, 철기 시대 및 후속 시대의 기술들을 시대에 따라 조금 더 일찍 발전시킨 나라도 있고, 조금 늦게 발전시킨 나라가 있다는 것은 부인할 수 없는 사실이다. 일본, 중국, 인도 등 동양 민족도 마찬가지다. 우리의 특수한 사례에서 볼 때, 19세기 말 이후 러시아의 기술이 놀랄 정도로 발달했는데 이 점에서 미국인과 러시아인 사이에 본질적인 차이가 있다고 주장할 근거가 조금도 없다.

그러나 모든 민족이 위대한 문학 또는 음악, 회화, 건축 그리고 독특한 철학, 종교, 법률, 윤리 체계를 창안할 수 있는 것은 아니다. (14세기 이후로 서양 민족이 이 분야를 주도해 왔지만 그 전에는 대부분 아랍인을 포함한 동양 민족이 주도해 왔다.) 우리는 더 이상 기술 발명 능력이 뛰어나다고 해서 문화적 창의성에서도 최고라는 착각에 빠져서는 안 된다.

지금 기술 발명의 재능에 대해 말한 것은 미국인의 정신구조와 러시아인의 정신구조 사이에 사람들이 얘기하는 여러 가지 차이에도 동일하게 적용된다. 다른 나라와 마찬가지로 러시아도 확실히 감정주의와 신비주의가 상황에 따라 변동한다. 그것은 미국도 마찬가지다. 2차 세계대전 때와 마찬가지로 독립전쟁과 남북전쟁 동안에도 미국은 극도의 감정주의를 보였다. 여호와의 증인 및 사방 복음Four-Square Gospel 등 갖가지 종파(특히 남부 캘리포니아에서)와 부흥 운동(증인 빌리 선데이Billy Sunday)이 유행하는 것을 보면 미국의 신비주의는 여러 면에서 러시아보다 오히려 더 두드러진다고 결론 내릴 수밖에 없다. 미식축구와 야구 경기 또는 정치 집회, 대학 동창회에서 미국인 군중이 하는 행동을 관찰해보면 미국인은 감정적이지 않다거나 러시아인보다 덜 감정적이라고 결론 내릴 수 없다.

한편, 러시아인들도 물론 2차 세계대전의 고난(굶주림, 추위, 사랑하는 사람의 상실 등)으로 고통을 겪었긴 하지만 그들은 감정이 메말라 있고 감수성이 낮아서 '문명화된' 나라 사람들보다 고난을 쉽게 견딜 수 있었다고 사람들이 무심코 얘기하는 것을 자주 듣는다. 말할 필요도 없이 이런 생각은 슬라브 민족의 신비주의의 허구만큼이나 어리석다. 러시아인들도 다른 민족들만큼이나 많은 곤경과 손실로 고통을 겪었다. 또한 슬라브 민족 신비주의 지지자들의 주장하듯이 러시아인들이 비실용적이고 비현실적이며 불안정했다면, 지구상에서 거대한 제국을 건설할 수가 없었을 것이다.

제국을 건설하는 것은 인간의 다른 활동 못지않게 실용성, 실천성, 상식, 끈기 있고 균형 잡힌 노력, 의지력, 창조적 에너지를 요구하는 세상에서 가장 어려운 과업이기 때문이다. 이 같은 자질이 없으면 작은 회사도 조직하여 성공적으로 운영할 수 없다. 실천성과 실용성이 없었다면 히틀러에 맞서 용감하게 저항할 수도 과거 러시아를 침공한 강력한 적들에 맞서 수백 번 승리를 거둘 수 없었을 것이다. 그런 실천성과 실용성 없었다면 어떤 사실주의 문학도 어떤 과학이나 기술도 탁월하게 성취할 수 없었을 것이다. 위에서 관찰한 내용을 보면 적어도 과학적 사고와 타당한 이론에서는 이 같은 신화를 완전히 제거할 수 있다.

2. 미국인과 러시아인의 정신구조의 유사성

이 장에서 다룬 주제의 두 번째 측면 즉 미국인의 심리구조와 러시아인의 심리구조의 유사성은 좀 더 긍정적이다. 즉 두 민족은 다른 많은 민족에 대한 상호관계보다 서로의 상호관계를 더 적합하게 만들어주는 많은 근본적인 정신구조를 공유한다. 이 같은 공통된 특성 중 가장 중요한 것은 단일 민족국가의 전통과 사회문화 양식의 경직성으로부터의 탈피, 열린 마음가짐과 폭넓은 정신적 시야, 사해동포주의, 자존감을 가지면서도 타인을 얕보지 않고 신이 자신에게 '열등한' 집단에 대해 우월성을 부여했다고 주장하는 성향이다. 이 같은 성향은 각자 사고의 독립성을 인정하고. 타인의 의견, 매너 및 관습을 포용하며, 매우 다양한 생각과 가치를 그 근원에 관계없이 진정하게 평가하려고 노력하는 실험 정신을 함양한다.

    두 민족의 이 같은 공통된 특성은 주로 앞서 언급한 이질적인 구성과 '다양성 속의 통일'이 결합된 결과다. 인종 집단, 민족 집단, 국민은 각기 고유한 정신구조와 문화를 가지고 있지만 지속적으로 교류하면 서로 배타적인 성질이 사라진다.

이 같은 일반화를 미국에 적용하더라도 미국인은 이의를 제기하지 않는다. 그 일반화는 우리[미국]의 정치구조나 사회에 해가 되지 않으면 어떤 신조, 스타일, 양식 또는 관습이라도 포용하고 존중하는 우리의 태도에 의해 입증되었다. 한 가지 예로, 우리[미국인]는 대부분 비공식적 교류에서는 물론 대중 연설이나 강연에서 영어가 서투르더라도 용인한다. 외국인 강사가 하는 말이 가치가 있다고 생각되면 또 그의 영어를 약간이라도 이해할 수 있다면 그의 발음과 억양이 설사 틀리더라도 그의 말을 경청한다. 러시아 말고는 그 같은 관용을 베푸는 나라가 거의 없다.

현재는 물론 과거의 미국 이민자들은 이 나라[미국]가 아마도 새로운 이민자가 차별의식을 느끼지 않는 유일한 나라라고 증언할 것이다. 실제로는 러시아를 제외한 유럽의 모든 나라에는 신규 이민자를 '먼저 온 이민자'와 분리하는 '보이지 않는 교묘한 유리벽'이 있다. 이들 나라에서 이민자는 일생 동안 계속 새로운 이민자로 남아 있다. '교묘한 유리벽'은 그 이민자를 '부모가 태어난 본토박이'와 매우 효과적으로 분리한다. 미국에는 일반적으로 이 같은 장벽이 존재하지 않는다. 외국인은 합법적으로 이 나라에 들어오고 정직하게 직업에 종사할 수 있으며 반사회적 행동을 하지 않으면, 더 이상 '이방인'이 아니며 완전한 미국인이 되어 오로지 자신의 행위와 업적에 근거하여 토박이 시민과 동일하게 대우를 받는다.

그 같은 특성은 러시아도 미국과 같다. 러시아 최고의 작가 중 한 사람인 도스토옙스키는 러시아의 가장 저명한 시인 푸시킨Pushkin에 관한 유명한 연설에서 이러한 특성이 푸시킨과 러시아국민 모두의 전형적인 특징이라고 강조했다. 이 연설에서 일부는 인용할 만한 가치가 있다.

『 유럽 문학에는 셰익스피어, 세르반테스, 실러 같은 엄청난 천재들이 있었다. 그런데 그중에서 푸시킨만큼 다른 민족의 천재성을 동화하고 표현하는 능력을 가진 사람은 단 한 명도 꼽을 수 없다. 이 같은 능력, 즉 러시아인의 타고난 특성이…푸시킨을 우리 민족의 탁월한 시인으로 만든다. 유럽의 가장 위대한 시인들도 다른 민족의 본질, 즉 그 영혼과 헤아릴 수 없는 정신의 깊이, 역사적 운명에 대한 열망을 푸시킨만큼 표현할 수 없었다. 유럽 시인들은 다른 민족을 묘사할 때 항상 자기 민족을 기준으로 한다. 예컨대 셰익스피어가 묘사하는 이탈리아인은 실제로는 영국인이다. 그러나 푸시킨의 「파우스트 장면」Scenes from Faust, 「구두쇠 기사」Miser Knight, 민요 「어느 가난한 기사가 살았다」There lived a poor knight, 「돈 후안」Don Juan은 그의 서명이 없으면 결코 러시아인이 쓴 것이라고 추측할 수 없다. 그의 「고난 시대의 축제」Bacchanalé in the Plague Time는 틀림없는 영국인의 인상을 담고 있다. 그의 작품 「깊은 야생 계곡에서 방황할 때」에서 우리는 기묘하고 신비로운 책의 문학적 전환을 발견할 뿐만 아니라 그 구절의 슬프고 황홀한 음악에서 북부 개신교의 신비주의의 영혼을 엿볼 수 있다…그의 작품 「모조 코란」Imitations of the Koran은 코란의 정신과 검, 즉 이슬람 신앙의 단순한 장엄함과 끔찍하고 잔혹한 위력을 묘사하여 이슬람교도가 쓴 것처럼 보인다…오직 푸시킨에서만 시인의 정신이 아주 기묘하게 다른 민족의 정신에 스며드는 것을 볼 수 있다…푸시킨의 이 같은 예언가적 천재성에서 러시아국민의 정신이 고스란히 드러난다…보편성에 대한 열망, 즉 공동의 인류애에서 바로 러시아의 걸출한 특징이 드러난다…우리는 어떤 차별도 하지 않고 사랑과 우애 정신으로 다른 모든 민족과 국민의 천재성을 받아들였다…우리는 직관적으로 모순을 제거하고 차이점을 조화시키는 능력을 보여주며, 인류의 모든 민족과 연합하려는 성향을 보여주었다. 러시아인의 운명은 실로 범유럽적 나아가 사해동포주의적이다. 진정한 러시아인이 된다는 것은 모든 인간이 친형제가 되는 것을 의미한다…러시아의 정치에서, 특히 지난 2세기 동안 러시아는 자기 민족이 아닌 다른 민족에게 봉사하는 것 말고 무엇을 했단 말인가?…이 같은 이상은 러시아 역사 전체 그리고 푸시킨의 문학적 천재성에서 입증되었다. 우리의 땅은 빈약하지만 노예의 모습으로 이 땅에 내려온 하늘나라의 왕 그리스도의 축복을 받았다.』

선견지명이 있는 현자인 도스토옙스키의 이 유명한 구절은 구구절절 옳다. 러시아 문화와 역사 전체의 맥락이 푸시킨의 해석을 입증하고 있다. 러시아의 역사적 임무 중 하나는 무자비한 정복자들의 공격에 정면으로 맞서 유럽 및 여타 국가의 독립과 자유, 문화를 보호하고 봉사하는 것이었다. 러시아는 타타르족에 대해 맞서 이 같은 일을 했다. 타타르족은 러시아 공국을 정복하는 데 온 힘을 쏟는 바람에 유럽을 압도적인 힘으로 정복할 수가 없었다.

그 와중에 러시아는 200년 넘게 예속과 약탈을 당하며 시련을 겪었다. 13세기에도 러시아는 튜턴족 기사단의 위협을 격퇴하며 그와 동일한 역할을 해냈다. 이때 러시아의 용감한 성자이자 전사인 알렉산드르 넵스키[8] 대공의 지휘 아래 튜턴족 기사단은 치명타를 입었다.

9세기와 10세기에 북부의 부족이 가공할 위력으로 침입했을 때도 유사한 기능을 수행했다. 그들이 유럽에서 '신의 재앙'으로 알려진 데에는 이유가 있다. 러시아인들은 북부인 몇 명을 자신들의 통치자가 되게 해준다고 일부러 초대하여 그들의 힘을 약화시켜 유럽과 비잔티움의 약탈을 막아내고 보호하는 역할을 했다.

그 같은 예는 숱하게 많다. 스웨덴의 샤를 12세[9]가 여러 나라를 차례로 정복하기 시작했을 때, 러시아는 길고 끈질긴 투쟁 끝에 폴타바 Poltava에서 그를 결정적으로 격퇴시켰다. 러시아는 나폴레옹에 맞서, 1914~1917년에는 독일군에 대항해, 최종적으로 히틀러 군단과의 신기원을 이루는 투쟁에서 동일한 임무를 충실히 수행했다. 러시아는 과거에 이루 말할 수 없는 고난과 피 그리고 막대한 부를 희생하여 많은 나라를 구했다. 러시아는 약 2천만 명의 생명과 수십억의 부를 희생하여 나치의 위협으로부터 국제연합을 구했다.

앞서 언급했듯이 러시아는 수많은 유럽 및 아시아 인종, 민족, 문화를 대표하는 수많은 개울들이 합쳐진 거대한 강에 비유할 수 있다. 이 요소들은 기계적으로 섞인 것이 아니라 균일하게 일정한 패턴으로 유기적으로 혼합되어 있다. 러시아 역사를 통틀어 인종 또는 민족을 우월과 열등을 구분하여 차별하지 않았다.

---

8   알렉산드르 넵스키(Alexander Yaroslavich Nevsky, 1221~1263) : 키예프, 블라디미르 공국을 통치한 공후로 러시아 역사상 위대한 전투로 꼽히는 '네바강 전투'와 '추도호 전투' 등을 승리로 이끌며 외세로부터 러시아의 영토를 지켰였으며, 몽골군-타타르족에 대해서는 유화정책으로 대처하여 백성들의 안전을 지키는 등의 업적으로 사후에 러시아정교회의 성인으로 시성됨 - 옮긴이

9   샤를 12세(Charles XII) : 스웨덴 왕으로 주변 강대국 노르웨이, 덴마크, 러시아를 지배하는 등 세력을 떨쳐 북방의 사자로 불리기도 함. 동방으로 진출하는 무리한 전쟁 준비로 덴마크-러시아 등 주변국의 연합군과 일전을 벌인 북방전쟁(1700~21)에서 패퇴하여 결국 스웨덴의 몰락을 초래함 - 옮긴이

러시아 양식 문화의 중요한 부분은 다양한 유럽 요소와 아시아 요소들이 혼합하여 통일되어 있다. 러시아의 위대한 문학은 명백히 토착적이지만 그럼에도 유럽과 아시아의 풍취를 동시에 지니고 있다. 러시아 민속음악과 전통음악도 같은 맥락에서 유라시아 음악이다. 과거와 현재의 러시아 건축도 비잔틴, 양식, 서양 및 동양 양식을 종합한 것이다.

러시아 회화 및 조각 박물관은 다양한 민족, 나라, 문화의 특성, 풍경, 장르 장면, 역사적 사건을 전시하고 있다. 원시 문화와 가장 선진적인 문화를 비롯해 동서양 문화를 종합한 러시아 성상(聖像)도 마찬가지다. 러시아정교도 그와 동일한 보편성을 드러낸다. 러시아정교의 심오한 합리주의는 서구 기독교를 반영하는 반면, 심오한 신비주의는 비잔틴 기독교 및 동방 기독교 그리고 니사의 그레고리우스,[10] 의사 디오니시우스[11], 성 요한의 복음과 묵시록, 동양 신비 종교를 연상케 한다. 러시아정교의 의례와 교리 그리고 러시아 사회에 끼친 독특한 기여의 경우도 마찬가지다.

보편적 사랑과 형제애, 영원한 보편적 로고스, 여러 방면으로 무한히 펼쳐진 신성으로서 궁극적 실재 — 이것들이 러시아의 철학, 종교, 윤리, 박애의 중심 사상이 되어 왔다. 또한 러시아의 법전은 (로마법을 포함한) 동서양의 형식적 법체계뿐만 아니라 여러 민족의 다양한 관습과 관습법 체계의 기본 가치를 유기적으로 통합했다는 점에서 '보편적

---

10 니사의 그레고리우스(Gregory of Nyssa, 335년경~395): 카파도키아 출신의 기독교의 주교이자 교부 신학자로서 나지안조스의 그레고리우스와 함께 삼위일체설을 세우는 크게 기여함 - 옮긴이

11 디오니시우스(Dionysius): 알렉산드리아의 주교로 231~232년경 알렉산드리아 학파의 수장으로 있으면서 교회학교 교장을 역임함. 삼위일체는 분리할 수 없는 세 위격으로 구성된다고 주장하며 올바른 교리 정립을 위해 힘씀 - 옮긴이

인' 법전이라 할 수 있다.

이 같은 특성은 러시아 문화의 주요 부분뿐만 아니라 일상적인 경험의 작은 현상들에서도 나타난다. 몇 가지 대표적인 사실을 살펴보자.

러시아는 외국의 문학, 예술, 철학, 종교, 윤리, 법률, 학술 및 과학 저작물을 다른 어느 나라보다도 더 큰 규모로 번역, 출판, 동화하고 날카롭게 평가했다. 그리하여 미국, 프랑스, 독일, 영국, 네덜란드, 스페인, 이탈리아, 중국, 인도 등 이 분야에서 가장 귀중한 저작 대부분은 거의 모든 다른 나라의 지식인보다 러시아 지식인에게 더 잘 알려졌다.

러시아 지식인은 이해력이 넓고 문학, 철학, 과학 분야에서 문화적으로 탁월하게 공헌한 사실이 자주 관찰된다. 러시아는 어떤 다른 나라가 러시아 문화나 외국 문화 일반에 대해 알고 있는 것보다 세계의 문화 창작물에 대해 더 많이 알고 있다. 그리하여 러시아는 외부인에게 수수께끼로 남아있는 경우가 종종 있지만 외부 문화는 러시아에 결코 미스터리가 아니었다. 여기서 우리는 러시아의 광범위하고 보편적인 정신을 다시 발견한다.

이처럼 보편성을 추구하는 특성은 약간 다른 형태이지만 미국 문화에도 스며들어 있다. 이 나라[미국]는 다른 나라에서 유례가 없을 정도로 난민들의 피난처가 되었다. 이 나라는 다른 어느 나라보다도 모든 국적의 외국인이 전문직과 정부 및 기타 고위직을 차지하는 비율이 훨씬 높다. 더욱이 최근에 미국은 (남미, 유럽, 아시아, 아프리카 등) 다른 나라의 문화를 러시아에 맞먹을 정도로 흡수했다. 이런 점에서 미국의 보편적 정신은 러시아의 보편적 정신과 놀랄 정도로 다소 유사하다.

이 같은 유사성은 다른 많은 방면에서도 나타난다. 미국의 윌슨 대통령이 세계 평화를 유지하기 위한 수단으로 국제연맹을 창설한 것처럼 러시아의 니콜라스 2세 황제도 전쟁을 방지하기 위한 수단으로 헤이그 국제중재재판소를 창설했다. 러시아인과 미국인 모두 다른 나라들의 사회적 조건을 개선하는 데 호의적인 이상주의를 가지고 자주 참여하고 때로는 리더십을 발휘하여 보편주의와 인간 형제애에 대한 열망을 동일하게 드러냈다.

(19세기 초반에 페초린Pechorin을 비롯한) 많은 러시아 지식인들은 가톨릭이 이 같은 인도주의적 목표를 달성하는 데 가장 적합하다고 생각하여 가톨릭으로 개종했다. 비루보프Vyroubov와 드 로베르티De-Roberti같은 지식인들은 인본주의적 실증주의의 세계적 지도자가 되었다. 그들은 실증주의가 인류의 종교와 함께 그 같은 목적을 실현하는 데 가장 강력한 힘을 가진 것으로 보았다.

바쿠닌[12]과 크로포트킨[13] 그리고 제1, 제2, 제3 인터내셔널에 관여한 사람들을 포함해 매우 많은 수의 러시아인들이 국제혁명운동에 가담하여 자신들과는 아무런 특수한 개인적 또는 민족적 이해관계도 없는 여러 나라에서 싸웠고 때로는 투르게네프[14]의 루딘[15]처럼 목숨을 잃기도 했다. 이 같은 국제주의는 우리가 지금까지 논의해 왔던

---

12 바쿠닌(Mikhail Aleksandrovich Bakunin, 1814~1876) 러시아의 무정부주의자. 청년헤겔학파에 매료되어 1848년 최초의 혁명강령선언 〈슬라브 민족에 고함〉을 작성. 1849년 독일 드레스덴 폭동 혐의로 시베리아로 추방. 1861년 런던으로 탈출 유럽 각지에서 무정부주의를 전파. 제1인터내셔널에 가입하여 카를 마르크스와 이념적으로 대립하여 유럽 사회주의 운동의 분열을 초래하여 제명됨. 크로포트킨에 많은 영향을 줌 - 옮긴이

13 크로포트킨(Peter Kropotkin, 1842~1921) 러시아의 지리학자·동물학자·사회학자이자 사회혁명가. 육군 장교로 시베리아 재임 시 동물 생태 연구, 지리학적 탐사에 몰두 학자로서 명성을 얻음. 1871년 러시아 지리학회의 회장직을 거절, 귀족세습권을 포기하고 사회혁명가로 활동. 사유재산 철폐, 무상분배 등 '무정부 공산주의' 이론을 정립함 - 옮긴이

보편주의와 사해동포주의, '범휴머니즘'이 또 하나의 이념으로 발현한 것이다.

이 같은 관점에서 볼 때 최근의 러시아 공산주의도 제3인터내셔널과 함께 보편적인 정의와 형제애에 대한 동일한 열망을 (어쩌면 왜곡된 형태로) 보여준다. 마르크스주의와 공산주의는 유럽에서 발명되었으며 결코 러시아의 독창적인 산물은 아니지만 그럼에도 불구하고 그것을 처음으로 대규모로 직접 실제로 적용한 나라는 러시아였다. 러시아는 사회 재건을 위한 이 같은 위험한 계획의 시험에 기꺼이 임하여 엄청난 대가를 치름으로써 모든 인류의 대의에 봉사했다. 이것으로 러시아의 순교는 나머지 세계에 대한 경고이자 교훈의 원천이라는 것이 입증되었다.

미국도 자유, 자선, 종교 그리고 거의 전 세계에 걸친 일단의 다른 많은 가치들의 대의에 봉사하는 데 남다른 역할을 함으로써 러시아와 유사한 성향을 보여주었다. 미국은 1차 세계대전 기간과 그 후로 기근과 전쟁 및 유사한 긴급 상황에서 (식량기지 유지를 포함한) 각종 구호활동을 펼치고, 병원, 학교, 선교회를 설립하며, 여러 유익한 프로젝트에 자금을 조달, 관리하는 데 주도적인 역할을 했다(이 같은 대의에서 미국인들은 이상주의와 인간 형제애를 위한 노력 외에 어떤 개인적 또는 국가적 이해관

---

14 투르게네프(Ivan Turgenev, 1818~1883): 도스토옙스키, 톨스토이와 함께 러시아의 3대 소설가. 제정러시아 말기, 농노제와 전제 군주체제가 위협받고 있는 러시아 사회의 모순을 파헤친 대표적인 사실주의 작가. 지주 귀족 출신이었으나 농노들의 일상과 비참한 생활을 사실적으로 묘사하고, 민중성과 사실주의의 토대 위에 자연 묘사 기법과 러시아어를 풍부하게 활용하여 러시아 문학 발달에 크게 기여함 - 옮긴이

15 루딘(Rudin): 러시아의 작가 투르게네프가 856년에 발표한 중편 소설. 두뇌는 뛰어나지만 의지력이 없어 현실에 잘 적응하지 못하는 인물인 루딘을 통해 당시 러시아 지식인의 무능하고 비참한 생활을 보여주고 있음 - 옮긴이

계를 갖지 않았다).

　2차 세계대전 기간과 그 후에도 미국은 이 같은 역할을 역사상 가장 탁월하게 수행했고(마셜플랜, 경제협조처ECA 등) 그 방면에서 그에 대적할 나라가 없었다. 이 모든 것은 러시아인들이 자신들의 이기적 또는 민족주의적 동기와는 아무 관련이 없는 사안에 '간섭하려는' 성향과 매우 유사하다. 이와 같이 두 나라 모두 '돈키호테식'의 개혁을 추진했다.

　두 민족은 각자의 문화가 상호 영향을 미친다는 점에서 두 나라의 정신구조 상의 유사성을 엿볼 수 있는 추가적인 증거로 제시할 수 있다. (이에 대해서는 다음 장에서 자세하게 논의할 것이다.) 여기서는 두 나라의 문화의 상호 침투가 엄청난 유익한 결과를 가져왔다고 말하는 것만으로도 충분하다고 생각한. 두 나라의 문화와 사회는 대부분의 사람들이 생각하는 것보다 상대방에게 훨씬 더 풍요로운 결과를 낳았다.

　지금은 서로 정반대라고 여겨지는 두 나라의 제도와 가치들을 논의하면서 두 나라의 문화와 사회를 비교할 것이다. 그중에서 가장 중요한 것이 미국과 러시아의 사회 및 정치제도다.

2부

●
사회제도와 정신

제4장

미국과 러시아의 사회제도

제5장

러시아의 종교 및 교회 제도

제6장

양국의 도덕 기준

제4장

미국과 러시아의 사회제도

1. 두 나라 사회제도의 민주적 성격

두 나라의 다음으로 중요한 유사성은 두 나라의 사회문화 제도가 본질적으로 민주적 구조라는 점에 있다. 미국의 경우 이 같은 진술에 의문을 제기하는 사람은 아무도 없을 것이다. 그러나 이를 혁명 이전의 러시아에 적용하면 많은 사람들에게 분명 역설적으로 들릴 것이다. 사람들은 차르 체제의 전제정치와 절대주의를 이 진술의 오류를 증명하는 명백한 증거로 곧바로 제시할 것이다.

차르 체제의 이 같은 전제주의가 (타타르족 지배 시대 전후로, 혁명 후인 현재는 말할 것도 없고 특히 19세기 후반에) 러시아의 기본 사회제도의 진정한 민주적 조직을 외국인들에게 숨기는 가리개로 작용했다. 더군다나 러시아의 겉모습만 본 외신 기자와 '전문가들'의 견해가 차르 체제의 독재를 과도하게 과장한 것도 주요한 원인이다.

'민주주의'라는 용어는 아주 많은 다양한 의미를 가지는데 그중 일부는 실제로 반대의 뜻을 가지기도 한다. 남북전쟁 이전의 미국처럼 노예제도를 시행하는 나라를 민주주의라고 부를 수 있을까? 식민지 매사추세츠처럼 종교에 대한 불관용이 엄격한 나라를 민주주의라고 부를 수 있을까? 대부분의 식민지 미국과 빅토리아시대[1]의 영국의 상당 부분처럼 세습 또는 준세습 상류층이 (법적으로 또는 실제로) 고위직을 상당 부분 독점하고 있는 나라를 민주주의라 할 수 있을까?

여러 측면에서 착취하고 권리를 박탈한 식민지를 소유하고 있는 영국, 프랑스, 벨기에 그리고 식민지 또는 방대한 노예 또는 준노예에 기초하고 있는 고대 아테네를 민주주의라 할 수 있을까? 러시아나 나치 독일 같은 공공연한 독재국가는 말할 것도 없고 미국이나 영국같이 전시에 중앙정부가 시민들의 경제 및 여타 사회문화적 관계의 대부분을 조직하고 통제하는 나라를 민주주의라 일컬을 수 있을까? 생활 수준, 부와 빈곤, 빈곤에 시달리는 실업자와 다수의 백만장자가 엄청나게 대조를 이루며 공존하는 나라를 민주주의로 볼 수 있을까?

이 같은 질문들을 제기하는 이유는 수사학적 목적 때문이 아니라 '민주주의'와 '민주적'이라는 용어가 아무런 명확한 의미도 규정하지 않은 채 지식인들 사이에서 널리 유포되고 있음을 보여주기 위해서다. 그러므로 두 나라의 사회제도를 하나씩 살펴보고 그것들의 과거와 현재의 본질적인 특성을 구체적으로 규명할 필요가 있다. 그렇게 해야 독자는 '민주주의'라는 용어를 두 나라의 사회제도에 적용할 수 있는지 또 두 나라의 사회제도를 나란히 놓을 수 있는지를 결정할 수 있다.

---

[1] 빅토리아시대 : 1837년부터 1901년까지 영국의 빅토리아 여왕이 다스리던 시대. 영국 역사상 가장 번영을 구가하던 시대로, 강력한 경제력과 군사력으로 세계를 지배함 - 옮긴이

2. 가족

가장 기초적인 사회제도인 가족부터 살펴보자. 미국의 가족은 그 구조, 남편-아내 관계, 부모-자녀 관계, 재산 관계에서 본질적으로 민주적이라 말할 수 있다. 과거에는 유럽의 지배적인 가족 유형과 마찬가지로 미국의 가족은 다소 가부장적이었으며, 현대적 의미에서 볼 때 민주적이지 않았다. 러시아 가족의 성격은 어떠한가? 다른 나라와 마찬가지로 러시아의 가족도 9세기부터 20세기까지 이르기까지 몇 차례 현저한 변화를 겪었다. 상당한 시기 동안 러시아 가족은 가부장적이었다. 그러나 러시아 가족은 그 형태에 관계없이 유럽의 가족 제도보다 더 민주적이지는 않지만, 유럽만큼은 민주적이었다.

이 말은 많은 사람들이 보기에 믿기 어렵겠지만 아주 정확하다. 러시아 가족 제도를 구성하는 가장 중요한 요소인 남성과 여성, 남편과 아내, 부모와 자녀의 지위와 상호 관계 그리고 가족 재산의 구조에 대해 살펴보자.

러시아 여성의 지위

몇 년 전 나는 모스크바 주재 〈뉴욕 타임스〉 기자가 쓴 두 개의 기사와 러시아 '전문가'라고 주장하는 이가 쓴 여러 편의 기사와 책을 읽었고 라디오 대담을 무수히 들었는데 모두가 한결같이 러시아 여성의 지위가 혁명 전과 후에 현저하게 대조된다는 점을 강조했다. 이 진술들에 따르면, 혁명 이전에 러시아 여성은 동양의 하렘 수감자와 유사한 지위에 있었다. 즉 바깥 세계와 차단되고, 남성에게 종속되었으며, 공직, 정부 관직, 전문직 및 여타 모든 직무에 참여할 수가 없었다. 이 '전문가들'에 따르면, 러시아혁명 이후 상황은 급격하게 멋지게 바뀌어 러시아 여성들은 이제 구속에서 완전히 벗어나 모든 공적 활동에 남성과 동등한 파트너로 참여하게 되었고 심지어 전쟁에도 참여했다.

러시아혁명 이전 여성의 지위에 관한 그 같은 진술이 대체로 허위라고 굳이 지적할 필요는 없다. 이 평론가들이 러시아 역사에 대해 기초적인 지식을 가지고 있었더라면 그런 엉터리 같은 말을 하지 않았을 것이다. 이미 9세기 내지 10세기에 올가 공주, 로그네다 공주 등 일련의 여성들이 사회 및 공적 활동에서 통치자로서 매우 중요한 역할을 했고, 아내로서 독립과 위엄을 위한 투사로서 매우 중요한 역할을 했다. 이후 여러 세기 동안 러시아 여성은 사회, 정부, 정치 및 문화 활동에서 모든 유럽 국가의 여성만큼 두드러진 역할을 수행했다.

러시아 여성들은 공화국의 수장 등 정부 고위직(예컨대 15세기 노브고로트 공화국[2]의 마르파 포사드니차) 또는 황제의 자리(예카테리나 1세, 안나 이오노브나, 엘리자베스, 예카테리나 여제[3] 등)에 오른 경우도 있었고, 왕좌를 놓고 경쟁한 표트르 대제의 누이 차르나 소피아Czarina Sophia는 차르에 대항하는 강력한 통치자이자 정치지도자가 되기도 했다.

차르 체제에 대항한 여성 혁명 지도자들의 목록을 작성하면 엄청

---

2 노보고르트(Novgorod) 공화국 : 중세 러시아의 귀족공화국(1136~1478). 페이푸스호에서 우랄에 이르는 북부 러시아 전역을 지배하며, 모스크바 대공국과 패권을 다툼. 옵슈치나 대공 알렉산드르 넵스키가 1240년과 1242년 스웨덴과 독일의 침략을 저지하면서 국력을 키워 관리를 임명하고 재판권도 가짐. 1478년 중앙집권체제를 강화한 모스크바 대공국의 이반 3세에 의해 병합됨 - 옮긴이

3 예카테리나 여제(Ekaterina II, 재위 1762~1796) : 러시아의 여자 황제. 독일의 2류 귀족 출신으로 남편 표트르 3세를 폐위시키고 즉위. 계몽 전제 군주로 폴란드 분할, 투르크와 싸워 영토를 넓히고, 러시아 제국의 행정과 법률 제도를 개선하는 등 러시아를 유럽의 정치 무대에 올려놓는 기반을 마련함 - 옮긴이

나게 많다. 페로브스카이아, 베라 사소울리치, 브레쉬코스카이아, 모로조바(모스크바 대공국 귀족 여성) 등 종교 및 정치 자유를 위한 여러 투쟁에 참여한 데카브리스트 여성 당원들, 나데즈다 두로바 등 1812년 나폴레옹과의 전쟁에 나선 여장부들, 수학자 소피아 코발레브스카이아 등 유명한 과학자들, 저명한 소설가, 극작가, 시인, 음악가, 화가, 조각가, 건축가들, 아주 탁월한 지위는 아니지만 많은 여성들이 정치, 정부, 직업 활동, 사회복지사업 등의 분야에 종사했다.

앞서 언급한 '전문가'들은 적어도 가족의 구조와 아내의 지위에 대해 정의하고 있는 러시아 민법을 숙지하거나 러시아 대학 및 단과대학 일람이라도 살펴보는 정도는 노력을 기울여야 했다. 러시아혁명 이전의 대표적인 남성 고등교육 기관에서조차도 수많은 여성 교수의 이름이 기록되어 있다. 또한 의사와 변호사, 편집자와 언론인, 기자, 칼럼니스트, 상인, 심지어 은행 및 여타 비즈니스 회사들의 이사 및 관리자의 이름이 당당하게 나열되어 있다.

혁명 이전의 러시아에서 남성을 위한 최고 대학에는 현대 미국의 남성 및 남녀 공학 대학보다 여성 교수(명예교수 포함)가 더 많았다. 더욱이 혁명 이전의 러시아에는 남녀 공학 기관과 함께 일류 여자대학과 전문대학 및 여러 학교가 있었다. 또한 혁명 이전에 러시아 의료계의 여성 비율이 1943년 미국 의료계 여성 비율보다 훨씬 더 많았다.

이 모든 다양한 활동 분야에서 19세기 말과 20세기 초 혁명 이전 러시아에서 여성의 비율은 2차 세계대전 이전의 미국보다 분명 적지 않았다. 공장과 제분소 및 그 외 많은 상업과 공예, 농업 분야의 여성 노동자들도 마찬가지다. 혁명 이전에 러시아의 여성들은 미국을 포함한 다른 나라의 여성들만큼 완전히 자유로워졌고 어쩌면 대부분의 유럽 국가들보다 더 자유로웠을 수도 있었다. 또한 농민들이 공동의 문제를 논의하고 결정하기 위해 '마을 회관'에서 개최하는 회의에서는 적지 않은 여성들이 남성들과 대등한 입장에서 토론에 참여하고 투표했다.

이 외에 다른 많은 측면에서도 러시아혁명은 새로운 것은 아무것도 도입하지 않았으며 단지 혁명 이전에 존재했던 러시아 역사의 중요한 추세를 계속 이어갔을 뿐이다. 오늘날 러시아 여성들이 구속에서 완전히 해방되고 평등해진 것은 오랜 역사적 과정을 충실히 이행한 것일 따름이다. 말하자면 러시아혁명은 20세기 혁명이 일어나기 이전에 러시아에서 사실상 절정에 달한 운동을 손질하여 마무리한 것일 따름이다. 이 점에서 러시아는 항상 서방 국가만큼 민주적이었으며, 대부분의 나라보다 더 민주적이었다.

러시아 가정의 혼인
이 문제와 관련한 결론은 러시아 가족을 남편과 아내가 결합한 것으로 간주할 때 한층 강화된다. 러시아 역사를 통틀어 러시아의 가족이 대부분의 유럽 국가의 가족보다 더 민주적인 제도였음을 분명하게 보여주는 몇 가지 특징이 있다.

첫째, 기독교가 도입되기 전(9세기)에는 러시아 부족들 사이에 어느 정도 일부다처제가 존재했으나 그 이후로 급속히 사라졌다. 타타르족이 지배하던 시기와 모스크바 대공국 시절인 15세기에서 17세기까지는 여성의 활동을 어느 정도 제한했지만, 그 같은 제한은 같은 시기에 서구 국가의 여성에 비하면 상대적으로 경미했다.

둘째, 당사자들의 자유로운 동의에 의해 혼인하는 것은 고대에도 일반적인 관례였으며, 표트르 대제가 즉위한 후에는 농노조차도 법적 요건을 마련하여 주인이 당사자의 의사에 반하여 결혼을 강요하는 것을 금지했다.

셋째, 러시아인과 비러시아인 간의 혼인, 러시아 정교 신자와 로마가톨릭 또는 개신교 및 여타 기독교인 간의 혼인이 허용되었다. 다만 러시아정교 신자와 비기독교인 사이의 통혼은 금지했다. 그렇지만 개신교도를 비롯한 러시아정교가 아닌 기독교인이 회교도나 유대인과 혼인하는 것은 허용했다. 이 같은 제한은 유럽 전역에서는 매우 일반적이었으며 러시아보다 철저했는데 이는 인종 또는 민족에 근거한 것이 아니라 오로지 종교에 근거한 것이었다. 비기독교인이라도 개종하면 그 같은 제한은 즉시 모두 사라졌다. 20세기 초에는 이와 관련한 금지가 거의 모두 폐지되었다.

넷째, 비록 러시아의 이혼 발생률이 (혁명의 파괴 시기를 제외하면) 다른 서구 국가들에 비해 매우 낮긴 하지만 그럼에도 불구하고 대부분의 유럽 국가들보다 이혼의 자유가 법률적으로 더 많이 허용되었다. 더 중요한 것은 이혼과 관련하여 아내의 권리는 남편의 권리와 대체로 동일한 반면, 대부분의 서구 국가에서는 일반적으로 남편이 아내보다 훨씬 더 많은 특권을 누렸다.

이미 모스크바 대공국 시절에 (상호 동의에 의한 이혼을 포함한) 이혼의 법률적 근거가 대부분의 유럽 국가보다 관대했다. 나중에 이와 관련한 법률적 근거에서 약간 변화가 있었지만, 그 이후 모든 세기에 걸쳐 대부분의 서구 국가들보다 이혼이 더 쉽게 이루어졌다. 특히 표트르 대제가 즉위한 이후로는 이혼과 관련한 두 당사자의 형평성이 간음이든 성적 발기부전이든 범죄든 또는 배우자 중 한쪽의 5년 이상 실종이든 이론적으로나 실제적으로 동등하게 적용되었다.

다섯째, 개인 및 재산권과 관련한 러시아 법률과 관행은 (특히 표트르 대제 이후로) 항상 완전한 평등과 재산 보유에 대해 완전한 독립을 강조해 왔다. 이 같은 지위는 튜턴족 가족의 지위와 극명하게 대조된다. 튜턴족 가정에서는 예로부터 아내는 거의 전적으로 남편의 권위에 종속되었으며, 모든 재산권을 (심지어 결혼 전에 소유했던 재산까지도) 상실했다. 또한 남편은 경제적 관계 및 여타 사회적 관계에서 유일하게 가정을 대표했다.

아내의 경제적 자율성을 아주 최근까지도 현저하게 제한하고 있는 유럽 대부분 국가에서의 아내의 혼인상의 지위와 그리 현저하게 차이가 나지 않는다. 이와 관련한 러시아의 법률과 관행의 기본 원리는 두 당사자가 경제적으로 동등하고 독립적이었다. 따라서 아내는 결혼 전에 가진 것은 물론 나중에 획득한 모든 것을 단독으로 소유한다.[4]

요약하자면, 남편과 아내의 결합으로 이루어진 러시아 가정은 오랫동안 대부분의 서구 국가보다 민주적이었다. 다시 말하면, 러시아혁명은 이와 관련하여 (혁명의 파괴 시기를 제외하면) 아무것도 새로운 것을 도입하지 않았고, 다만 가정생활 영역에서 오랫동안 지속되어 온 추세를 계속 이어갔을 따름이다. 현재 아내가 남편과 완전히 동등한 지위를 누리고 있다는 것은 여러 '전문가'들이 잘 알고 있으므로 굳이 자세하게 설명할 필요가 없다.

---

4 즉 당사자들의 '신분'이 서로 다를 때(예컨대 남편은 귀족이고 아내는 평민 계급일 때) 아내는 자동적으로 '귀족'이 되어 남편의 특권을 공유한 반면 아내가 귀족 집안이고 남편이 그렇지 않은 경우 아내의 지위가 남편에게로 확장되지 않았다. 마찬가지로 결혼 후 남편이 획득한 모든 특권은 아내가 공유했지만 그 반대의 경우는 그렇지 않았다. 이 같은 차이는 아내에게는 유리하게 작용하고 아내의 배우자에게는 불리하게 작용했다.

근본적으로 러시아 가정은 남편과 아내의 지위가 평등해짐에 따라 (1918~1934년 혁명의 파괴 시기를 제외하고) 현저하게 안정되었다. 이혼 및 별거 비율은 대부분의 서구 국가 — 특히 미국 — 에 비해 현저히 낮았다. 혁명의 파괴 시기에 공산주의 정부가 일부일처제와 사유재산의 근간인 가족을 고의로 손상시켜 가족의 안정이 급격히 저하되고 이혼율은 매우 높아졌다. 1930년대 중반이 되면서 이 같은 경향이 억제되어 현재는 러시아 가정이 다시 세계적으로 가장 안정된 가정이 되었다.

러시아 가정에서 '부모-자녀 관계'

앞에서 남편과 아내의 관계에 대해 말한 내용은 약간만 수정하면 부모와 자녀의 관계에도 적용된다. 혁명 이전 러시아에서 부모와 자녀의 관계는 법률적으로나 실제로나 여느 서구 국가만큼이나 민주적이었다. 혁명의 파괴 시기를 제외하면 부모와 자녀로 결합된 러시아의 가족은 다른 나라만큼 항상 견고하고 안정된 제도였다.

아주 먼 과거에 러시아 가정은 가부장제 성격을 띠었다. 19세기 후반만 해도 같은 집에 세 세대가 함께 살아 식구가 20~50명이나 되는 가정이 드문 일이 아니었다. 그 이후로는 가정이 일반적으로 한 명 이상의 결혼한 자녀를 포함하여 부모와 자녀로만 구성되었다. 러시아에서 부모와 자녀가 따로 사는 경우는 미국이나 그 외 많은 나라보다는 적고 자녀가 분가하는 나이는 더 늦었다.

엄격한 가부장제 시절에 러시아에서 아버지는 자녀의 생사를 결정할 권리는 없었기에 고대 그리스와 로마나 초기 튜턴족만큼 무제한적이지는 아니지만 자녀에게 권위를 폭넓게 행사했다. 부모-자녀의 관계는 법적으로나 실생활에서나 항상 '자연적', '도덕적', '사회적인 것'으로,

즉 자유롭고 자발적인 것으로 간주되었으며, 각 당사자의 권리와 의무는 부모와 자녀 그리고 사회 전체에 모두 이익이 되는 것으로 간주되었다.

1550년의 법령은 어린이를 노예로 파는 것을 명시적으로 금지했다. 표트르 대제의 칙령은 자녀를 5년 이상 고용할 수 없도록 부모의 권리를 제한했고 자신의 의사에 반하여 자녀를 수도원에 보내거나 결혼을 강요하는 것을 금지했다. 부모가 자녀를 돌보고 교육시키는 의무와 자녀가 부모를 공경하고 노년에 부양하는 의무 등 부모와 자녀의 상호 의무는 어느 문명국가에서나 체면을 중시하는 가족의 전형이었다.

혁명 이전 러시아의 법령은 자녀가 말썽부릴 때 부모의 훈육 조치는 최대 4개월 이상 감금하지 못하도록 제한했다. 그러나 변호사들조차 형법에 이런 조항이 포함되어 있는지 알지 못할 정도로 실제로는 이보다 훨씬 낮았다. 부모가 자녀를 잔인하거나 부당하게 처우할 경우 엄중하게 책임져야 하며 처벌을 받을 수도 있다. 또한 부모가 범죄를 저질러 시민권이 박탈당하더라도 자녀들의 시민권은 박탈하지 않았다. 또한 남편에 대한 아내의 재산권처럼 자녀의 재산권도 충분히 보호받았다.

요약하자면, 부모와 자녀가 결합하여 구성된 러시아 가족은 도덕적으로나 사회적, 법적으로 서구 국가의 가족만큼 고귀하고 건전하며 안정적이었다. 전반적으로 러시아 가족은 많은 서구 국가의 지배적인 가족 유형보다 훨씬 민주적이었다. 러시아 가족은 가족 관계를 지나치게 훼손하는 일을 하지 않았다. 즉 부모가 부당하게 권위를 행사하거나 자녀가 부모에 대한 책임을 일찍 방기하거나 중단해서 상호 관계를 훼손하는 일이 없었다.

또한 금전 문제와 관련하여 지나치게 형식주의, 관료주의, 이해타

산 등의 태도를 취하지 않았으며, 변덕스럽고 자의적인 불안정한 행동으로 인해 상호 관계가 훼손되지 않았다. 앞서 말했듯이, 공산주의 혁명은 일시적으로 가족을 해체시켰다. 그런데 1930년대 중반 이후 러시아 가정은 혁명 이전의 추세를 회복했다(제9장 참조). 다른 측면과 마찬가지로 이 점에서도 러시아혁명은 소멸해가는 제도를 제거하고 러시아 가정의 중요한 추세를 계속 이어갔다.

3. 러시아의 지방자치, 농촌자치, 도시자치

농민 자치 : 정치 및 경제 민주주의

러시아혁명 이전의 지방자치, 농촌자치, 도시자치를 살펴보면 다시 한 번 러시아 제도가 본질적으로 민주적 성격을 띠고 있었다는 인상을 받게 된다. 우선 농민 자치부터 살펴보자.

1861년 농노제가 폐지된 후, 농민공동체 미르[5]와 (20세기의) 옵슈치나[6]가 소멸되기 전에 농민의 지위가 일반 시민의 지위와 동등한 위치에 있을 때, 농민들은 뉴잉글랜드 시공회당 민주주의 체계와 유사한 촌락회관이나 마을회관에서 열리는 회의에서 (투표를 통한 촌락 대표와 비서관의 선출 등) 자신들의 사무를 관리했다. 더욱이 거기서는 남녀가 동등하게 토론하고 투표했다. 세기 전환기에 중앙정부가 농민 자치 정

---

5 미르(mir) : 제정 러시아의 원시 촌락공동체로 자체적으로 공식 관리자들을 선출해 지역의 삼림·어장·수렵지·공터 등을 관리함. 1720년부터 새로운 토지관리 방식을 채택하여 가구별로 균등하게 토지를 분배함. 1861년 농노제 폐지 후에도 토지 공동 소유체제인 동시에 지방 행정기구로 남음. 1917년 혁명 이후 토지공동소유체제로 바뀜 - 옮긴이

6 옵슈치나(obschina) : 러시아에서 역사적으로 오랜 기간에 걸쳐 뿌리내린 주민자치 촌락공동체 - 옮긴이

부에 특별 요원을 임명하여 감독, 통제하기 시작했으나 1905년 이후로 폐지되었다.

이 제도의 민주적 성격은 겉으로 보이는 것보다 훨씬 뿌리 깊다. 미르와 옵슈치나는 토지를 개인이 소유하지 않고 전체 마을 또는 공동체가 소유한다는 점에서 단순한 정치 통일체가 아닌 경제공동체라 할 수 있다. 그렇게 하는 이유 중 하나는 농민 재산의 양도, 농민의 빈곤화, 토지 없는 소작인과 노동자의 증가를 방지하기 위해서다.

모든 마을 주민은 경작 및 사용 목적으로 일정량의 토지를 부여받았지만, 개인에게 소유권 증서를 부여하지 않고 소유권은 전체 농민공동체에 귀속되었다. 농민에게는 가족 수에 비례하여 토지를 할당했다. 더군다나 토지의 질이 다양하여 개인에게는 양질의 땅, 중간 등급의 땅, 척박한 땅을 각각 일정하게 할당하고 공동 목초지와 건초를 만들기 위한 목초지도 골고루 할당했다. 시간이 지남에 따라 어떤 농민 가족은 가족 수가 늘어나고 어떤 농민 가족은 줄어들기도 하여 그때마다 (2년 또는 5년마다) 농민 가족 수 변동에 따라 마을 토지를 재분배했다.

미르와 옵슈치나로 대표되는 이 농민공동체는 정치 및 경제 민주주의를 구현하는 것 외에도 공동체가 전체가 토지를 공평하게 재분배하고 상호부조를 한다는 점에서 그 구성원 전체를 돌보는 책임을 가진 가족공동체였다. 예를 들어 농민공동체는 빈민 구호를 실행했으며, 농민이 집을 짓고 싶어 하면 이웃들이 함께 무상으로 도왔다. 또한 한 농민이 사망하면 공동체 주민 전체가 장례식에 참석했다. 게다가 젬스트보[7]와 '공립' 및 교회 학교가 설립되기 전에는 미르가 자체 비용으로 교사를 고용하고 학교를 설립했다.

협동조합운동

위에서 말한 진정한 자치공동체는 러시아혁명 이전에 협동조합운동이 놀라울 정도로 발달했음을 보여준다. 대부분의 외국인들은 혁명 이전에 러시아에서 소비자와 생산자 등이 참여하는 협동조합운동이 다른 어느 나라보다도 고도로 발달했다는 사실을 잘 알지 못한다. 20세기 초에 러시아 협동조합 조합원 수는 1,300만 명을 넘었고 자본금은 수억 루블에 달했다.

러시아 협동조합은 순수한 경제적 기능 외에도 학교와 연구소를 설립하고, 신문과 잡지를 발간하며, 대중을 정치적, 과학적, 윤리적으로 지도하는 등 각종 문화 활동에도 점점 더 많이 관여했다. 경제 및 문화 활동 등 질적인 면에서 혁명 이전 러시아의 협동조합운동은 분명 세계 어느 나라에도 뒤지지 않았고, 양적인 면에서는 상대할 경쟁자가 없었다. 정부가 주도하는 현대의 사이비 협동조합과는 대조적으로 러시아 협동조합은 전적으로 자발적이었다.

러시아 협동조합은 그 자체로 러시아국민의 심오한 민주적 성향을 여실히 보여준다. 러시아 협동조합 조직이 탁월하게 성공을 거두게 된 것은 주로 미르와 옵슈치나를 비롯한 여러 공동체 및 집합체 덕분이었다. 안타깝게도 혁명의 파괴 시기에 자유로운 협동조합이 강제로 관료제적 통제를 받는 의사(疑似) 협동조합으로 바뀌었다. 러시아에서 진정한 자유가 회복되어 자유로운 협동조합운동이 되살아나기를 바란다.

---

7 젬스트보(zemstvo) : 1864년의 지방제도 개혁에 따라 설치, 1917년까지 계속된 러시아의 지방자치 기관으로 내무상의 감독 아래 주(州), 군(郡) 단위로 구성됨. 토목, 위생, 교육, 경제문제 처리를 담당했으나, 실질적으로는 지주 귀족의 이익 옹호 기관이었음. 러시아혁명 후 폐지됨 - 옮긴이

지방자치와 도시자치

혁명 이전에는 농민뿐만 아니라 러시아의 모든 계급이 젬스트보로 알려진 독특한 농촌자치제도 또는 지방자치제도를 가졌다. 1861년 농노해방 이후 도입된 젬스트보는 세계적으로 가장 효과적인 지방자치제도가 되었다. 당시 유리한 상황들이 결합된 덕분에 젬스트보는 직원의 특성[8]과 행정적 및 문화적 기능을 모두 성공적으로 수행하여 지방 행정에서 빈번하게 발생하는 정치적 부패와 여타 병폐를 겪지 않아 높이 평가를 받았다.

젬스트보는 55년가량 존재하면서 러시아에 교육과 문화에서 가장 뛰어난 영향을 미쳤다. (부연하자면 젬스트보는 미국의 농업고문 제도의 원형이 되기도 했다.) 다른 나라의 많은 유사 기관들은 성문헌법에 근거하고 있어서 더 자유롭고 근본적으로 더 민주적으로 보이지만, 사회적 이상이나 실제 실행에 있어서 젬스트보를 능가하는지는 의문이다.

차르 체제가 전복되기 전인 19세기 말에 쇠약해져 가는 차르 정부는 농민 자치 정부 및 기타 기관은 물론 젬스트보를 통제하고 억제하기 위해 젬스트보의 활동에 개입하기 시작했다. 그럼에도 불구하고 중앙정부의 이 같은 시도는 차르 체제를 폐지한 공산주의 혁명 때까지 대체로 실패했다. 젬스트보(또는 이에 상응하는 기구)가 자치의 필수 불가결한 도구로 다시 등장하리라고 생각할 만한 충분한 근거가 있다.

혁명 이전에 러시아는 비록 행정 및 문화적 기능에 있어서는 확실히 젬스트보에 다소 미치지 못하지만 많은 도시인구가 참여한 훌륭한 자치

---

[8] 젬스트보의 직원뿐만 아니라 1861년의 개혁이 도화선이 되어 설립된 법원의 직원도 실용적인 이상주의를 탁월하게 보여주었다.

정부를 가졌다. 차르 체제 쇠퇴기에 중앙정부는 젬스트보를 통제하려고 노력했지만 뚜렷한 성공을 거두지 못했다. 볼셰비키 혁명의 도래와 함께 자치 정부는 안타깝게도 공산당의 독재 관료기구로 변모했다.

앞에서 논의한 내용을 보면 러시아의 가족과 농민의 지방자치 정부 같은 기본 제도는 진정으로 민주적이었으며, 어쩌면 같은 시대에 대부분의 서구 국가보다 더 민주적이었다. 중앙정부가 비교적 독재였다는 점을 살펴보기 전에 러시아혁명 이전, 특히 1861년과 그 이후의 개혁 이후에 존재한 법률 및 사법 제도와 귀족 정치에 대해 간략하게 살펴보자.

4. 러시아의 법률 및 사법 제도

러시아의 법률 및 사법 제도의 역사를 간략하게 개관하기에는 지면이 허락하지 않는다. 러시아의 법률 및 사법 제도와 관련하여 외국에서 통용되고 있는 대부분의 견해가 터무니없지는 않지만 많은 오류가 있다.

지난 여러 세기 동안 러시아의 법률과 사법 체계는 완벽하지는 않지만 다른 나라의 그에 상응하는 제도에 뒤지지 않았으며, 몇 가지 측면에서는 더 건전하고 인도주의적이었다. 일례로, 형법의 경우 엘리자베스 여제가 통치하던 18세기 중엽에 황제와 직계 가족의 살해 시도를 제외한 모든 범죄에 대해 사형이 폐지되었다. 이 같은 사실은 러시아의 법률과 사법 체계가 야만적이고 잔인하다고 해외에 널리 퍼져 있는 생각이 잘못되었음을 보여준다.[9]

1861년의 개혁과 함께 제정된 민법과 형법은 서구의 여느 민법과 마찬가지로 인도적이고 민주적이며 진보적이고 효과적이었으며 몇 가지 측면에서는 훨씬 공정하고 민주적이었다. 러시아 사법 체계는 러시아 밖에서 보면 다소 생소하고 특이한 면을 보이지만, 이는 그 자체가 결함이 있어서가 아니라 당시 러시아 사회가 처한 긴급한 상태에 맞도록 개정한 결과였다.

더욱이 프랑스와 독일, 이탈리아의 민법과 형법 그리고 영국의 법전과 법령, 관습법에서도 유사한 결함이 발견된다. 여전히 성문화되지 않은 상태로 남아 있고 대개 해당 재판관의 성향에 의존하는 영국의 법과 달리 러시아 법은 오래 전에 성문화되었으며 19세기 초에 스페란스키[10]가 직접 근본부터 재편성했다. 그후 수시로 변화하는 상황에 맞게 개정했으며, 다른 서구 국가에서 볼 수 있는 소년원 설치와 수감자를 위한 모범 교정시설 제공 등 현대 상황에 맞게 대부분 개정되었다.

반대로, 혁명의 파괴 시기인 1926년에 제정된 소비에트 형법은 당시의 사법 행정과 마찬가지로 더욱 야만적으로 퇴행했다. 이 형법에서는 사형(소비에트 법전의 공식 용어로는 '최고 수위 형벌')으로 처벌할 수 있는 범죄의 수는 혁명 이전의 법전과 비교할 때 엄청나게 증가했고, 형

---

9 이와 관련하여 다소 인상적인 현상은 정상적인 시기의 러시아의 사형집행 건수는 매우 적다는 것이다. 1881~1905년 사이에 연평균 사형집행 건수는 9.6건 내지 18.6건으로 이 수치는 종종 미국의 여러 단일 주의 건수를 초과한다. 그 비율은 혁명이 일어난 1905~1908년 기간 동안과 1917년 이후로 급격히 증가하여 1918~1922년 동안 연간 약 150,000건으로 엄청난 비율을 기록했다. 그러나 그 같은 증가는 그와 유사한 비상사태 시에 모든 나라에서 일반적으로 나타나는 현상이다. 19세기 말과 20세기 초 차르 체제의 잔인성에 관해 허위 정보가 해외에 유포된 것은 주로 러시아 혁명가들의 선전에 기인한다. 내가 대학에서 교수로 형법과 소송절차를 가르치고 구정권 하에서 세 차례 수감된 경험에 따르면 쇠퇴하는 로마노프 체제의 주요 결함은 잔인성(이것은 비교적 사소한 것이다)보다는 어리석음과 무능함과 무기력에 있다.

10 스페란스키(Mikhail Mikhaylovich, Graf Speransky, 1772~1839) : 러시아 정치가로 나폴레옹 시대에 탁월한 정치역량을 발휘하며 황제 알렉산드르 1세의 행정장관, 보좌관을 지냄. 러시아 법률을 최초로 완전 집대성한 45권의 『러시아 제국 법률 대전』(1830)을 편찬함 - 옮긴이

량도 그만큼 가혹해졌으며, 전혀 해를 끼치지 않은 많은 사회활동을 범죄로 규정했다.

실례로 1918~1922년에만 적어도 60만 명이 무차별 학살당했는데 그 시기의 소비에트 '사법'은 전체 행형학 역사상 가장 잔인한 사건이었다. 그렇지만 그와 유사한 잔인함은 이집트에서 최초로 기록된 혁명(기원전 2500년경)과 고대 그리스와 로마의 혁명에서 현대 유럽의 내부 동란에 이르기까지 모든 심각한 혁명에서 나타났다. 소비에트 혁명의 파괴 국면이 지나간 후에는 진정한 사법 체계를 재수립하는 경향이 진전되었다. 최근에는 사형제도가 폐지되었지만 실제로는 소비에트 형벌 제도는 여전히 잔인하고 대체로 비인간적이었다.

법률 및 사법 체계가 문서상으로 아무리 좋아 보이더라도 이를 실행하는 행위자 즉 판사, 법률가, 변호사가 관리하는 방식에 따라 그 장점이 효력을 발휘하지 못할 수도 있다. 따라서 혁명 이전에 러시아에는 어떤 종류의 판사, 변호사, 검사가 있었는가라는 질문이 제기된다. 1861년 사법 개혁 이후 그들은 세계 최고 수준이었다. 여기서도 젬스트보처럼 보기 드물 정도로 진정한 이상주의, 우수한 기술 훈련, 깊은 실용적 현실감을 지닌 인력으로 구성되었다.

1861년에서 1917년 사이에 평민 출신의 판사, 검사, 변호사는 가능한 공정하고 효율적으로 사법 서비스를 제공하려는 열망에 고무되어 미국 최고법원의 판검사나 영국의 최고 재판관만큼 높은 수준의 서비스를 제공했다. 당시 러시아 법원의 절차는 공정하고 유능했을 뿐만 아니라 보기 드물게 친절하고 이상주의적이었다. 부패, 뇌물 수수, 법률 전문성의 냉소적 조작, 편파성, 그와 유사한 결함은 최소 수준으로 줄어들었다.[11]

이와 같이 높은 수준의 인력 구성은 앞서 말한 바처럼 1861년과 그 이후의 일련의 확고한 개혁이 일어난 시기에 러시아 사회를 휩쓸었던 이상주의 바람 때문이었다. 그 같은 높은 수순의 기술적 역량은 대학에서 유망한 법조인이 되도록 엄격한 훈련을 받은 덕분이다. 이 훈련은 나도 법학을 공부하면서 받았는데 그것은 미국의 법대 학생들이 받은 훈련만큼 견실했으며, 그 범위는 확실히 더 넓었다.

미국 법대에서는 러시아 법대 커리큘럼에 비해 일반법이론, 법 역사(로마법 포함), 비교법 및 기타 여러 기본 학문 분야를 상대적으로 소홀히 다루고 있다. 이 같은 견실한 이론 교육 외에도 예비 러시아 법률가(판사, 변호사)는 사법 및 법률 기능을 수행할 수 있는 완전한 자격을 갖추기 전에 의사가 되기 위해 받는 것과 유사한 실습 기간을 거쳐야 했다. 또한 모든 지원자들은 기술적 역량뿐만 아니라 청렴성과 전반적인 적합성에 관한 엄격한 심사를 받았다. 이 모든 요소들을 볼 때 당시 러시아의 법률 전문직의 수준이 매우 높았다는 것을 알 수 있다.

러시아 법률체계는 여느 나라 체계만큼 진정으로 민주적이었으며, 영국 체계와 가장 유사하다. 치안 판사는 영국이나 미국처럼 선출직이었지만, 필수적인 법적 및 도덕적 자격을 갖추어야 했다. 상원 Senate(미국 대법원과 유사한 기구 - 옮긴이)을 비롯한 고등법원의 판사들은 모든 필수적인 자격을 갖추고 있을 뿐만 아니라 최고의 자료를 이용할 수 있는 변호인단과 가장 권위 있는 판사들이 추천한 후보자들 가운데서 임명했다. 그들의 임기는 영국 대법원 판사나 미국 대법관처

---

11 이 같은 일반화는 중앙정부 관료의 행정상의 결정 - 특히 정치범을 취급하는 경우 - 에 아니라 일반 사법 재판소에만 엄격하게 적용된다. 행정경찰 및 헌병대의 기구와 기능은 여러 면에서 심하게 부패했다.

럼 종신이었다. 그들은 범죄를 저지르거나 높은 직분에 위배되는 행동을 하지 않는 한 자리에서 물러나지 않는다.

이로 인해 그들의 위치는 중앙정부, 정당, 경제적 압력 그리고 종종 판사의 적절한 임무 수행을 방해하는 기타 요인으로부터 독립적이었다. 이 모든 점에서 고등법원의 판사는 영국 대법원 판사나 미국 대법관과 매우 유사한 지위를 누렸다. 전반적으로 러시아 법원은 대법원을 제외하고는 미국 법원보다 정치적 압력에서 더 자유로웠다.

모든 심각한 범죄(또는 중대 범죄)는 미국과 마찬가지로 러시아에서도 배심원에 의해 재판을 받았으며, 배심원은 미국처럼 민주적으로 선출했다. 배심원단은 유죄 유무를 결정했고, 판사는 피고가 유죄인 경우 처벌 수준만 판정했다. 더욱이 러시아 형법에서는 형량의 가중 및 경감에 대해 상세하게 열거하여 최소 형량과 최대 형량을 명시적으로 규정해 놓았기 때문에 판사의 재량권이 미국보다 덜 자의적이었다. 또한 중대 범죄의 경우 (미국 대법원처럼) 한 명이 아닌 세 명 이상의 판사가 형벌을 판정했다.

전반적으로 민사 문제뿐 아니라 형사 문제에서도 최빈곤층을 포함한 러시아국민은 미국만큼 공정한 재판을 받을 기회가 많았고, 판사는 다른 어느 나라만큼 충실하고 공평하게 직무를 수행했다. 앞서 말한 내용을 볼 때 러시아혁명 이전의 법률 및 사법 체계에 관해 지금 해외에서 유포되고 있는 견해는 터무니없다. 비록 이 같은 훌륭한 제도가 러시아혁명 초기에 무너지고 자의적이고 잔인한 공산주의의 의사(疑似) 사법 제도로 바뀐 것은 사실이지만, 그럼에도 불구하고 내가 지적한 바와 같이 혁명 이후에 야만성이 부활하는 것은 러시아만의 현상이 아니다.

이제는 이미 명백히 혁명 이전의 사법 체계로 되돌아가고 있으며,

이 추세는 러시아문화의 소중한 유산을 그대로는 아니더라도 최소한 그 정신과 본질 면에서 완전히 회복할 때까지 계속될 것이다.

5. 러시아의 귀족과 부르주아지(또는 중간계급)

외국인들 사이에서는 현재 러시아 상류층과 중산층은 카스트 같은 계급이고, 하층계급에서 태어난 사람들에게 폐쇄적이어서 철저하게 비민주적이라는 견해가 널리 유포되어 있다. 이 같은 견해는 터무니없는데 1861년 개혁 이후의 상황을 감안하면 특히 그러하다.

이미 지적한 바 있듯이 귀족의 경우 인종 및 민족집단의 입장에서 볼 때 다른 서구 국가의 귀족보다 항상 덜 독립적이었다. 인구의 하층계급의 사회진출에 관해서도 마찬가지다. 표트르 대제가 이른바 '계층표'Table of Ranks라는 칙령을 공포한 이래로 하층계급의 사회진출은 영국이나 미국 귀족보다 훨씬 쉽게 접근할 수 있게 되었다.

계층표는 자유인구를 14개 계층으로 나누고, 인종, 출생, 사회적 지위나 그 밖의 조건에 관계없이 개인의 능력 및 업적에 따라 지위 상승할 수 있는 기초를 확립했다. 어느 역사가(플라토노프[12])의 말을 인용하면, "귀족이든 평민이든 모든 사람은 가장 낮은 단계에서 시작해 가장 높은 단계에 도달할 가능성이 있다. 그 같은 지위를 '계층표'(1722

---

12 플라토노프(Sergey Fyodorovich Platonov, 1860~1933) : 20세기 초 러시아의 역사가로 1920년 이후 소련 과학아카데미의 회원이 됨. 류리크 왕조의 몰락에서 로마노프 황제 선출까지의 혼란한 왕위 공백기(1598~1613)를 주로 연구하여 러시아 역사학 방법론에서 새로운 학파를 창설함. 그의 저작 『러시아 역사』(1909)와 『러시아 역사 강의』(1899)는 20년 넘게 고등학교 및 대학교에서 교과서로 채택됨. 혁명 후 계속되는 마르크스주의 비평가들의 공격으로 1930년 반혁명 혐의로 체포, 유배됨 - 옮긴이

년)에 명확하게 규정해 놓았다. 계층표는 모든 정부 직위를 14개 계급 또는 등급으로 나누었다.

이제는 개인의 업적에 의한 지위 상승이 혈통에 의한 지위 상승을 훨씬 앞질렀다. 이 혁명적인 법령 이후로 혈통과 카스트에 의한 고관대작과 귀족은 줄어들고 모든 계급에서 충원된 유능한 관리계층은 늘어났다. 일례로 대학을 졸업한 농민이나 노동자의 자녀는 더 이상 농민이나 노동자가 아니었고 자동적으로 '고위 관직'에 올랐다. 물론 하층계급의 지위에서 지위 상승할 수 있는 다른 많은 방법들도 있었다.

이 모든 점에서 볼 때 최고 직책을 포함한 러시아의 고위 관직은 영국의 귀족과 고위 관직보다 유능한 하층계급 구성원에게 더 개방적이었다. 혁명 이전에 존재했던 러시아 귀족의 계보와 19세기와 20세기 초 고위 공직자들의 출신 배경을 살펴보면, 선대부터 귀족이었던 비율은 소수이고, 대다수는 한두 세대 전부터 귀족이 된 가족이나 개인으로 구성된 것을 보게 된다. 이 같은 현상은 18세기에서 20세기로 넘어가면서 급속도로 진행되었다. 러시아에서는 공로를 세워야 귀족이 된다는 점에서 대부분의 서구 국가만큼 민주적이었다.

이 같은 현상과 더불어 귀족 및 고위 관작의 특권과 재산은 19세기와 20세기 초에 걸쳐 급격히 감소했다. 농노해방으로 상류계층은 큰 타격을 입었다. 농노해방 후 귀족의 부의 주요 원천인 토지는 농민과 그 외 계급으로 급속히 넘어갔고, 그 결과 혁명 직전에는 전체 경작지의 약 8~10퍼센트만 귀족의 수중에 남았다. 일반 시민의 권리가 평등해지고 부유한 부르주아지가 부상하면서 그 외 많은 특권들도 점차 상실했다.

혁명이 일어나면서 귀족은 가난해지고 무기력해져, 새로운 부르주아지보다 훨씬 소극적인 역할을 하게 되었다. 사실 귀족은 이미 죽은 상태나 마찬가지여서 예전의 자기 모습의 그림자에 불과했다. 따라서 혁명은 그들에게 단지 최후의 일격을 가했을 따름이다.

혁명 이전 러시아의 부르주아지 또는 중간계급은 1861년 이후 양적 및 질적으로 활발하게 성장했음에도 불구하고 불행히도 아직 수적으로 강력한 계급이 되지 못했다. 그런 까닭에 그들은 러시아혁명을 저지할 힘이 없었다. 그러나 질적 측면에서 볼 때 부르주아지 — 특히 전문직 — 의 성장은 활력과 진취성, 근면성, 공공 서비스, 사회적 책임, 재능 면에서 모든 긍정적인 가치를 보여주었다.

19세기 말과 20세기 초의 러시아 사업가를 보면 카네기와 록펠러를 비롯하여 그와 유사한 경제 제국을 건설한 인물들 등 근래의 미국의 진취적인 사업가를 강하게 연상케 한다. 러시아는 1890~1913년의 짧은 기간에 산업과 자원이 1890년 15억 루블에서 1913년 60억 루블로 네 배로 급격하게 증가했고 이로 인해 생활 수준이 상승했는데 이는 순전히 이들의 노력 덕분이다. 또한 공적 박애 및 관용의 정신에 힘입어 다양한 사회봉사를 하고, 사립대학 및 학교, 과학 연구시설, 박물관, 극장, 오페라 및 관련 예술 사업, 신문 및 잡지사, 각종 종교 및 자선 단체 등을 설립하고 자금을 조달하는 것도 심지어 여러 개혁운동도 이들 덕분이다.

그들의 진보주의와 자유주의는 '입헌민주당'과 '기업당' 등 정당을 설립한 데서도 드러났다. 1905년 이후 그들은 비록 전체 인구에서 차지하는 비율이 적었음에도 불구하고 1차 두마에서 그들의 대표자들이 강력한 정당을 결성했으며, 2차, 3차 두마에서는 상당한 권력을 행사했다.

요약하자면, 러시아의 부르주아지는 경제, 사회, 정치, 문화, 심리 면에서 미국의 비즈니스계급과 매우 유사한 역할을 수행했다. 그 외 중간계급 구성원, 특히 지식인과 전문직 집단의 재능, 능력, 기술 역량, 깊은 이상주의 및 사회봉사 정신에 대해서는 러시아 밖에서도 잘 알려져 있다. 러시아의 예술가, 음악가, 작가, 언론인, 과학자, 교사, 학자, 의사, 변호사, 엔지니어, 발명가 등은 해외에서도 당당하게 존경과 찬사를 받고 있다. 러시아 용어인 인텔리겐치아intelligentsia는 실제로 고도로 지적이고, 잘 훈련되고, 유능하며, 뛰어난 도덕적, 사회적 성실성과 사회봉사의 이타주의 정신, 즉 민주적 열망을 구현하는 집단과 동의어가 되었다.

러시아 전문직계급의 유일한 단점은 규모가 작다는 것이었다. 이 같은 요인 때문에 이들은 [미국의] 비즈니스계급과 달리 혁명 초기의 파괴 활동을 대부분 막을 수 없었다. 이들은 공산주의 통치 시절의 공포정치와 잔인한 행동을 막으려고 노력하는 과정에서 상당수가 처형, 투옥, 추방되거나 생계수단을 박탈당하는 등 격심한 고초를 겪었다. 이들은 자신의 의무를 충실히 이행했지만 자신들의 과업을 성공하지 못했는데 이는 단지 그들로서는 이겨낼 수 없을 만큼 역경이 압도적이었기 때문이다.

이와 같이 혁명 이전에 농민에서 귀족에 이르기까지 러시아의 사회구조와 사회제도는 대부분의 서구 국가만큼 민주적이었다. 이제 중앙정부 또는 차르 체제가 어떠했는지 그것이 동양의 절대주의와 전제정치 같은지 조사해보면 유익하고 교훈적인 결과를 얻을 것이다.

6. 러시아의 중앙정부

러시아 중앙 정치체제의 주요 발달 단계를 요약하면 다음과 같다.

타타르족이 침공하기 전인 9세기부터 13세기까지 러시아의 여러 공국 및 공화국들의 정치조직은 여느 유럽 국가와 마찬가지로 민주적이었다. 노브고로트, 프스코프[13] 등 몇몇 공국은 식민지 아메리카의 시공회당 자치 정부와 다소 유사한 민회(民會: vetsche)라는 민주적 체제를 가진 명백히 공화국이었다. 그 외 공국들은 확실히 공화국은 아니었지만 그렇다고 군주정도 독재도 아니었다. 이들 공국의 통치자들은 대부분의 경우 (우리나라[미국]의 '도시 관리자' 같이) 일종의 고용된 '공국 관리자'였으며 주로 군사 방어 및 기타 행정 업무를 위임받았고 공국의 시민이 위촉하고 해촉했다.

달리 말해, 공국의 지도자는 선출직이었고 그 지위는 순전히 계약직이었다. 이 같은 계약의 자유에서 유일한 제한은 통치자를 러시아 최초의 왕자 류리크 ─ 시민이 자발적으로 초빙한 스칸디나비아인 ─ 가문의 후손 중에서 선택해야 하는 것이었다. 그 같은 공국의 모든 중요한 사안은 민회 또는 충분한 자격을 가진 시민들의 회의에서 결정했다. 그리하여 통치자 중에서 진정한 군주는 없었을 뿐만 아니라 독재자는 더더욱 없었다.

때때로 몇몇 통치자들은 어느 정도 독재적으로 통치하는 보스 역할을 하기도 했는데, 그들의 권력은 탁월한 능력과 위세 때문이든 (현재의 태머니 홀[14]의 보스처럼) 성공적인 계략에 의한 것이든 법률상으로

---

13 프스코프(Pskov): 러시아 연방 북서부 벨리카야강 연안에 있는 지역. 중세에는 발트해와 러시아 내륙을 연결하는 중심지로서 중요한 역할을 했으며, 11~12세기에 노브고로드의 통치를 받음. 1240년 튜튼 기사단에 점령, 알렉산드르 넵스키에 의해 1348년 공화국으로 독립, 1510년 모스크바에 병합, 오늘날에는 중요한 철도 연결점으로 대규모 기계제작 및 아마 가공공장이 있음 - 옮긴이

14 태머니 홀(Tammany Hall) 18세기 말에 사교단체로 출발하여 1800년경부터 1930년대까

규정된 것이기보다는 실제 행동이 그러했다. 중요한 것은 권력을 행사하는 통치자들이 자의적으로 통치해서는 안 되고 법령이 규정한 규범에 따라 통치해야 했다는 것이다. 키예프 공국은 이미 11세기 전반기에 『루스카이아 프라우다』Russkaia Pravda(러시아 진리라는 뜻)[15]로 알려진 법전을 제정했는데, 이 법전의 인도주의적 성격은 당대의 거의 모든 유럽 법전과 비교할 때 시대적으로 훨씬 앞섰다.

『루스카이아 프라우다』는 사형을 규정하지 않았으며, 유럽 국가의 행형학에서 매우 악명 높은 잔인한 형벌을 사실상 삭제했다. 『루스카이아 프라우다』에 규정된 거의 모든 처벌 조항은 벌금형으로 구성되었다. 다른 공국들에서도 다소 유사한 조항이 제정되었다. 일반적으로 타타르족이 지배하기 이전에는 키예프 공국을 비롯한 러시아의 다른 주요 공국 및 공화국들은 모든 면에서 그 시대의 거의 모든 유럽 국가만큼 발달했다.

타타르족의 침략으로 러시아가 예속되면서 격심한 변화가 일어났다. 특히 약 250년 동안 지속된 타타르족의 지배가 끝날 무렵 모스크바 대공국이 타타르족 지배에서 벗어나기 위해 투쟁하는 과정에서 큰 변화가 일어났다. 모스크바 대공국 지도 아래 전개된 해방 투쟁은 거창했지만 거의 가망이 없었다. 이 투쟁이 성공하려면 모스크바 정부는 엄격하게 중앙집권적인 전제주의적 통제가 절실히 필요했다.

지 뉴욕시의 민주당을 지배한 파벌 기구. 특권 계급에 이용되고 부정 사건을 일으키기도 하여 보스 정치와 독직의 대명사가 되었음 - 옮긴이

15 루스카야 프라우다(Russkaia Pravda) : 11~12세기에 편찬된 키예프 공국의 법전으로 관습법 및 여러 공국의 입법·판례의 기초가 되었으며 1497년 이반 3세(1440~1505)의 법령집이 완성될 때까지 중세 러시아 법전의 규범으로서 노브고로드, 프스코프, 우크라이나, 벨라루스, 리투아니아 법전의 기초가 되었음 - 옮긴이

어떤 전쟁에서든 승리하려면 완전히 중앙집권적인 전제적인 군대, 즉 총사령관이 지휘하고 모든 시민과 군인을 통솔하는 위계 조직이 필요하다. 2차 세계대전을 계기로 모든 민주주의 국가에서 강력한 중앙집권 정부 권력이 탄생했고 관료제 조직과 각종 규제 및 통제가 엄청나게 증가했듯이 러시아에서도 폴란드, 스웨덴, 튜턴족 등 유럽 민족뿐만 아니라 많은 아시아민족의 무자비한 공격에 맞서 나라를 지키고 타타르족의 지배에서 벗어나기 위한 오랜 기간에 걸친 필사적인 투쟁 과정에서 불가피하게 외형적으로 중앙집권적 독재정치 체제가 탄생했다. 이 과정은 이반 3세[16] 때부터 시작되어 18세기 말에 절정에 달했다.

그런데 이 현상을 진정한 관점에서 보려면 두 가지 기본적인 사실을 고려해야 한다. 첫째, 이 시기에 러시아 차르 체제의 절대주의는 완성되지 못했으며 대의제 정부에 필수적인 모든 요소들이 계속 존재하고 있었다. 둘째, 같은 시기에 수세기 동안 거의 모든 유럽 국가가 유사한 과정을 겪고 있었기 때문에 러시아가 예외적인 경우는 아니었다.

14세기부터 프랑스혁명 직전까지 유럽 전역에서 이와 유사하게 각국 정부가 (훨씬 자주 그리고 더 과격하게) 독재화되었으며 16세기, 17세기, 18세기에 이르면 대부분의 국가에서 독재화가 절정에 달했다. 러시아는 해방을 위한 투쟁 과정에서 그렇게 전환할 수밖에 없는 진정한 구실을 가지지만 대부분의 유럽 국가들은 그에 대한 아무런 구실도 없었다. 타타르족이나 여타 아시아민족의 강력한 공격은 대부분 러시아가 흡수하여 유럽 국가들은 이들 민족에 예속되지도 않았고 심지어

---

16 이반 3세(1440~1505) : 대(大)러시아 영토의 대부분을 정복이나 제후들의 자발적인 순종에 의해 복속시켰고, 우크라이나 일부를 폴란드-리투아니아로부터 되찾았으며 몽골계 타타르족에 대한 오랜 예속에서 벗어남. 또한 러시아의 중앙집권적 행정제도를 마련함 - 옮긴이

위협을 받지 않았다. 차르의 권력은 전혀 독단적이지 않았으며 법률에 의해 규정되고 지속적으로 제약받았다.

1550년에 법률이 성문화된 다음 1649년에 알렉시스 미하일로비치 황제의 「울로제니」Ulojenie로 알려진 완전한 법전이 제정되었다. 이 법전은 당시 존재했던 모든 유럽 법전만큼이나 포괄적이고 선진적이었다. 더 나아가 차르의 권한은 법에 의해서뿐만 아니라 매우 효율적이고 민주적으로 제한을 받았다. 모스크바 대공국 황제의 모든 중요한 포고문과 정부의 판결은 두 개의 기관 젬스키 소보르[17]와 보야르스카이아 두마Boyarskaia Duma의 승인을 받아야 했다. 젬스키 소보르는 영국의 의회, 특히 프랑스의 삼부회와 성격이 매우 유사한 것으로 주요 자유 계급 대의원이 참여하는 총회였다.

젬스키 소보르는 매우 자주 어느 정도 정기적으로 소집되었으며 여러 방면에서 결정적인 역할을 했다. 보야르스카이아 두마는 주요 귀족 가문 대표로 구성된 일종의 평의원 같은 것으로 유럽의 추밀원과 유사하다. 당대의 관찰자인 코토시킨이 지적하듯이 "차르는 비록 자신을 독재자라고 선언했지만, 평의회(보야르스카이아 두마) 없이는 아무것도 할 수 없었다." 이 평의회는 간헐적으로 운영되는 것이 아니라 민중의 젬스키 소보르처럼 정기적으로 운영되는 상설 기구였다.

이와 같이 모스크바 대공국의 차르 체제는 유럽의 여느 현대 군주제만큼 민주적이었다. 통치자는 모든 정치 문제를 결정할 때는 소보르나 평의회(두마)와 상의해야 했다. 소보르와 두마는 러시아의 옛 민주

---

[17] 젬스키 소보르(Zemsky Sobor) : 16, 17세기 러시아에서 차르나 최고 권력기관의 요청에 따라 필요할 때면 언제든지 개최된 자문회의 – 옮긴이

적 제도인 민회가 규모가 많이 축소되긴 했지만 계속 존속했다.

표트르 대제가 즉위하면서 이 제도들은 안타깝게도 폐지되어 프리드리히 대왕, 루이 14세 및 여타 유럽 군주들 시대의 제도와 유사한 비교적 제한을 받지 않는 '계몽 절대주의'로 변모했다. 여기서도 다른 많은 경우처럼, 러시아에 적합하지 않다고 입증되었는데도 유럽의 패턴을 모방하여 수입된 제도들은 받아들이고 우수한 유서 깊은 고유의 제도들은 종종 폐지되었다. 그렇지만 17세기와 18세기에도 차르의 독재를 견제하는 기관들, 즉 법전과 상원 그리고 나중에도 귀족의 의회는 계속 존재했다.

러시아와 아주 '민주적인' 유럽 국가 사이의 유일한 차이는 공식적인 독재 군주제가 입헌군주제로 명확하게 교체되는 것이 영국, 프랑스, 독일, 오스트리아보다 러시아가 수십 년 늦었다는 점이다. 1906년 헌법이 채택된 후 러시아는 법적으로 그리고 사실상 독일이나 오스트리아 같은 나라보다 훨씬 더 진정한 입헌군주제가 되었다. 1917년 군주제가 폐지되고 연방공화국이 수립되었다.

전술한 내용에 따르면, 차르의 전제정치는 민주적 또는 대의적 요소가 전혀 없는 고유의 전제정치로 간주하는 것이 얼마나 잘못되었는지를 알 수 있다. 전체적으로, 9세기부터 20세기까지 러시아 정치체제는 사실상 대부분의 유럽 국가의 정부 체제만큼 민주적이었다. 따라서 러시아 정치체제를 동양 특유의 전제정치로 규정하는 것은 일종의 신화다.

타타르족의 지배하에서 러시아 민족은 생존을 위해 필사적으로 투쟁했음에도 불구하고 러시아가 겪어온 주요한 변화는 그 세기 동안 여타의 서구 정치체제가 겪어온 변화와 매우 유사했다. 더욱이 표트르 대제와 그 후계자들이 통치하는 시기에 유럽이 러시아에 직접 행사한 영향력이 실제로 모스크바 대공국의 대의 제도를 약화시키고 차르 전제정치를 강화하는 작용을 했다. 독일이 러시아에 행사한 영향력이 특히 그러했다. 즉 쿠를란트-홀슈타인-코부르크-브룬슈바이크 도당이 프리드리히 대왕의 전제정치를 모방하여 지배할 때는 러시아국가 전체 역사상 실제로 가장 잔인하고, 가장 독재적이고 전제적이었으며, 가장 잔혹했다.

결론적으로, 현재 외국에서 유포되고 있는 견해와는 달리 러시아의 기본 사회구조는 유럽 국가들과 마찬가지로 항상 완전히 민주적이었다고 자신 있게 주장할 수 있다. 몇몇 제도의 경우 러시아는 실제로 대부분의 서구 국가보다 더 민주적이었다. 러시아혁명 이전의 중앙정부도 유럽 국가들의 중앙정부와 매우 유사했다. 미국과 러시아의 기본 사회제도를 비교해보면 공통점이 차이점보다 더 많고 중요하며, 결과적으로 두 나라는 전체적으로 과거는 물론 현재에도 사실상 성질이 일치한다.

제5장

러시아의 종교 및 교회 제도

1. 러시아정교 및 그 외 종교들

러시아정교와 성직자 및 종교 일반에 대해 해외에서 널리 유포되고 있는 (특히 러시아혁명 이후) 견해는 러시아에 대한 다른 많은 견해와 마찬가지로 매우 부정확할 뿐만 아니라 참으로 기괴할 정도다. 이 같은 견해는 혁명의 파괴 시기에 나타난 공산주의 통치자들의 호전적인 무신론과 이들에 의한 기독교 및 여타 신앙에 대한 잔인한 박해를 정당화하기 위해 고안한 공산주의 선전이 조장한 것으로 러시아정교를 동양의 의례주의로 포장된 무지와 편견 및 미신이 혼합된 원시적인 혼성 신앙으로 묘사한다.

또 성직자를 마술사, 주술사, 요술쟁이, 착취자가 결합하여 탄생한 잡종으로 묘사하고, 교회의 문화적 역할을 대중을 착취하고 복종을 강요하는 것을 주요 사회적 기능으로 하는 독재정권을 돕는 것이라고 묘사한다. 또한 러시아정교는 정부와 협력하여 모든 종교를 무자비하게 탄압한다고 주장한다. 러시아 밖에 있는 많은 사람들은 물론 일부 기독교 성직자들조차도 그 같은 견해에 고취되어 공산주의의 반종교 정책이 정당하다고 생각했다.

이 같은 그릇된 견해를 낳게 한 원인에 대해서는 굳이 상세하게 지적할 필요는 없다. 러시아정교의 실제 성격과 사회문화적 역할 그리고 러시아에서 그 외 종교들(기독교 및 비기독교)의 진정한 위치를 간략하게 요약하면 다음과 같다.

(1) 슬라브 민족은 비잔티움과 불가리아와 친밀하게 접촉하면서 9~10세기에 이미 기독교가 러시아에 침투하기 시작했다.

(2) 10세기에 기독교의 영향력은 매우 강력해져 988년에는 정부 관리, 군인, 키예프 공국의 귀족들이 기독교를 받아들였으며, 현재는 키예프 및 여타 공국들의 평민들까지도 (일부는 강제로) 기독교로 개종했다. 얼마 지나지 않아 기독교는 공식적인 종교 즉 국교가 되었다. 그런데 이 같은 조치는 성급하게 무계획적으로 취해진 것이 아니라 유대교와 이슬람교 그리고 그 외 '라틴' 종교들의 상대적 장점을 오랫동안 조사하고 비교한 후에 이루어졌다.

블라디미르 황태자는 각 종교 대표자들을 궁정으로 초대하여 각자의 종교에 대한 변론을 청취했다. 그런 다음 '현자' 대표단을 비잔티움 및 여타 중심지로 파견하여 각 종교 체계를 직접 조사하도록 했다. 각 종교를 철저하게 조사한 후에야 비로소 비잔틴-불가리아 양식의 기독교를 국교로 채택했다.

(3) 당시 그리스 양식의 기독교는 신학적으로나 공식적으로나 로마에 소재한 '라틴' 양식의 기독교와 뚜렷하게 구별되지 않았다. 당시는 교리상의 차이는 부차적인 문제였으며, 가장 주요한 문제는 심리사회적 요인과 행정상의 우위를 점하기 위한 경

쟁력이었다. 당시 콘스탄티노플 또는 비잔티움은 그리스-로마 문화의 최고 계승자였으며, 세계에서 으뜸가는 기독교 중심지였고, 사실상 기독교계에서 사실상 가장 강력한 제국이 위치했으며, 순수 예술, 과학, 철학, 법률 등의 분야에서 로마를 훨씬 능가하는 서구 세계 전체에서 가장 웅장한 도시였다.

더욱이 비잔틴 종교는 '우상 파괴' 투쟁을 통해 견고하고 강력한 신앙으로 출현했다. 이 모든 상황을 고려할 때 러시아의 선택은 많은 관점에서 포괄적이고 분별 있는 결정이었다. 그 결정으로 이교도 러시아는 완전히 발달된 형식의 기독교를 갖게 되었다. 러시아는 충분히 교육을 받은 그리스 사제, 선교사 등을 들여왔고, 이들이 러시아 최초의 종교 교사이자 성직자가 되었다. 비잔티움은 교회 건물을 세워 장식하고, 교회, 학교, 병원, 고아원, 구빈원 및 이와 유사한 기관을 짓는 데 필수적인 예술가, 건축가 및 장인들을 공급했다. 또한 비잔티움은 성경과 노모카논[1] 또는 비잔틴 교회법 법전 등 현존하는 가장 중요한 종교 서적을 번역하거나 필사하는 학식 있는 서기관을 길러냈다.

(4) (점진적으로 러시아화되고 있는) 비잔틴 기독교가 급속하게 확산되면서 곧바로 러시아의 정부와 사회, 문화를 발달하게 하는 기본 요소가 되었다. 새로 채택된 기독교의 위력은 이를 도입한 블라디미르 황태자와 그의 직속 후계자들의 개성이 현격하게 변화한 데서 두드러지게 나타났다. 극도로 관능적이고 폭력적

---

[1] 노모카논(Nomokanon) : 1219년 세르비아 왕국의 사바 주교가 발표한 첫 헌법. 이 법은 로마법에 기초한 민법과 세계 공의회에 기초한 교회법의 모음집으로 교회와 정부의 역할과 규례를 다루어 놓았음 - 옮긴이

이며 호전적이던 그들의 개성은 개종한 이후로 너무 온화하게 바뀌어서 이제는 '살인하지 말라'는 성경의 말씀을 받들어 범죄자를 처벌할 때조차도 가끔 망설였다.

블라디미르 황태자는 기독교의 자선 정신을 함양하여 궁전은 가난하고 불행한 사람들에게 항상 열려 있어야 하고, 이들에게 음식을 제공하고 보살펴야 하며, 궁전에 들어오지 못하는 사람들에게는 음식과 필수품을 제공하라고 명령했다. 그는 또한 교회, 고아원, 신학교를 설립하는 일에 착수했다. 그의 후계자인 야로슬라브 왕자(1016~1054)가 제정한 유명한 법전 『루스카이야 프라우다』에서는 모든 범죄에 대해 사형과 고문을 폐지하고 벌금형을 내리도록 했다.

다음으로 저명한 왕자 블라디미르 모노마흐[2]는 자신의 생활방식에서도 후계자들에게 물려준 '유지'에서도 기독교를 나약한 여성들에게만 어울리는 것이라고 비웃던 이교도 북유럽 전사들을 나사렛의 온유하고 겸손한 수행자로 완전히 바꿔놓았다. "가슴 속에 하나님을 경외하는 마음을 품고 끊임없이 자선을 베풀라. 이것이 모든 선(善)의 기초이니라." "맹세를 저버리지 말라." "강한 자가 약한 자를 해치게 하지 말라." "죄가 있든 없든, 심지어 죽을죄를 저질렀더라도 살인하지 말라." "당신과 당신의 군대가 러시아 땅을 여행할 때, 경호원이나 수행인이 주민들을

---

2   블라디미르 모노마흐(Vladimir Vsevolodovich Monomakh: 블라디미르 2세 재위 1113~1125): 야로슬라프 무드르이의 손자이자 비잔틴 제국 콘스탄틴 9세 모노마흐 황제의 외손자. 키예프를 재건하려 했던 마지막 군주. 원칙을 중히 여겨 키예프 군주의 자리를 여러 차례 고사해 60세에 키예프의 군주 자리에 오름. 블라디미르 모노마흐의 왕관은 러시아 군주를 상징하는 국보로 간주되고 있음 - 옮긴이

착취하고 억압하지 말게 하라. 어디에서 멈추든지 청하는 모든 사람에게 음식과 음료를 주시오." "해 뜨기 전에 일찍 일어나서 하나님께 기도하시오. 그리고 동료들과 함께 앉아서 국정을 의논하고 판단을 내리시오." 아무도 이것이 기독교로 개정하기 이전의 이교도 전사의 개성이라고는 도저히 생각할 수 없었다!

초기 러시아 기독교는 설교와 예배뿐만 아니라 사람들의 성격과 제도 및 문화를 근본적으로 재구성했다. 초기 기독교는 러시아 최초의 학교를 설립했고, 최초의 법전을 작성했으며, 윤리 및 종교 문제와 관련하여 사람과 성직자들을 재판하는 법원을 설치했다. 또한 가정생활을 개선하고 일반적인 도덕 수준을 향상시켰으며, 자선 기관과 사회봉사 시설을 육성했다.

나아가 가혹한 노예제와 농노제를 개선해 나갔으며, 사회 계층화 및 분화의 위계적 원리를 형성했고, 최초로 서적을 번역하여 배포했다. 또한 문학과 드라마, 회화, 건축, 음악 등 순수 예술의 장을 열었으며, 러시아 철학과 세계관의 기초를 마련했다. 한마디로 초기 기독교가 종교, 윤리, 사회, 문화에 미친 영향은 실로 엄청났다.

(5) 이후 러시아의 전체 역사를 통틀어 기독교는 러시아국민의 기쁨과 슬픔을 함께했다. 기독교의 역할은 타타르족, 투르크족, 폴란드, 스웨덴, 튜턴족이 침략했을 때나 나폴레옹과 히틀러 군단이 공격했을 때나 17세기 초의 '고난의 시대' 등 내부가 무정부 상태에 처했을 때처럼 국가의 존립 자체가 위태로운 비극적인 위기에서 특히 유익하고 도움이 되었다. 교회의 도움이 없었다면 러시아가 이 같은 위기에서 살아남을 수 있었는지 의심스러울 정도다.

러시아정교는 이렇게 다방면으로 중요한 기능을 수행함으로써 대부분의 유럽 국가의 기독교의 어느 교파보다 중요한 역할을 했다. 앞서 말했듯이, 러시아정교는 러시아국가와 거의 완전히 한 몸이 되었다. 러시아정교가 없는 러시아 사회와 문화의 구조는 로마가톨릭 없는 중세 유럽의 사회와 문화의 구조만큼이나 불완전했을 것이다. 그러므로 러시아 교회가 러시아국민에게 억지로 많은 부담을 부과했다는 견해는 터무니없다.

러시아정교와 러시아 국민정신이 일치함에 따라 혁명 전까지 러시아의 사회생활과 문화생활에서 러시아정교가 유일한 가치를 가졌으며 혁명의 파괴 국면이 지난 후 러시아의 사회생활과 문화생활에서 러시아정교의 가치는 점차 증가했다. 러시아에는 인종 또는 민족 차별이 거의 없었다. 유대인이나 폴란드인 또는 이교도 등 특정 집단에 대한 차별이 있었긴 하지만 그것은 인종이나 민족 때문이 아니라 종교 때문이었다. 그들이 러시아정교를 받아들이는 즉시 그들에게 가해진 권리와 특권에 대한 모든 제약이 자연스럽게 해제되었다.

20세기 초 이전에는 러시아정교가 (특히 비기독교 종교에 비해) 어느 정도 특권적 위치에 있었다. 그렇지만 러시아정교가 특권적 위치에 있었더라도 혁명 이전에는 다른 신앙을 억압하거나 박해하지 않았다. 이는 사실상 영국에서 성공회가 여러 기독교 교파들보다 우월한 위치에 있는 것과 다를 바가 없었다. 오히려 식민지 매사추세츠에서 지배적인 교파가 독점적인 영향력을 행사한 것보다 덜 심했다. 모든 기독교 교파들은 물론 유대교, 이슬람교, 심지어 많은 이교도들까지도 관대하게 대했고 모든 종교가 각자의 활동을 공개적으로 수행했다. 더욱이 로마가톨릭과 개신교 성직자들의 급여의 대부분을 국가가 지불해주었다.

유일하게 금지된 종파는 성적 난교를 허용하는 흘리스티Khlysti나 생식기 절단의 관행을 가진 스콥치Skoptzi 같은 반사회적 종파였다. 당시로서는 정부가 러시아정교로의 개종을 장려하고, 러시아정교 교인이 다른 종교를 믿는 것을 배척하는 것은 당연한 일이었다. 그러나 다른 종교로의 개종이 법적으로 방해받는 상황에서는 다른 종교로 개종한 자는 러시아정교 교인으로서 누렸던 특권을 박탈당하기 때문에 개종은 간접적으로 억제되었다. 당시 존재했던 그 같은 차별은 대부분 법률상의 차별이기보다는 실생활에서의 차별이었으며 1906년 및 그 이후의 헌법과 각종 개혁으로 결국 폐지되었다.

러시아정교에 관한 기록을 보면 로마가톨릭이나 심지어 일부 개신교 교파(특히 칼뱅교)보다 대규모 종교전쟁과 박해의 죄과에서 자유롭다. 러시아정교가 '이교도'와 무신론자들을 대하는 방식은 (12세기에서 16세기까지) 종교 재판의 잔인함이나 알비파 교도[3]나 위그노 교도[4]에 대한 무자비한 전쟁, 성 바르톨로뮤의 대량 학살[5]에 비하면 아무것도 아니다.

키예프공국이 기독교를 채택한 후 취한 강압적인 조치 외에도, 심각한 종교분쟁이 일어난 유일한 역사적 사례는 알렉세이 미하일로비치(1645-1676) 황제 통치 시기에 러시아 교회 내 두 경쟁 파벌 이른바 '구 신도'Old Believers와 '니콘파'Nikonians 사이에 일어난 격렬한

---

3 알비파(Albigensian) : 카타리파 이단의 추종세력으로 12세기 중엽에 발칸반도, 북부 이탈리아, 남부 프랑스 등지에 걸쳐 세력을 크게 떨침. 마니교적 이원론에 바탕을 두고, 금욕적인 계율을 지켰음. 로마가톨릭에서는 이단으로 몰려 이단심문제도를 만들게 됨 - 옮긴이

4 위그노(Hugueno) 교도 : 16-18세기 프랑스의 칼뱅파 신교도의 총칭 - 옮긴이

5 성 바르톨로뮤의 학살. 1572년 성 바르톨로뮤 축일에 프랑스 전국에서 칼뱅교 성직자들과 일반 신도들을 집단 살해한 사건 - 옮긴이

충돌을 들 수 있다. 대주교 니콘Nikon[6]이 성경 구절을 수정하여 예수의 이름을 올바른 철자법으로 표기하고, 십자가의 팔을 4개 또는 8개로 형상화하며, 주교의 권위를 위해 왕실 비용을 증대하는 등 각종 개혁을 착수하자 완강한 저항에 부딪혔다.

이 같은 개혁에 반대하는 '구 신도들'을 박해했다. 일부 신도들은 투옥 또는 추방되었으며, 공공장소에서 구 신도의 신앙 의례를 행하는 것을 금지했다. 완강하게 저항하는 신도는 산 채로 태워 순교했고 정부는 그들의 교당을 폐쇄하거나 철거하여 폐허가 되었다. 그러나 이 같은 격심한 충돌에도 불구하고, 이 충돌은 단지 종파 내 내분이었지 러시아 기독교와 비기독교 사이의 투쟁은 아니었다.

2. 러시아정교의 신학적 및 철학적 측면

러시아정교는 신학적, 철학적, 도덕적, 사회적 측면과 관련하여 여러 가지 면에서 로마가톨릭이나 개신교와 다르다. 그러나 이 같은 차이들 중 어느 것도 러시아정교가 다른 어느 주요 기독교 교파보다 열등하다고 간주할 만한 적절한 근거를 제공하지 않는다.

러시아정교는 신학적으로나 의례상으로 개신교 성공회의 '고교회파'[7]와 매우 유사하다. 실제로 그 둘은 각자의 예배를 서로 바꿔할

---

6 '니콘'(Nikonians) 본명 니키타 미노프(Nikita Minov, 1605~1681) 모스크바 총주교. 재임 1652~66년. 황제 알렉세이 미하일로비치 신임을 얻어 모스크바 총주교에 취임. 오스만제국 지배하의 동방 교회를 본떠 러시아정교 교회를 고치는 이른바 '니콘의 개혁'을 실행하여 러시아 정교회의 분열을 초래함. 교회 권력의 우위를 주장하여 황제의 미움을 사 1658년에 총주교 사임, 1666~67년 주교회의에서 정식으로 파면됨 - 옮긴이

7 고교회파 (High Church) : 교리와 의례를 중시하는 영국 국교의 한 유파 - 옮긴이

수 있을 정도다.

신학적으로, (러시아정교를 포함한) 동방정교와 로마가톨릭의 주요 차이점은 로마가톨릭 신조에서 사용하는 필리오쿠에[8]라는 유명한 용어에서 비롯한다. 즉 동방정교는 성신이 아버지 하나님에서만 나온다고 주장하고 로마가톨릭은 아들 하나님Filioque에서도 나온다고 주장한다. 주지하다시피 이 같은 차이는 유감스럽게도 마침내 (1054년에) 기독교의 거점이 동방과 서방으로 분할을 초래한 주요 쟁점이었다.

러시아정교는 그 정신과 철학 면에서 보면 로마가톨릭과 개신교 중간에 있다. 물론 어느 거대 종교든 그 '정신'을 몇 마디로 표현하는 것은 매우 어렵다. 하지만 솔로비예프[9]나 도스토옙스키 등 대부분의 저명한 러시아 신학자, 종교사상가, 철학자가 지적하듯이 기독교의 대표적인 세 교파의 '정신'의 본질적인 차이는 다음과 같이 요약할 수 있다.

러시아정교는 로마가톨릭보다는 덜 교조적이고 덜 권위적이지만 개신교보다는 더 교조적이고 더 권위적이다. 러시아정교의 위계는 대부분의 개신교 교파들보다 더 완전하게 발달되었지만 로마가톨릭보다는 덜 완전하게 발달되었다. 러시아정교 총대주교는 교황만큼 권위를 가진 적이 없으며, 교황처럼 다른 주교들에 대한 우월성이나 무오류성을 주장하지 않는다. 러시아정교 총대주교는 단순히 러시아정교 교회

---

8 필리오쿠에 (Filioque) : 중세 시대에 라틴 교회가 그리스도교 신조 본문에 덧붙인 구절로 동방교회와 서방교회의 분열을 일으킨 주요 원인 가운데 하나로 간주됨 - 옮긴이

9 솔로비예프(Vladimir Sergeevich Solov'yov 1853~1900) : 러시아의 종교 철학자·시인·정론가. 페테르부르크대학에서 강의하던 중 1881년 황제를 암살한 혁명가들의 사면을 요구한 이유로 파면, 이후 저술활동에 몰두함. 과학과 철학과 종교의 종합, 동방교회와 서방교회의 합일, 그리스도교에 의한 세계 신정(神政) 사회를 지향함. 그의 세계관은 종교 사상가뿐만 아니라 세속 철학자에게 큰 영향을 미침 - 옮긴이

의 고위 성직자들 가운데 으뜸가는 동료 성직자일 뿐이었다.

도스토옙스키를 비롯한 저명한 러시아 사상가들은 로마가톨릭을 예수의 중대한 정신을 상당 부분 상실한 불가사의한 메커니즘으로 현시되는 종교-정치 체계로 보았다. 반대로 개신교는 사실상 가톨릭에 대항하는 것으로 보았다. 즉 개신교는 대항의 대상이 없으면 번창할 수도 계속 존재할 수도 없는 부정적인 현상으로 보았다.

도스토옙스키는 자신이 제시한 '세 가지 사상'과 『카라마조프가의 형제들』의 "대심문관의 전설"에서 로마가톨릭, 개신교, 러시아정교를 뚜렷하게 구분하고 있다. 도스토옙스키를 비롯한 러시아의 주요 철학자와 종교 사상가에 따르면, 러시아정교는 중간에 위치한다. 즉 로마가톨릭보다는 메커니즘이 훨씬 덜 짜여 있고 개신교 교파들보다는 대항 정신이 훨씬 덜 깊다. 마찬가지로 로마가톨릭보다는 덜 형식적이지만 개신교보다는 더 형식적이다.

러시아정교는 로마가톨릭보다는 종교와 윤리에서 인간의 이성, 경험, 직관을 더욱 넓게 허용하지만, 많은 개신교 교파들보다는 덜 허용한다. 러시아정교는 로마가톨릭과 달리 교회 당국의 언명을 무조건 이의 없이 수용할 것을 요구하지 않으며, 신자의 탐구 정신의 자율성을 폭넓게 허용한다. 또한 일부 개신교 교파와 달리 모든 사안을 개인의 이성이나 영감에 맡기지 않는다. 러시아정교는 가톨릭보다 더 심신이 깊고 마음씨가 따뜻하며 덜 냉정하게 합리적이고 덜 권위주의적이지만 개신교보다는 덜 '무질서하고' 덜 '자발적이다'.

러시아정교는 로마가톨릭과 칼뱅교처럼 교회 당국의 지시를 맹목적으로 순종하거나 대부분의 개신교 교파의 특징인 공리주의적 자유를 무조건 따르지 않고 자유롭고 자발적이며 모든 것을 포용하는 하나님의 인간사랑, 인간의 하나님 사랑을 강조한다.

도스토옙스키에 따르면, 가톨릭은 3대 주요 요소 – 권위, 신비(또는 교리), 기적 – 를 가톨릭의 가르침과 존재의 기초로 삼았다. '대심문관'은 예수가 광야에서 대유혹자가 유혹했을 때 이 세 요소를 거부했다고 꾸짖는다. 그 대심문관은 우리는 인류의 행복을 위해 세 요소를 모두 받아들였다고 말한다.

"800년 전에 우리는 그대가 성내며 거절한 것을 대유혹자로부터 받아들였다. 우리는 그에게서 로마와 카이사르의 검을 빼앗고 스스로 지상의 유일한 황제라고 선언했다…비록 이 일을 완전히 성취하려면 아직 멀었고 그 사이에 인류가 큰 고통을 겪게 되겠지만 우리는 세상을 지배하는 카이사르가 되어 마침내 그 일을 성취하게 될 것이고, 그리하여 전 인류의 행복을 실현하게 될 것이다."

대심문관이 계속 말하기를, 우리는 대유혹자로부터 권위 있는 비밀 교리를 받았다. 그것은 모든 사람의 행복을 위해 절대적으로 필수적이며 따라서 매우 공리주의적이므로 모든 사람은 무조건 그것에 순종해야 한다. 돌을 빵으로 변화시키는 공리주의적 '기적'에 대해서도 그렇게 해야 한다. 예수는 대유혹자가 그렇게 하라고 간청했을 때 그것을 거부했다.

" 당신은 사람이 기적을 거부하면 하나님도 거부하게 된다는 사실을 깨닫지 못했다. 사람들은 하나님을 찾기보다는 기적을 찾기 때문이다…그들이 무례하게도 '십자가에서 내려오십시오. 그러면 당신이 하나님의 아들인 줄 믿겠나이다'라고 외쳤을 때 당신은 십자가에서 내려오지 않았다. 당신이 내려오지 않은 것은 불가사의한 믿음이 아닌 자유롭고 자발적인 믿음을 갈망하기에 기적을 통해 인간을 예속시키고 싶지 않았기 때문이다. [대유혹자가 바라던 대로 돌을 빵으로 만드는 것을 거부함으로써] 당신은 인간에게서 자유를 빼앗고 싶지 않았다. 당신은 빵을 통해 순종과 믿음이 생기면 자유가 없어진다고 생각했다. 당신은 사람은 빵으로만 살 수 없다고 말씀했다."

도스토옙스키를 비롯한 러시아의 저명한 종교 사상가들은 이 같은 과장된 표현으로 러시아정교와 로마가톨릭이나 개신교의 '종교 정신'의 몇 가지 중요한 차이점을 제시했다. 카이사르주의 원리는 러시아정교보다 로마가톨릭이나 칼뱅교에서 훨씬 더 진정한 표현을 발견했다. 교리를 맹목적으로 순종해야 한다는 원칙 또는 종교 영역에서의 경험 공리주의 원리에서도 마찬가지다.

러시아정교는 그 정신 및 철학 면에서는 성 아우구스티누스보다는 닛사의 그레고리우스, 성 바실리우스, 의사 디오니시우스, 성 요한 크리소스톰 등 동방정교 교부들에 훨씬 가깝다. 또한 러시아정교는 서구의 종교 사상가들 가운데 성 토마스 아퀴나스나 칼뱅 또는 교황 레오 대왕, 교황 그레고리우스 9세 등 로마 교회의 저명한 조직가들보다는 요하누스 스코투스 에리게나와 아시시의 성 프란치스코와 더욱 유사하다.

러시아정교의 신비주의 정신은 로마가톨릭만큼 강하며, 개신교보다는 훨씬 더 강하다. 그러나 러시아정교의 정신은 서구의 가톨릭의 정신보다는 더 비공식적이어서 더 다양하고 정통 패턴에서 벗어났다.

러시아정교와 여타 기독교 교파들 사이의 이 같은 차이점들은 러시아정교가 어떤 의미에서도 그 외 기독교 교파들보다 더 원시적이고 미신적이거나 모호하지 않다는 것을 충분히 보여준다. 러시아정교의

'정신'이 로마가톨릭의 정신과 개신교 정신 '양극' 사이의 중간에 위치한다는 사실이 그 같은 가정을 반박한다. 러시아정교는 양극단을 피하여 로마가톨릭이나 개신교보다 균형 있고 조화를 이루고 있다는 인상을 깊이 심어주었다.

러시아정교에 관한 과거의 저작과 비교적 최근의 신학 및 철학 저작들을 연구해 보면, 러시아정교가 로마가톨릭과 개신교의 신학 및 철학 사상만큼이나 매우 중요한 공헌을 한 것을 인정하지 않을 수 없다. 최근 저작들 가운데 스코보로다, 블라디미르 솔로비예프, 도스토옙스키, 플로렌스키, N. 로스키[10], N. 베르디아예프 등의 저작들은 러시아정교의 정신과 철학을 제법 적절하게 제시하고 있다.

3. 위계 조직

러시아 교회는 위계상 원래 비잔틴 교회에 종속되어 있어서 그곳 총대주교 관할 아래 있었다. 그렇지만 러시아 교회는 얼마 후 이 관할에서 사실상 독립되었고 나중에는 법적으로 독립했다. 러시아정교의 권위 있는 대표자들이 선출한 러시아 총대주교가 수장이 되었다(1588년). 러시아 교회는 역사상 한 번도 로마가톨릭 관구의 통제를 받은 적이 없다.

러시아정교 총대주교가 행사하는 행정 및 지도 기능은 매우 강력했으며, 대부분의 주교들은 각자의 임무를 성실하게 효과적으로 수행

---

10 로스키 (Nikolai Onufriyevich Losski, 1870~1965) : 러시아 직관주의 철학자. 페테르부르크대학을 졸업, 독일에서 빌헬름 분트의 지도로 박사학위를 받고, 페테르부르크대학 교수를 지냄. 그의 철학은 여러 사상의 합성물로, 특히 라이프니츠의 단자론, 베르그송의 직관주의 영향을 받음. 1922년 소비에트 정부로부터 추방, 2차 대전 후 1946년 도미, 러시아정교 신학교 교수를 지냄(1947~50) - 옮긴이

했다. 특히 눈여겨볼 대목은 러시아가 극심한 위기에 처했을 때 총대주교와 여러 종교 지도자들이 막대한 기여를 한 사실이다. 러시아정교 지도자들은 러시아를 단일 국가로 통합하고, 내부 위기에 대처하며, (타타르족의 지배 등) 외세의 정복으로부터 나라를 구하는 등 러시아의 주요 군주들과 차르 및 여타 세속 지도자들과 함께 용감한 역할을 수행했다.

아보츠, 테오도시 페체르스키, 세르기우스 라도네스키, 아브람 팔리치리, 디오니시우스를 비롯한 여러 주교 헤르모겐, 표트르, 알렉시스, 요나, 필리프의 이름은 러시아 역사책 곳곳에 지워지지 않게 아로새겨져 있다.

총대주교 이전 시대와 총대주교 시대 모두 전반적으로 웅대하고 창의적이며 민주적이었다. 교회는 직간접적으로 진정한 신비체Corpus Mysticum였다. 교회 지도자와 성직자는 모든 계층에서 충원되었다. 계층구조는 정신 면에서 민주적이었고, 민중들과 밀접하게 결합되었으며 대부분 선거에 의해 선출된 기구 — 주교단 회의 또는 종교 집단 기구 — 였다. 이 모든 관점에서 볼 때 러시아정교는 서구의 여타 기독교 교파보다 (이런 용어를 종교나 교회에 적용하는 것이 적절하다면) 덜 민주적이지도 않았고 더 독재적이지도 않았다.

표트르 대제의 개혁으로 1721년에 안타깝게도 총대주교직이 종결되고 교회의 독립성과 창의적 역할이 상당히 축소되었다. 여타 '계몽 개혁 군주들'과 마찬가지로 표트르 대제는 교회와 국가 사이의 모든 대항 관계 그리고 정부가 착수한 개혁을 저지하려는 모든 노력, 한마디로 교회 정책의 모든 독립성을 무산시키려 했다.

그 결과 표트르 대제는 총대주교를 폐지하고 교회의 최고 권위를 가진 대주교와 주교로 구성된 교회 대학인 시노드Synod로 대체했다.

그리고는 시노드를 감독하고 정부 정책과 시노드 정책을 조율하기 위해 자기 수하의 대검찰관을 임명했다. 이 같은 졸속적인 개혁의 결과로 교회는 무엇보다도 사법적, 사회적, 경제적 기능의 독립성을 어느 정도 상실했으며, 위계상 차르 체제 정부에 종속되었다. 또한 교회의 자발적 집합성이 (적어도 위계의 상위 계층에서는) 줄어들었으며, 고위 성직자 및 여타 지도자의 선출 및 교회 기능 일반에서 민주적 원리가 독재 원리로 바뀌었다. 상위 계층에 의해 교회가 활력 있게 창의적으로 통일된 것이 도스토옙스키가 격렬하게 비난한 공식 조직으로 대체되었다.

그렇지만 최근에 공산주의자들과 러시아 교회 제도를 비방하는 사람들처럼 이 같은 결함을 과장해서는 안 된다. 표트르 대제의 개혁이 상류층의 행정 메커니즘을 근본적으로 바꾸어놓긴 했지만 러시아정교의 기본 성격, 대중의 종교적 열망과 태도와 신념 그리고 평신도에 대한 성직자의 기능을 근본적으로 바꾸어놓지는 못했다. 이것들은 사실상 이전과 똑같이 계속 작동했다. 교회는 러시아 역사상 가장 암울한 시기, 특히 독일군이 국토를 장악했을 때와 나폴레옹 군대가 침략했을 때 계속 러시아국민들과 함께했다. 러시아국민들도 역시 교회와 함께했다. 따라서 표트르 대제의 개혁은 국민과 교회를 하나의 묶는 유대를 끊지는 못했다.

4. 러시아혁명 이전부터 쇠락하는 종교

1721년에서 1917년 사이의 두드러진 변화는 앞서 언급한 개혁에 의해서라기보다는 러시아의 사회문화적 조건과 일부 러시아 계급의 사고방식이 변화한 데 기인한다. 이처럼 '문화적 풍토'가 변화함에 따라

교육받은 계층의 종교적 심성이 감퇴했고, 일부 주민들 사이에서는 교회의 위세가 현저하게 쇠퇴했으며, 교회의 정신적 지도의 힘이 약화되었다. 또한 일부 사제 및 고위 성직자의 종교적 기능이 약화되고 관료제화되었으며, 교회의 창의적 역할이 전반적으로 쇠퇴했다.

차르왕국에 대한 러시아 교회의 순종은 이를 비난하는 자들이 주장하는 것만큼 광범위하고 심하지는 않았다. 앞서 말했듯이, 러시아 교회가 쇠락하게 된 것은 훨씬 더 근본적인 원인, 즉 유럽 사회가 겪었던 것처럼 러시아 사회의 문화와 사고방식이 심하게 변화한 데 기인한다. 이 같은 결론은 서구 전역의 여타 기독교 교파도 유사한 쇠락의 길을 겪었다는 사실이 뒷받침해준다. 서구 세계에서도 14세기부터 중세 기독교의 위세와 역할이 감퇴했다.

종교적 심성은 특히 교육받은 계층 사이에서 심하게 감퇴했다. 혁신적인 사람일수록 공개적인 불신자와 노골적인 무신론자가 되어 기독교를 비롯한 모든 종교에 적대적이었다. 또 일부는 예전에 가졌던 종교적 열정을 상실했고, 일부는 교회에 계속 다니긴 했지만 그것은 타성에 젖은 관행일 뿐이었다. 다른 계급들, 특히 도시 주민에도 심히 상스러운 태도를 보이는 불경한 정신이 침투했다.

대다수 농민들은 겉으로는 깊은 신앙심을 보이고 있지만 그들의 신앙심은 점점 의례적인 활동 즉 각종 행사, 기도, 예배 및 그 외 표준화되고 형식화된 활동이 되었다. 생동감 있는 종교 정신은 도처에서 시들어가고 있었다. 이 같은 과정은 19세기 후반에 들어서면서 더욱 탄력을 받았고 1917년까지 지속되었다. 이렇게 볼 때 반종교적 추세는 혁명에 의해 시작된 것이 아니라 혁명이 일어나기 오래전부터 시작되었다.

5. 러시아혁명기의 교회 개혁과 박해

러시아혁명 후 (르보프Lvov 공이, 이후로는 케렌스키가 이끄는) 임시정부가 첫 번째 취한 조치 중 하나는 완전한 종교의 자유를 선포한 것이었다. 그와 동시에 교회와 국민은 표트르 대제의 개혁으로 처음 도입된 정부에 대한 교회의 복종을 철회하고, 교회를 국가에서 분리할 기회를 잡았으며, 또 관료제 체제의 시노드를 폐지하고 총대주교직을 재수립하며, 시노드가 도입한 모든 바람직하지 않은 요소를 제거하며, 표트르 대제의 개혁 이전에 총대주교가 수행했던 웅대하고 창의적인 역할을 복원할 기회를 가졌다.

1917년 여름, 정식으로 선출된 모든 신자 대표로 구성된 전 러시아 소보르Sobor(총회)가 모스크바에서 개최되어 많은 개혁안을 만장일치로 가결했다. 미국에 소재한 러시아 교회의 대표인 대주교 티콘[11]이 총대주교로 선출되었다. 종교와 교회가 급속도로 부활하기 시작했다. 교회가 이렇게 유망하게 부활을 완성하는 데 몇 년밖에 걸리지 않았더라면 분명 창의적이고 웅대한 새로운 종교 시대가 열렸을 것이다.

불행하게도 공산주의 혁명은 모든 수단을 동원하여 종교 전체, 특히 러시아정교를 분쇄하려 했다. 러시아 교회가 자유롭고 민주적이 되려던 바로 그 순간에 공산주의 정부는 가공할 공격을 개시했다. 공산주의 정부는 위선적으로 종교의 자유를 선언하면서 호전적인 무신론

---

11 티콘 (Tikhon, 1866~1925) : 본명 Basil Ivanovitch Belavin, 1917년 모스크바의 수좌 주교, 범 러시아정교회 회의에서 첫 태조 주교로 임명. 혁명 시대에 공산 정권에 굴복하여 교회를 박해하는 자들을 파문, 국민에게 공산 정권에 항거하도록 호소, 성직자들에게는 중립을 지키도록 명령함. 1921~1922년 기근 때 교회 재산을 차압하는 공산 정권에 항거해 체포되었으나 영국의 압력으로 석방됨 - 옮긴이

의 이름으로 모든 종교를 '인민 정신의 아편'이라 칭하며 특히 러시아 정교를 무자비하고 잔인하게 박해했다. 1942년 모스크바 총대주교는 러시아 고위 성직자들이 쓴 일련의 기사로 구성된 『러시아의 종교에 관한 진실』*The Truth about Religion in Russia*이라는 제목의 책을 공식적으로 출간했는데 이 책에서는 소비에트 정부가 직접 종교를 박해한 일은 없었다고 표명한다.

총대주교 대리 모스크바 대주교 세르기우스가 그처럼 실제 사실을 축소하여 표현한 것에 대해서는 용서해줄 수도 있다. 비록 현재의 상황이 혁명의 파괴 국면의 상황과는 많이 다르긴 하지만 그렇더라도 총대주교와 교회 전체가 여전히 소비에트 정부의 권력 아래 있기 때문에 솔직하고 진솔하게 말할 형편이 못 되기 때문이다. 세르기우스 총대주교가 온갖 합당한 존경을 받고 있다 하더라도 러시아혁명 초기에 종교가 박해받은 사실은 너무나 많고, 너무나 명백하며, 전혀 부인할 수 없기 때문에 러시아교회 수장의 진술로도 그런 사실을 없앨 수 없다.

몇 가지 사실을 들어보면, 대부분의 교회 건물. 실제로는 (심지어 금, 은 및 귀중한 의례 용품을 포함한) 모든 교회 재산은 교회 건물 및 모든 부속물 소유자인 교구민들의 항의에 아랑곳하지 않고 정부가 압류했으며, 교회 건물은 강제로 폐쇄되었다가 지금은 공산당 클럽이나 창고 등으로 사용되고 있다. 이런 사실을 종교의 자유로 볼 수는 없지 않은가! 게다가 가정 내 교육을 제외하고 5명 이상의 단체로 종교 교육하는 것은 금지했고 이를 어길 경우 가혹한 처벌을 받았다.

이 또한 단속 대상이 되었고 처벌을 받는 일이 비일비재했다. 몇 년 동안 성직자들은 배급 카드를 받아야만 겨우 최소한의 생계 수단을 얻을 수 있었는데 배급 카드를 전혀 받지 못해 (실제로는 굶어 죽기도

하고) "빵 냄새를 잊지" 않을 정도만큼의 최소한의 식량을 배급 받았다 (당시 공산당 지도자였던 지노비예프의 말에 따르면 이들은 나중에 '추방되어' 몰살당했다). 이것 역시 종교의 자유로 보기 힘들다. 또한 교회 건물 밖에서는 종교 의례를 거행할 수 없었다. 1,000명이 넘는 성직자와 신앙심 깊은 교인들이 즉결 체포, 처형되었다. 공식적인 처형 사유는 위선적이게도 '반혁명 활동'이었다.

그러나 순수한 종교적 기능을 (때로는 명시적으로, 때로는 암묵적으로) 반혁명으로 간주했고 또 희생자의 압도적 다수가 실제 반혁명 활동에 가담하지 않았기에 이 같은 공식적 구실은 허위임이 너무나 명백하다. 페테르부르크대학의 몇몇 동료들과 몇몇 친구들 및 지인들은 종교 활동에 적극적으로 참여했다는 이유로 처형당했다. 그들은 실제 반혁명 활동과는 아무런 관련이 없었다.

이렇게 희생한 자들에 대한 정확한 통계 자료는 입수할 수 없다. 혁명의 파괴 시기에 워낙 대규모로 처형이 이루어진 탓에(적어도 50만 명이 목숨을 잃었다) 아무도 그 숫자를 기록하는 성가신 일을 하려 하지 않았다. 종교 박해의 희생자는 평신도 수천 명을 비롯해 주교가 최소 28명, 사제 1,219명에 이른다. 또한 투옥되거나 강제 수용소로 보내지고, 노역 선고를 받은(그리하여 서서히 죽어간) 사람들의 수는 이루 말할 수 없을 정도로 많았다.

독실한 신자들, 특히 성직자들의 자녀들과 친척들은 어떻게 되었을지 생각해 보라. 이들은 '아버지의 죄' 때문에 차별을 받았다. 또한 이들은 시민권과 정치적 권리를 상실하여 고초를 겪었다. 유력한 공산주의 지도자들은 수십 개의 저널과 잡지를 공식적으로 인가하여 재정을 지원하여 아무런 제한을 받지 않고 빈번하게 하나님과 그리스도,

동정녀 및 종교의 모든 기본 가치를 악의적이고 외설적으로 조롱하고 풍자하고 비난하며 곳곳에서 무신론을 선전하고 있다.

'호전적인 무신론자들'은 책자를 간행하고 연설하는 데 그치지 않고, 종종 교회를 습격하여 예배를 방해했으며, (독실한 신도들의 입장에서 볼 때) 공개적으로 신성을 모독하는 행동을 스스럼없이 자행했다. 하지만 끔찍한 처벌의 위협 때문에 그 같은 선전과 활동에 공개적으로 반대할 수 없었다. 선전을 반대하는 활동이나 그 밖의 어떤 저항도 허용되지 않았다.

이와 같이 혁명 초기에 공산주의 정권은 종교를 혹독하게 박해했다. 당시 종교 박해의 심각성은 역사적으로 알려진 종교에 대한 거의 모든 박해에 뒤지지 않았다.

교회가 부흥하여 재건하려는 순간에 불어 닥친 이 같은 박해는 그 외 각종 조치들과 함께 일시적으로 교회에 심대한 영향을 미쳤다. 젊은 세대는 (특히 도시에서) 사실상 종교 교육을 받지 않아서 능동적으로 무신론자가 되거나 적어도 종교에 무관심한 상태로 자랐다. 많은 성인들도 처벌받을 위협에 처했으며, 일정한 특권을 상실하여 대부분 종교적 열의가 식었다. 교회 자체도 (성직자뿐만 아니라 교구민들까지도) 여러 분파로 분할되었다.

특히 공산주의 정부에 비굴하게 추종하는 '새로운 교인'Novo-Zerkovnik과 공산주의 정부에 과격하게 반대하는 단체(물론 이 단체는 해외에 있는 러시아 망명자들 사이에서만 공개적으로 존재할 수 있었다)로 분할된 것이 대표적인 경우다. 총대주교 티콘은 공산주의 정부에 의해 감금되어 이들을 통합할 수 있는 힘을 행사할 수 없었다. 그는 엄격한 감시를 받고 있어서 자유롭게 활동할 수 없었고, 소비에트 당국의 승인을 받지 않은 것은 출간할 수가 없었다. 때문에 그의 목소리는 완전히 침묵 속에 갇혔다. 그는 1925년에 숨을 거두었다. 그의 후임자 총대주교 대행[12] 표트르 주교는 곧바로 체포되어 시베리아로 추방되었다. 이어서 그의 후임자인 세르기우스 주교(이후 대주교)는 어긋나지 않는 한도 내에서 공산주의 정권에 협력하는 방침을 채택했다.

그 같은 방침은 혁명 초기 국면에서 당연히 아무런 효과를 거두지 못한 것이 입증되자 많은 신도들 사이에서 총대주교 대행으로서의 위신을 잃게 되고, 러시아에서는 물론 해외에서도 수많은 신도들 사이에서 그의 권위는 공식적으로 실추되었다. 또한 유럽 전체와 미국, 캐나다 및 그 외 지역 등 해외의 여러 러시아 교회들도 현직 러시아 총대주교로부터 행정 기능이 분리되어 러시아 교회와 유사한 결과가 나타났다.

그리하여 러시아 교회의 통합은 마침내 와해되었다. 러시아 교회의 위계 구조는 수많은 파벌로 분할되었다. 당분간, 러시아 교회는 단일의 신비체Corpus Mysticum를 구성하는 것이 중단되었다.

6. 혁명에 의한 파괴 시대 후 종교의 부흥

역사적으로 심대한 영향을 미친 혁명들은 이미 거대한 격변이 일어나기 전에 이미 빈사 상태에 있어 궁극적으로 소멸하게 될 제도와 가치,

---

12 총대주교는 정식으로 선출된 교회 대의원 - 성직자는 물론 평신도 - 의 구성된 전(全) 러시아 총회에서 선출해야 한다. 소비에트 정권 아래서는 주교단 회의나 총회를 소집할 수 없었으며, 어떤 식으로든 자체의 심의 과정에 필요한 자유를 가지지 못했다. 그리하여 총대주교 티콘 사망 후에 새로운 총대주교를 선출할 수 없었다. 그 대신에 총대주교를 대신하는 '총대주교 대행'을 임명했다. 그런데 1943년에 총대주교직이 복원되어 총대주교 대행이 총대주교로 선출되었다.

관습에 일격을 가하여 무너뜨렸을 따름이다. 건전하고 활기 있는 기본 제도와 가치, 관습은 비록 혁명의 파괴 국면에서 일시적으로 무너지더라도 이 국면이 지나면 순화되어 고상한 형태로 원래대로 되살아나 이전의 모습을 회복한다.

실제로 그 같은 제도와 가치들이 가진 힘은 불가항력적이어서 혁명은 궁극적으로 그 같은 제도와 가치를 인정하고 승인하지 않을 수 없으며, 심지어 그것들을 무너뜨리려고 애쓰는 대신에 그것들을 보존하고 소중히 간직하려고 지속적으로 노력하기까지 한다. 앞으로 보게 되겠지만, 러시아혁명의 파괴 국면 이후에도 많은 기본 제도와 가치에서 그 같은 일이 일어났다. 그 같은 제도와 가치들 가운데 대표적인 것이 러시아 종교 체계다.

1930년대 동안 러시아 교회 및 종교 분야에 대한 정부의 정책은 미미하지만 점진적으로 변화하고 있었다. 우선, 독실한 신자들 수가 그 전에 비해 확실히 많이 줄어들긴 했지만, 신앙을 가진 사람들과 이전에 무신론자였다가 새로 개종한 사람들이 매우 강력한 종교적 열정을 가지고 활기를 띠었다.

다른 많은 계층들 사이에서도 이 같은 변화가 일어났다. 지금까지 다른 어떤 누구보다도 무신론자 또는 불가지론자였던 인텔리겐치아 대부분이 가장 신앙심이 깊은 신자가 되었다. 러시아혁명 이전에는 거의 설교를 해본 적이 없던 대학 교수와 여타 전문직 대표자들이 이제는 교회 회중들에게 설교하고 싶은 충동을 자주 느꼈다. 그 외 분야의 교육받은 계층 사람들도 종교를 가장 중요한 문화적 요소로 꼽고 진심으로 존중했다.

이전에 불가지론자 또는 무신론자였던 사람들도 이제는 종교에 대한 적대적인 태도가 대부분 사라졌다. 모스크바대학 정치경제학 교수 S. 불가코프와 N. 디아이예프가 대표적인 경우다. 이들은 러시아 최초의 유명 마르크스주의자이자 러시아에 마르크스주의를 소개한 몇 안 되는 지식인에 속한다. 혁명 기간 동안 불가코프는 사제로 서품을 받아 파리에 있는 러시아 신학연구소의 책임자가 되었으며, 베르디아이예프는 저명한 종교 사상가가 되었다.

1921년과 1922년 대학 창립 기념일에 페트로그라드에서 많은 교수들과 학생들 앞에서 한 그 작가의 연설 – 이 연설은 종교의 역할을 크게 강조했다 – 은 공산주의자들을 잠재울 만큼 우레와 같은 박수갈채를 받았다(이 같은 일은 러시아혁명 전에는 불가능했다). 농민과 여타 계층들 사이에서도 유사한 변화가 나타났는데 거기에는 심지어 공산당원도 일부 포함되었다.

이 기간 동안 교회 예배에 참석해본 적이 있는 편견이 없는 어느 관찰자가 러시아혁명 이전의 교회 분위기에 익숙해 있었다면 교회 참석자들의 높은 종교적 열정을 보고 깜짝 놀랐을 것이다. 예리한 관찰자라면 초기 기독교 카타콤에 만연했던 분위기, 즉 무한한 종교적 열망과 헌신, 하나님에 대한 믿음 그리고 필요하다면 자신의 믿음을 위해 기꺼이 목숨을 바치는 정신을 느꼈을 것이다.

일각에서는 이 같은 변화가 진정한 의미의 신비주의와 영지주의 형태로 나타났다. 대부분의 경우 그 같은 변화는 순화되고 고도로 영적인 형태로 러시아정교에 헌신하는 모습으로 나타났다. 그중 일부는 의례와 전통 예식을 고수하여 교회 예배에 정기적으로 참석하며 모스크바 총대주교와 그 수장 및 교회 당국의 행정 지침을 따랐다. 또 일부는 주관적인 내적 가치에 더 많은 관심을 두고 의례는 부차적인 것, 즉 목적이 아닌 수단으로 간주하고, 러시아정교의 외형적인 면을 다소 무시하는 경향을 띠었다. 이런 식으로 구분하면 교회 예배의 참석 및 신도 수에 대한 공식 기록에만 기초해서는 러시아에서 종교가 얼마나 부흥했는지를 제대로 파악할 수 없기 때문이다.

사제직 지위와 계층구조에서도 이와 유사한 부흥이 감지되었다. 연약한 사람들, 즉 교회 부서의 관리로서 생계를 꾸려나가는 사람들, 하나님보다 부를 더 중시하는 사람들, 권리를 박탈당하거나 처벌을 받는 것을 두려워하는 사람들 – 이들은 모두 러시아혁명의 격심한 시련을 겪으며 점차 제거되었다. 이런 사람들은 지배계급의 편에 서서 안전을 추구하기 위해 사제직을 그만두고 공산주의 당국에 충성스럽게 복종하는 '속세인'이 되었다.

영적 의무를 최우선시하는 하나님의 진정한 종복만이 성직자 대열에 남았다. 그들은 자신과 조국이 겪은 비극적인 시련을 통해 정화되고 신화(神化)되어 가장 높은 수준의 종교적, 윤리적 지도력의 경지에 올랐다. 그리하여 자신들이 헌신적으로 진심을 다하여 받드는 모든 신자들로부터 더욱 권위와 명성을 얻게 되었다.

성직자 사회와 민중들 사이에서 종교가 부흥함에 따라 (보이지 않는 미묘한 수단을 통해) 자연스럽게 교회가 국가와 정부에 점점 더 많은 영향력을 행사하기 시작했다. 정부가 확고하게 권력을 잡으면서 교회에는 정치적 기능과 구별되는 종교적 기능만 남겨두어 마침내 사악한 '반혁명' 활동을 모조리 근절하려는 편집증적인 히스테리컬한 성향이 사라졌다. 그리하여 정부의 종교 박해 정책이 완화되었다.

사회를 재건하는 막중한 과업을 수행하는 데는 교회의 실질적인 협력이 절실히 필요하다고 생각하게 된 것이다. 강압적인 단속 조치들이 종교를 탄압하는 목적을 달성하는 데는 매우 효과적일지 몰라도 가정을 다시 세우고, 대중을 교육하고, 정직과 이타주의 정신을 가르치고, 예술과 과학, 경제와 정치를 발달시키는 데는 매우 부적절하다는 것이 밝혀졌다.

또한 전쟁이 명백히 임박해져 대중의 충성심과 영웅적인 용기, 숭고하게 희생하는 마음가짐을 불러일으킬 필요가 있을 때는 종교의 협력이 더욱 절실하다. 비록 많은 사람들이 스탈린이나 공산당을 위해 싸워 죽을 각오가 되어 있지 않았지만 일반 병사들은 언제나처럼 조국과 역사의 기본 가치를 위해 기꺼이 희생했다. 그 기본 가치들 가운데 종교가 있었다. 이전의 위기 상황 때와 마찬가지로 교회는 충성심, 용기, 희생정신을 심어주었다.

그 같은 상황에서는 정부의 종교 정책이 점진적으로 변화하지 않을 수 없었다. 우선 종교에 대한 관용적인 태도가 증가하고 이어 종교의 긍정적 가치를 공개적으로 인정했다. 그리하여 러시아를 탄생시키고 외세가 침략하는 암울한 시기에 적에 대항하는 군대를 조직하는 데 도움을 준 알렉산드르 넵스키 대공 같은 지도자들을 비롯한 여러 대주교, 주교, 수도원장, 사제들의 공로를 아낌없이 칭송했다.

이 같은 정책의 변화는 종교를 부흥하는 자극제가 되었다. 공산당의 박해가 약화되자 억압의 위협 때문에 숨어있던 많은 사람들이 교회 울타리 안으로 돌아오기 시작했다. 성탄절 및 부활절 의례를 비롯한 많은 종교적 관습이 회복되었다. 주일과 축제일을 지키는 날이 점점 많아졌고, 심지어 공산당원들 사이에서도 교회에 출석하는 사람이 급격히 늘어났다. 무신론 선전도 누그러지고 곧 자취를 감췄다. 2차 세계대전 중에 무신론을 선전하는 조직은 사실상 해체되었고 간행물은 거의 기능이 중지되어 재무부로부터 더 이상 자금의 상당 부분을 받지 못했다.

히틀러 군단의 침공은 종교 부흥의 엄청난 자극제가 되었다. 나치의 공격은 히틀러의 예상과는 반대로 모든 분파의 러시아 교인들을 하나로 뭉치는, 즉 러시아의 자유와 독립을 위해 조건 없이 싸우기로 결심한 단일체로 결집하는 결과를 가져왔다. 나치가 최초의 공격을 개시하자 교회와 그 지도자들은 곧바로 시민들에게 조국을 지키기 위해 집결할 것을 촉구했다. 이 같은 도발에 대해 신자들은 나라를 지키기 위해 돈과 귀중품, 음식, 의복 나아가 자신들이 가진 것을 거의 모두 아낌없이 바쳤다.

모든 교구민과 사제들이 군대에 합류하여 정부에 충성을 다해 협력했다. 그러자 정부는 참으로 시급한 상황에서 여러모로 도움을 준 교회에 점차 우호적인 태도를 보였다. 정부는 총대주교직의 복원을 승인하고 종교의 자유를 확대했으며 박해를 중단했다.

물론 그 같은 추세가 완전하게 이루어지지는 않았다. 소비에트 당국은 은밀하게 종교에 여전히 적대적이며 의심의 눈초리로 보고 있으며 적어도 냉담한 태도를 취하고 있다. 전쟁이 끝나자 종교에 대한 정부의 적대적인 태도가 증가했다. 그럼에도 불구하고 최소한의 종교의 자유는 보장했다. 정치체제의 이데올로기와 상관없이 종교의 자유는 분명 꾸준히 증가할 것이다. 정부는 강력한 역사적 세력의 압력을 받아 각종 종교 단체와 협력하는 등 점점 우호적인 태도를 취하지 않을 수 없게 될 것이다.

요약하자면, 러시아 종교 체계는 혁명 전부터 오랫동안 점진적으로 쇠락하다가 혁명 초기 국면에서 비극적으로 붕괴되었으나 격심한 위기의 시련을 벗어나 빠르게 부활하여 정화되고 승화되어 활력을 얻었다. 이제 러시아 종교 체계는 어느 나라의 종교 체계만큼이나 잠재적으로 강력하고 엄청난 신앙과 도덕적 힘의 잠재적 자원을 보유하고 있다. 러시아 종교 체계의 현재의 전략적 상황과 내부 구성을 보면 미래의 러시아 종교의 위상에 대한 우려를 불식시키고 러시아 교회 역사의 어느 연대만큼 현저하게 정신이 부흥하고 있다는 것을 알 수 있다.

  결론적으로 러시아 종교와 교회는 수 세기에 걸쳐 사실상 세계의 어떤 종교 체계만큼이나 민주적이었다고 말할 수 있다. 현재 러시아 종교와 교회는 대중의 정신적, 윤리적, 심리적 욕구를 충분히 충족시켜 주고 있다.

제6장

양국의 도덕 기준

1. 러시아

"러시아인의 속을 들춰보면 타타르인을 발견할 것이다!" 사람들의 귀에 익숙한 이 속담은 러시아인은 윤리적으로나 사회적으로 야만이며, 그들에게는 어떤 신성한 도덕적 규범도 없고 어떤 신성한 인간의 법도 신의 율법도 없다는 것을 의미한다. 러시아인은 미개한 스키타이인[1]일 뿐이어서 문명과 문화, 도덕에 심각한 위협이 될 거라고 사람들은 생각한다. 이 같은 주장은 아돌프 히틀러와 그의 '교화 장관' 괴벨스[2]를 비롯해 십자군과 문명의 구원자라고 자칭하는 사람들에 의해 갖가지 형태로 지겹도록 반복되어 왔다.

앞의 장들에서 보았듯이 러시아 민족의 정치적, 사회적, 심리적,

---

1   스키타이인 : 기원전 8세기부터 기원전 2세기까지 현대의 러시아와 카자흐스탄 등 아시아 북서부 일대 스텝 지역에서 존속했던 이란계 유목민족 - 옮긴이

2   괴벨스 (Joseph Goebbels, 1897~1945) : 나치 독일의 정치인으로, 베를린 관구장 및 중앙선 전국장과 국민계몽선전부 장관을 역임. 히틀러의 최측근 심복으로 연설 능력이 탁월해 대중 선동가로 활약함 - 옮긴이

종교적 특성은 위에서 말한 것과 전혀 일치하지 않는다. 산상설교[3] 같은 절대적 도덕 기준에서 보면 모든 민족은 예외 없이 야만인이라는 결론에 도달하게 된다. 지금까지 산상설교에서 구현된 기독교 이상은 소수의 성인들만 완전히 실현했다. 상대적인 도덕성과 사회성 기준에서 보면 러시아 민족은 다른 어느 민족만큼이나 건전하다.

이를 최대한 명확하게 확인하기 위해 사회 도덕의 가장 신뢰할 수 있는 실용적인 척도라 할 수 있는 범죄를 예로 들어보자. 모든 나라에서 범죄와 관련한 통계는 결함이 있다는 것은 말할 필요도 없다. 그럼에도 불구하고 범죄는 가장 근사하게 정확한 판단 척도를 제공한다.

대인 범죄(살인, 살인, 폭행 및 구타, 강간 및 기타 성범죄) 관련 통계를 보든 재산 범죄(절도, 절도, 강도, 위조 등) 관련 통계를 보든 아니면 미풍양속을 저해하는 행위에 대한 기록을 보든 아니면 전체 인구, 성인 인구, 직업 인구 또는 도시 및 농촌 인구의 천 명당 범죄율을 보든 체포, 투옥, 유죄판결에 관한 데이터로 범죄를 측정하든 어느 측면에서 보더라도 (혁명 시기를 제외한) 평상시 러시아의 상대적 범죄 지수는 유럽의 어느 나라와 비교해보아도 가장 낮은 수준이다.[4]

중대 범죄가 부도덕과 반사회적 행동을 나타내는 징후라고 한다면, 러시아는 사회적 비율에서 가장 높다. 이는 혁명 이전의 러시아 형벌 제도가 비교적 온건했다는 점을 더욱 설득력 있게 한다. 앞서 말했듯이, 이미 18세기 중반에 형법전에서 황제 및 황족에 대한 살상 기도

---

3 산상설교 : 서에서 나자렛 예수의 종교적 가르침과 윤리적 교훈을 모아놓은 것. 산상수훈이라고도 함 - 옮긴이

4 예를 들면, 러시아의 범죄 지수는 독일에 비해 현저히 낮다. 고로 히틀러가 '개혁가'라고 자처한 것은 교묘한 위선이다.

를 제외한 모든 범죄에 대해 사형제도를 폐지했다.

이와 관련한 현상에 대한 주된 근거를 찾는 것은 그리 어렵지 않다. 대개 도시 중심이나 산업 중심지가 농촌보다 범죄율이 높다. 농민계급은 일반적으로 전문직 및 그와 유사한 일부 직업군을 제외하고 다른 직업군에 비해 범죄율이 낮다. 더욱이 관습이 안정되어 있으면 관습이 느슨하거나 빠르게 변화할 때보다 윤리적으로 더욱 안정되어 있다. 20세기 이전에 러시아는 농업이 지배적인 발칸반도의 나라들과 마찬가지로 서구 대부분의 나라보다 농업이 더 우세했고, 도시화와 산업화가 덜 진전되었다. 이 같은 사실만으로도 러시아의 범죄율이 상대적으로 낮았다는 것을 충분히 알 수 있다.

1905~1906년 혁명, 특히 1917년 혁명 이후 몇 년 동안 범죄율이 급격히 상승했다. 하지만 어느 나라든지 내부가 혼란하여 사회가 불안정하면 항상 범죄율이 높아지기 마련이다. 이런 점에서 볼 때 당시 러시아의 범죄 기록은 단지 일반적인 역사적 패턴을 나타낼 따름이다. 1917년 혁명의 파괴 국면을 지나가면서 범죄율은 급격히 하락하기 시작했고 곧 혁명 이전의 낮은 수준을 회복했다.

이 같은 부정적인 도덕성 척도에서 눈을 돌려 타인을 위해, 특히 조국을 위해 기꺼이 희생하려는 고귀한 마음가짐 같은 긍정적인 척도에 대해 살펴보자. 2차 세계대전 동안 수백만 명의 러시아인이 자신의 가장 소중한 소유물 — 자신의 생명 — 을 내놓는 이타적이고 영웅적인 희생정신 — 과거에 모든 유사한 위기에 나타나는 전형적인 현상 — 은 러시아 대중의 높은 윤리 수준을 보여주는 반박할 수 없는 증거다(이것은 어느 민족과도 비교할 수 없다).

더욱이 이 같은 희생은 나치의 경우처럼 다른 민족을 착취하고 노예화하면서 이루어진 것이 아니라 정당한 전쟁을 수행하는 가운데서 이루어졌다. 덧붙여 말하면, (제2장에서 지적한 바와 같이) 전통적으로 러시아 정부는 피지배 민족(그 가운에 일부는 무력에 의해 예속되었다)을 매우 공정하고 관대하게 대했다. [러시아의] 지배 민족은 자신의 특권을 극대화하고 부담을 최소화하는 정책을 취하지 않고 오히려 소수민족에게 의무 할당량을 충분히 지급했으며 종종 과도할 만큼 많은 혜택을 부여했다.

이 같은 타인의 안녕을 추구하고 주요 문화적 가치를 보존하려는 희생정신, 즉 두려워하지 않는 용기, 이타적인 헌신, 불굴의 정신과 인내의 정신은 개인의 안락, 부, 신체 건강 및 그 밖의 가치를 희생하여 자신의 직무를 충실히 수행한 의사, 교사 및 여타 전문직 종사자의 행동 등 수많은 형태로 나타났다. 러시아 전문직계급은 전 세계에서 가장 이기적이지 않은 것으로 간주되고 있다.

그 같은 이타주의 정신은 수많은 객관적인 제도에서도 나타났다. 상호부조mutual aid 및 협동co-operation 용어가 [러시아에서 처음 사용된 것은] 러시아가 그 활동 분야에서 최초의 나라이자 가장 모범적인 나라임을 보여준다. 제3장에서 러시아는 경제 분야와 문화 분야에서 협동조합운동이 어느 주요 나라만큼 고도로 발달했으며, 앞으로도 계속 그럴 것이라고 지적한 바 있다. 또 제3장에서 농민들 사이에서는 일상생활에서 상호부조를 정기적으로 실행하고 있다고 말한 바 있다.

크로포트킨의 『상호부조론』*Mutual Aid*을 읽어보면 러시아에서 실행되고 있는 많은 상호부조 사례를 발견할 수 있다. 사회봉사와 자선활동이 제도적 또는 비제도적 형태로 고아와 빈곤층 및 여타 취약계층으로 확대되고 있는데 이는 러시아국민의 도덕의식 수준을 보여주는 또 하나의 징표다. 그 같은 활동은 러시아에 기독교가 도입된 이후에 존재해 왔다.

러시아혁명 이전에 지방자치단체, 지역단체, 젬스트보, 시민단체의 자선기관과 민간 결사체 외에도 정부 부처 안에 그런 취지의 활동을 위한 부서 – 마리아 여황제국(局) – 를 설치했다. 특히 농민들 사이에서는 이 같은 현상이 매일 비공식적, 자발적으로 수백만 건씩 나타났다. 어떤 마을은 농민들의 생활 수준이 아무리 낮아도 뭐라도 가진 것이 있으면 그들은 세계 대부분 나라의 많은 대도시 주민보다 굶주릴 가능성이 작다. 심지어 일면식도 없는 거지와도 음식과 기본 필수품을 나눠 가지는 것을 거부하면 예의가 바르지 못하다고 비난받았다.

그 같은 관습과 민속은 러시아혁명 전에 전체 인구의 약 85%를 차지한 농민에서 전형적으로 나타나는데 이는 그들의 도덕 수준을 보여준다. 세계의 도시와 산업 중심지에서 동정심과 상호부조, 이타주의 정신이 그 같은 정도로 활발하게 나타났다면 빈곤, 고통, 외로움, 절망 그리고 그로 인한 비극적인 부작용 즉 시기와 증오, 범죄와 비행이 훨씬 줄어들었을 것이다.

지금 이 지표를 기준으로 종교, 철학, 문학, 순수 예술을 한 민족의 도덕 표준의 본보기로 조사한다면, 러시아는 다른 어느 민족만큼 높은 수준을 보여준다. 앞서 말했듯이, 보편적 사랑과 동정심은 러시아국민의 기본 원리이자 주된 동기다. 종교와 철학은 말할 것도 없고 러시아 문학과 순수 예술에서는 19세기 중반 이래 윤리문제가 거의 다른 어느 나라의 문학과 순수 예술에서보다 더 큰 비중을 차지했다. 윤리문제를 주제로 날카롭게 분석한 문학 작품하면 대개는 도스토옙스키와 톨스토이를 가장 먼저 떠올린다.

이 시대의 세계문학에서 러시아 문학은 가장 긍정적이고 가장 고귀한 도덕을 탁월하게 묘사하고 있다. 천박함, 윤리적 부정주의 및 냉소주의, 상업적 및 유사 목적을 위한 도덕적 가치의 타락, 비윤리적 쾌락주의 – 이 같은 저급한 도덕성은 러시아 문학과 순수 예술에서는 대부분의 서방 국가의 문학과 순수 예술과 달리 두드러진 역할을 하지 않는다.

국제 약속과 협정의 충실한 이행을 기준으로 외교 관계를 연구하는 역사가는 어느 누구도 러시아가 다른 나라보다 더 자주 또는 의무를 위반했다는 것을 입증하지 못한다. 소비에트 정부조차도 혁명의 파괴 국면이 지나간 이후로는 이 점에 있어서 현대의 어느 나라 정부만큼이나 완전히 신뢰할 수 있다는 것을 보여주었다.

사례를 확대하여 윤리적 기준을 가족생활에 적용해보면. 앞서 살펴본 바와 같이 러시아 가족은 (혁명의 초기 국면을 제외하면) 건실함을 알게 될 것이다.

러시아인들은 사람들을 환대하고, 사교적이고, 친절하고, 정직하고, 근면하며, 일상생활에서 인내와 끈기를 가지고 있다는 것은 굳이 강조할 필요가 없다. 이따금 방문하는 외국인들조차도 이 모든 것에서 러시아국민에게 칭찬을 아끼지 않기 때문이다.

그러면 러시아혁명의 윤리적 측면을 구체적으로 살펴보자. 러시아혁명은 다른 주요 혁명들에 비해 우리의 취지와 관련하여 매우 중요한 한 가지 특성을 가진다. 러시아혁명에서도 유사한 모든 내부 동란과 마찬가지로 초기의 파괴 국면에서는 상당한 인구가 심각하게 도덕적으로 타락했다. 그러나 거기에는 중요한 차이점이 있다는 데 주목해야 한다.

러시아혁명은 미국혁명의 경우처럼 프랑스 혁명군이나 크롬웰 군대[5],

히틀러나 무솔리니 군대와 달리 외국 영토를 침략하여 정복하거나 합병하지 않았다. 러시아혁명의 유해성과 파괴는 국내 영역에 엄격하게 한정되었다. 더욱이, 소비에트 정부는 제정러시아 때 점령한 만주와 그 지역의 모든 이권을 가진 극동 철도를 중국에 자발적으로 반환했으며 또한 핀란드에 완전한 주권을 부여했다. 러시아혁명의 이 같은 특성은 매우 전조적인 현상이다. 즉 러시아는 일시적으로 도덕적, 사회적 질병으로 고통을 겪고 있었음에도 적어도 다른 나라에 질병이 전파되는 것을 자제했다.

러시아는 (전쟁이 끝날 때까지) 자신이 저지른 죄과를 홀로 감내했다. 이것은 나치혁명과는 비교된다. 나치는 충분히 세력을 결집하자 곧바로 가장 잔인하고 비인간적인 방법으로 다른 나라를 예속, 착취하여 노예로 만들고 궁극적으로는 말살하기 위해 공격을 감행했다.

다시 말하지만, 나치즘은 적절하게도 '허무주의 혁명'으로 묘사되어 왔다. 이 같은 특성은 종교 영역을 제외하고는 러시아혁명에는 전혀 적용되지 않는다. 혹자는 러시아혁명이 심각한 도덕적 타락을 유발한 것에 개탄하기도 한다. 그러나 이 같은 현상은 결코 '허무주의'가 아니다. 러시아혁명은 전체 과정을 거치는 동안 강렬한 윤리적 확신과 정서로 충만했다.

러시아혁명은 분명 왜곡되고 오도되고 병리적이긴 했지만 그럼에도 그것은 이상주의였다. 러시아혁명의 최고 목표는 자본주의 체제와

---

5 크롬웰 (Oliver Cromwell, 1599~1658) : 영국의 정치가·군인. 1642년~1651년 청교도혁명으로 공화국을 수립. 1604년 케임브리지 대표 의원으로 활동, 1642년 영국 내전 시 승리하여 호국경의 자리에 올라 1658년 사망할 때까지 전권을 행사함. 입헌주의 정치 발전에 기여했지만, 군사독재자로 비판을 받기도 함 – 옮긴이

그로 인한 착취와 불의 그리고 빈곤과 비참함을 온 세계에서 말살하는 것이었다. 마찬가지로 '프롤레타리아트 독재'도 비록 방향은 잘못되긴 했지만 철저하게 이상주의적인 동기에 의해 촉발되었다.

러시아 반공주의자들의 목적과 목표도 역시 본질적으로 윤리적이었다. 공산주의와 반공산주의 양측 모두 싸우다 목숨을 잃은 수천 명의 사람들은 이기적인 목적을 위해서가 아니라 (아마도 왜곡되긴 했지만) 진정으로 소중한 이상과 윤리적 가치를 지키려 했다. 이 모든 점을 볼 때 러시아혁명은 나치 혁명과는 성격이 정반대다.

더욱이 러시아혁명으로 인해 희생된 사람들의 수가 엄청나긴 하지만 그럼에도 불구하고 나치에 의해 학살된 수천만 명(그중 대다수가 외국인이다)에 비하면 지극히 미미하다.

나치즘의 '윤리'를 그 실제 결과와 관련하여, 특히 침략을 받은 나라와 그 주민들에 대한 처우와 관련하여 냉정하게 연구하면 다음과 같은 결론이 나온다. 요컨대 나치즘이 진정으로 도덕적이라면, 즉 나치즘이 문명과 문화를 구원하는 십자군운동이라면, 차라리 반도덕적이고 비문명적인 것이 나을 것이다. 나치는 인간의 모든 법과 신의 모든 율법, 기본적인 예의범절을 포함한 모든 도덕적 가치를 무시했기 때문이다.

나치가 전 세계에 자행한 대규모 파괴를 생각해보라. 즉 나치가 매우 냉정하고 효율적인 방법으로 몰살시킨 수천만 명의 사람들을 생각해보라. 나치는 단지 파괴를 목적으로 점령한 도시와 마을을 무자비하게 파괴했지만 결국 러시아에서 패퇴한 것을 기억하라. 나치가 어떻게 러시아, 폴란드, 체코슬로바키아, 발칸반도, 프랑스의 점령지에서 그리고 정도가 덜하지만 네덜란드와 노르웨이에서 어린아이까지 포함한 건장한 주민들 수십만 명을 소떼 몰듯이 독일로 잡아가서 고된 노동을 하도록 몰아내 부모를 자녀로부터, 남편을 아내로부터 갈라놓았는지 상기해보라.

또 나치가 어떻게 자국 장교와 병사들의 성적 만족을 위해 수많은 여성과 소녀들을 '매춘 업소'에 넘겼는지 그리고 군사적 또는 전략적 이유에서가 아니라 그저 가학적인 충동을 만족시키기 위해 또는 그러한 '쓰레기'를 제거하여 더 많은 생활권을 확보하기 위해 수십만 명을 학살했는지 상기해보라. 또 나치가 어떻게 부상당한 죄수들을 죽였는지, 나치가 어떻게 실제로 학살되지 않은 사람들을 감옥과 강제 수용소에 가두어 고문하거나 잔인하게 학대했는지, 나치가 얼마나 즐거워하며 (건물, 문서 등) 역사 기념물과 문화 기념물을 파손하거나 훼손했는지, 어떻게 도처에 일련의 빈곤, 기근, 전염병 및 유사한 재난의 계속 남겼는지 등등을 상기해보라.

그러면 칭기즈칸과 티무르제국[6] 및 타타르족을 포함한 과거 야만인의 모든 침략이 '문화와 문명을 위한다는 나치 십자군'보다는 훨씬 더 인도적이고 윤리적이었음이 충분히 분명해질 것이다. 실제로 역사적으로 나치의 침략에 의한 파괴, 잔혹성, 잔인성, 야만성에 버금가는 적절한 유사한 사례를 찾는 것은 어려울 것이다. 나치의 잔인성을 금수 같다거나 야만적이라고 부르는 것은 어쩌면 짐승과 야만인을 모욕하는 것일 수도 있다.

나처럼 5년 동안 공산주의 혁명에 의해 자행된 최악의 악행 — 그것은 정말 끔찍했다 — 을 목격한 사람이라면 누구라도 공산주의의 야만성과 잔혹성이 나치보다 오히려 훨씬 더 낫다는 결론을 내릴 것이

---

[6] 티무르제국 : 14세기 후반에서 15세기 말까지 몽골제국을 계승하여 중앙아시아 지역 대부분을 지배한 국가 - 옮긴이

다. 러시아혁명의 파괴 국면이 끝나고 러시아가 도덕성과 예의범절의 정상적인 기준 ― 인간의 법과 신의 율법, 규범, 가치의 존중 ― 을 회복한 시기에 히틀러가 침공을 개시했다는 사실에 비추어 볼 때 괴벨스의 선전은 완전히 불합리하다는 것이 더욱 명백해진다. 따라서 나치 '십자군'은 인류 역사상 완전하고 온전하게 도덕을 타락시킨 몇 안 되는 사례 중 하나다.

요컨대 모든 인정된 도덕 기준으로 판단할 때 러시아는 세계 최고의 국가들만큼 품위 있고 법을 준수하며 자기희생적이며 영웅적이라는 것이 역사 과정을 통해 입증되었다.

2. 미국

미국은 이 같은 측면에 대해서는 특별하게 옹호할 필요가 없다. 미국의 최악의 적들조차도 미국을 도덕적으로 열등하다고 비난한 적이 없다. 대신 그들이 미국을 비난할 때는 미국은 '월스트리트-유대인 금권정치'가 지배한다는 허구에 근거한다. 그렇게 비난하면 비난한 사람에게 화살이 되돌아간다. 미국의 사회생활과 정치생활에 위선적인 요소와 금권정치가 어느 정도 존재하는 것은 분명한 사실이다. 하지만 이 같은 결함이 없는 나라가 어디 있겠는가?

따라서 우리가 고려할 점은 그런 현상의 규모와 질적 측면을 비교하는 것이다. 이러한 관점에서 보면 미국의 금권정치는 전 세계에서 아마도 가장 건전하고 건설적일 것이다. '대부호' 산업 및 금융 총수들(카네기, 록펠러, 포드 등)은 수백만 명에게 혜택을 가져다준 광대한 기업 제국을 건설한 인물이라 할 수 있다. 그들은 막대한 재산을 축적했지만 대부분의 재산을 (미국과 외국에) 과학, 철학, 교육, 윤리, 순수 예술, 공중 보건 등 공공 서비스를 위한 대규모 재단을 설립하는 데 자발적으로 헌납했다.

그보다 규모는 작긴 하지만 평범한 부유층들도 그 같은 일을 해왔다. 사회사업과 자선, 종교, 문화, 교육, 과학 사업 및 유관 사업 등 엄청나게 많은 부분이 미국의 크고 작은 '자산가들'의 기부에 상당히 의지해 왔다. 어느 나라도 사회적으로 유익한 '기업 제국'이 그만큼 크게 발달한 사례와 그에 따른 경제적 제국 건설 과정에서 축적된 부의 막대한 양을 사회에 환원한 사례를 찾아볼 수 없다. 공교롭게도 러시아의 신생 '부호들'에서도 유사한 사례를 찾아볼 수 있다.

다른 나라들도 인구에 비례하여 미국만큼 많은 부호를 배출했지만 불행하게도 미국만큼 '금권정치'의 미덕을 보여주지 못했다. 그 나라들은 모두 종종 사회적으로 그리 유익하지 않은 방법으로 돈을 벌어들였으며, 미국의 사업가들보다 더 많은 양을 자기 이익을 위해 비축했다. 이런 점에 비추어보면 미국의 금권정치는 세계의 모든 금권정치 중에서 가장 창의적이고 가장 관대하며 가장 도덕적이라 할 수 있다.

나치를 비롯한 그 외 독재 정부의 공식적 금권정치가 미국 대부호들에게서 전형적으로 나타나는 창의성, 독창성, 조직 능력 및 관대함을 조금이라도 보여주었다면, 그들 나라의 운명은 히틀러, 괴링[7], 괴벨스 및 그들의 심복 같은 잔인한 부호들의 멍에 아래 있을 때보다는 덜 비참하고, 덜 가난하고, 백성으로서 인간의 존엄성을 존중받는 등 훨

---

[7] 괴링 (Goering, 1893~1946) : 독일을 나치 경찰국가로 만드는 데 핵심적인 역할을 한 인물. 뉘른베르크 국제군사재판에서 전범으로 교수형을 선고받았으나 사형이 선고된 날 밤 극약을 먹고 자살함 - 옮긴이

씬 더 행복했을 것이다.

　미국이 비난받는 또 하나의 죄과는 제국주의다. 미국은 여느 강대국과 마찬가지로 이 같은 결함에서 완전히 자유롭지 못한 것은 분명하다. 그러나 제국주의는 여러 가지가 있다. 미국은 1차 세계대전에 '제국주의'로 참전했지만 동시에 모든 영토 또는 그 외 이기적 이익을 단념하겠다고 명시적으로 선언했다. 이는 인간의 법과 신의 율법을 모두 위반하면서 손에 닿는 것은 모두 차지한 히틀러의 독일, 무솔리니의 이탈리아 및 그 외 많은 열강들과는 근본적으로 다른 종류의 제국주의다.

　다시 말하지만, 미국은 필리핀인을 자기 보호 아래 두고, 그들의 정치, 사회 및 여타 제도를 발전시켰으며, 그들에게 무제한의 자유와 국가 주권을 자발적으로 부여했다는 점에서 '제국주의'이다. 그렇지만 이 같은 종류의 '제국주의'는 천국과 지옥이 근본적으로 다르듯이 이를 비방하는 자, 특히 추축국에서 비방하는 자의 제국주의와는 근본적으로 달랐다. 일부 유형의 제국주의는 지금까지 불가피했기 때문에 어느 누구도 실제로 존재한 다른 모든 유형의 제국주의보다 미국식 제국주의를 선호하는 데 망설이지 않는다.

　미국의 조직 폭력 및 범죄도 종종 도덕적으로 타락한 또 하나의 증거로 거론되고 있다. 이에 대한 비난은 즉시 해당 현상을 건전하게 분석하지 않고 그 규모를 엄청나게 과장한다. 객관적으로 보면 미국의 조직 폭력은 특수한 상황에서 극소수 사람들의 집단에만 국한된 전적으로 일시적인 현상이다. 조직 폭력은 몇 년 안 되어서, 특히 금주령이 해제된 후 대부분 사라졌고, 지금은 대체로 불쾌한 기억으로 남아 있을 뿐이다.

　더욱이 제대로 분석해보면, 미국의 범죄율이 높게 나타나는 것은 금주법 위반, 교통법규 위반 및 이와 유사한 범죄가 많기 때문이다. 미국의 중대 범죄율은 고도로 산업화된 대부분의 사회와 거의 같거나 약간 더 높을 따름이다.

더욱이 미국 국민은 물질주의에 젖어 있다고 비난받아 왔다. 그런데 그 같은 비난은 물질주의라는 용어가 무엇을 의미하는지 그리고 물질주의가 다른 나라보다 미국에서 더 널리 퍼져 있는지를 보여주지 못했다. 대부분의 경우 그런 비난은 물질적으로 넉넉하지 못한 사람들이 부유한 이웃을 시기하는 것을 표현한 것에 불과한 것으로 밝혀졌다. 더욱 순진한 것은 그 외 도덕적 타락에 대한 비난인데 이것은 진지하게 고려하기에는 너무 유치하다.

한 민족의 전체 윤리적 특색은 부정적인 면만 있는 것이 아니라 긍정적인 특색과 함께 구성되어 있다는 점에 유의해야 한다. 미국 국민의 긍정적 도덕적 특성을 결점과 함께 고려하면 미국 국민의 도덕 표준은 절제가 있고 때로는 뛰어나게 이타적이며 때로는 과감한 것으로 나타난다. 미국인의 중요한 윤리적 자산은 첫째, 미국인들은 기독교의 윤리적 교훈은 영원히 유효하며 그 어떤 반대의 원리로도 대체할 수 없다고 확고하게 확신한다.

이 같은 확신은 나치 지도하의 독일인과 혁명의 파괴 국면의 러시아인처럼 극심하게 도덕적으로 타락하는 것을 방지해 준다. 미국인들도 권리를 침해하는 경우가 있긴 하나 산상설교의 유효성을 부인하지는 않는다. 둘째, 미국 헌법에는 윤리적으로 모든 인간은 도덕적 존엄성에 있어서 평등하고 존중받고, 각자의 장점에 기초하여 판단을 받으며, 기회의 평등과 최소한의 경제적, 교육적, 문화적 혜택이 주어진다고 공식화되어 있으며 실제 사회생활에 상당 부분 적용되고 있다고 미국인들은 진정으로 확신한다.

방종과 구별되는 자유 정신, 윤리적 및 사회적 관계에서의 현저한 공정성의 정신, 서로 다른 가치들이 적극적으로 부도덕하지 않고 사회적으로 해롭지 않더라도 진정으로 관용을 베푸는 정신, (제3장에서 논의한) 국제적 형제애를 실현하려는 노력, (겉으로는 잘 드러나지 않지만) 미국인 사회생활 밑바닥에 깊숙이 흐르고 있는 실용적인 이상주의와 관대함, 다른 어떤 나라에서도 거의 알려지지 않은 규모의 자발적인 민간 자선활동 및 사회봉사의 엄청난 발달, 그에 따른 두드러진 국제구호활동, 극심한 계급증오 및 계급투쟁의 상대적 부재 등이 미국 사회에 깊숙이 존재한다. 이 같은 특성 외에 그 밖의 윤리적, 사회적 특성을 적절하게 평가하면 미국은 비록 많은 결함을 갖고 있더라도 사과를 요구하지 않아도 될 것 같다.

    이 장의 최종 결론은 미국과 러시아 두 나라 국민 모두 적어도 다른 나라 국민만큼 높은 도덕 표준을 보이고 있다는 것이다.

3부

상호 영향

제7장

두 나라의 창조적 개화

제8장

양국이 각자의 사회구조
생활에 미친 영향

제9장

혁명의 파괴 국면 이후의 러시아

제7장

두 나라의 창조적 개화

1. 유례없는 비약적인 발전

지금 비교하고 있는 두 나라 사이의 많은 유사성 가운데 각별히 주목할 점이 있다. 그것은 특히 19세기 중반 이후 두 나라 모두 놀라운 속도로 발달했다는 사실이다. 두 나라는 괄목할 정도로 발달하고 창조적 힘을 크게 발휘하여 매우 짧은 기간에 완숙한 국가가 될 만큼 두 나라의 창조적 힘의 속도와 규모는 세계의 거의 모든 국가를 능가했다. 물론 영국이나 독일 같이 발달한 나라들도 있긴 하지만 미국과 러시아에 비하면 발달 속도와 규모가 현저히 낮았다.

다른 나라들 가운데 프랑스 같은 나라는 이전 시대의 수준을 유지했을 뿐 그다지 성공하지 못했으며, 오스트리아 같은 일부 제국은 사실상 쇠퇴 조짐을 보이고 있었다. 일본의 서구화만 지금 논의하고 있는 두 나라의 문화적 개화에 비견할 만하다. 그러나 일본의 이 같은 급속한 서구화는 주로 서구의 기술, 비즈니스 방법, 최악의 제국주의 형식을 도입하거나 모방하여 이루어졌으며, 일본은 이 같은 분야에 기여한 바도 없을 뿐만 아니라 일본의 종교와 윤리, 철학, 순수 예술, 관습 및 예의범절에서는 아무런 괄목할 만한 부흥도 일어나지 않았다. 문화 분야에서 일본은 자신의 전통적 가치를 유지하거나 서양을 그대로 모방했다.

이 같은 사실에서 볼 때 이 기간에 이루어진 미국과 러시아의 창조적 개화는 다른 어느 나라와도 견줄 수 없다.

19세기 중반 이래로 미국이 경제, 기술, 사회문화 분야에서 진보한 것은 일반적으로 세간에 잘 알려져 있지만, 이 기간 동안 러시아가 그에 비견할 만큼 번창한 것에 대해서는 잘 알려져 있지 않았다.

세간에는 러시아는 침체되었고 이 같은 후진성이 러시아혁명이 일어난 진정한 원인이라는 견해가 통용되고 있다. 이 같은 침체와 후진성이 러시아혁명이 일어난 주요 원인이라는 신화는 사회과학자와 정치가들 사이에 유행하는 통속적인 신화 중 하나로 일반인들 사이에 거의 보편적으로 수용되고 있다. 실제 상황은 그와는 정반대다. 일반적으로 혁명은 침체기에 일어나지 않고 매우 급속한 변혁과 변화가 일어날 때, 또는 종종 엄청난 문화부흥이 일어날 때 일어난다.

그리스의 경우가 그러했다. 그리스에서는 그리스 문화와 창의성이 최고조에 이른 기원전 5세기와 4세기에 혁명의 빈도가 절정에 달했다. 로마도 동일한 양상을 보였다. 로마에서 혁명이 가장 많이 일어난 시기는 기원전 1세기, 기원후 1세기와 3세기인데, 이 시기에, 특히 기원전 1세기와 기원후 1세기에 로마의 사회문화의 창조성이 절정에 달했다. 마찬가지로 유럽도 13세기에서 16세기에 걸친 르네상스와 종교개혁 시기에 대륙 전체에서 20세기의 혁명을 능가하는 규모로 내부 소요가 일어났다.[1]

널리 통용되고 있는 이 같은 규칙은 비록 보편적이지는 않지만 러

---

1 이와 관련한 데이터는 졸고 *Social and Cultural Dynamics*, Vol. 3.를 보라.

시아와 러시아혁명에서 잘 예증되고 있다.[2] 러시아의 놀라운 발전은 19세기 중반 이후에 시작되어 19세기 말과 금세기 초에 정점에 도달했는데 여기에는 몇 가지 두드러진 특징이 있다.

2. 러시아의 인구 성장

러시아 인구는 1851년 6,700만 명에서 1897년 1억 2,900만 명으로, 1914년에는 1억 7,600만 명으로 수적으로 크게 증가했다. 이 같은 전례 없는 인구증가는 이민에 의한 것도 아니며 새로운 지역과 인구가 러시아에 편입한 데 따른 것도 그리 많지 않다. 높은 인구 증가율은 주로 높은 출생률이 사망률을 크게 초과하여 자연적인 인구 성장에 따른 것이다. 이 같은 점에서 볼 때 러시아의 인구 성장은 서구의 어느 강대국과도 견줄 수 없는 실로 독특한 현상이다.

1차 세계대전 발발과 함께 이 같은 인구 성장 추세가 일시적으로 역전되었으며, 전쟁 기간 동안, 특히 혁명의 파괴 시기인 1918년부터 1922년까지 인구가 실질적으로 감소했다. 연평균 약 300만 명의 인구가 증가하던 것이 1918년에서 1922년 사이에 약 1,300만~1,500만 명이 감소했고, 더 길게 잡아 1914년에서 1922년까지는 약 2,000만 명이 감소했다.

이 같은 역전은 전쟁과 혁명으로 인해 많은 인명이 손실되었고, 기아, 전염병, 극심한 고난으로 인해 사망률은 크게 증가한 반면 출산율은 현저하게 줄어든 탓이다. 그렇지만 최악의 파괴 상황이 지나자 곧

---

[2] 다음을 보라. N. S. Timasheff, "On the Russian Revolution", *Review of Politics*, July, 1942.

바로 러시아 인구는 놀라울 정도로 활력을 되찾았다. 1923년 이후 사망률은 상당히 떨어졌고 출생률은 혁명 이전 수준으로 상승했으며 인구의 급속한 증가 추세가 혁명 이전 수준으로 회복되었다. 혁명 이후 러시아의 순 재생산 비율은 세계 어느 나라보다도 높았다(1.7). (대부분의 나라에서 순 재생산 비율은 0.67에서 1.5 사이다.)

질적 면에서 볼 때 러시아인의 건강과 활력은 세계 최고 수준이다. 혁명의 파괴 기간을 제외하면 이 기간 동안 학교 어린이와 러시아 군대(러시아는 보편적 의무 복무다)의 신병과 일반인의 건강 검진을 보면 선천성 질병에 있어서 러시아인 대부분의 건강과 활력은 비교적 높은 수준이다. 러시아인은 서구의 많은 나라 사람보다 열악하고 덜 위생적인 조건에서 살았음에도 불구하고 여전히 전 세계에서 가장 튼튼하고 타고난 활력을 가졌다.

현재 서구 나라들은 낮은 출생률이 지속되고 러시아는 현저하게 높은 자연 인구증가가 계속 유지된다면, 러시아 인구는 증가할 뿐만 아니라 갈수록 정체되거나 감소하고 있는 서구 나라 인구를 능가할 것이다. 인구가 감소한 나라는 대개 문화가 쇠퇴했다는 점을 감안하면 이 같은 불균형이 장차 엄청난 결과를 초래한다는 것은 자명한 사실이다. 낮은 출생률과 문화의 개화 사이에 상관관계가 있다는 산아제한 열성 지지자들의 순진한 낙관적인 가정은 그리스-로마의 인구가 감소한 고전적 사례가 확실하게 입증하듯이 역사적 사실이 뒷받침해주지 않는다.

3. 러시아 사회정치의 발전

러시아의 사회정치 구조는 지난 90년 동안 상당한 변화를 겪어 왔다. 초기에는 절대군주제였다가 1906년에 입헌군주제로 바뀌었으며, 공산주의 혁명 직전인 1917년에 연방공화국으로 변모했고, 마침내 소비에트연방공화국으로 개편되었다.

같은 시기에 러시아는 1861년 법률에 따라 그간 사회적, 윤리적 암으로 지목된 농노제를 폐지했다. 러시아는 1861년, 1886년, 1905~1908년, 1917년의 개혁으로 법률상으로도 실생활에서도 귀족을 시작으로 농민으로 끝나고 계층마다 서로 다른 계급, 특권, 의무를 가진 여러 계층으로 구성된 사회에서 모든 시민이 법률상으로 평등하고 각자의 재능과 능력을 실현하는 평등한 기회를 갖는 사회가 되었다. 여러 계층 또는 계급 간의 법률상 및 실생활에서의 불평등은 단계적으로 폐지되었다.

귀족은 1861년 및 그 이후의 개혁으로 치명적인 타격을 입었다. 그 이후로 귀족은 사회적으로도 법적으로도 사멸했다. 귀족의 주요 재산은 토지였는데 1861년 농노해방 이후에 남은 토지마저 신속하게 농민 수중으로 넘어갔다. 1917년 혁명 직전에 러시아 경작지의 8~10%만이 옛 귀족의 수중에 남았다. 이것은 대부분의 서구 국가의 상류층과 (비농업) 중산층이 소유한 경작지 비율보다 적다. 러시아에 대해 피상적으로 알고 있는 작가들은 대개 혁명 이전에는 거의 모든 토지가 귀족 수중에 있었고 실제로는 혁명에 의해 농민들에게 토지가 돌아갔다고 주장한다.

이 같은 신화는 전술한 내용에 비추어 볼 때 명백히 허구다. 러시아혁명이 농민의 토지에 추가한 것은 별로 없다. 다른 모든 권리에 있어서도 농민은 혁명 훨씬 이전에 다른 시민들과 동등해졌으며, 1906년 이후 러시아에서 '농민'(peasant)이라는 표현은 더 이상 특수한 신분을 의미하지 않았고, 미국에서처럼 농업 종사자 또는 농업 노동자계급을 의미했다.

　같은 시기에 자유가 제한된 러시아는 민주주의 국가에서 볼 수 있는 언론, 집회, 종교, 결사, 조합의 자유 등 모든 주요 자유를 갖게 되었다. 1906년 헌법 제정 이후에 이 같은 자유는 모두 다른 많은 나라들보다 일부 면에서는 더 많이 도입되어 시행되었다. 차르 체제의 폭정을 두고 현재 통용되고 있는 견해는 1861년 이전 시기에 적용하면 어느 정도 타당하나 1861년에서 1906년 기간에 적용하면 근거가 매우 빈약해진다. 그 후로 차르 체제의 주된 폐해는 독재와 폭정이 아니라 무능력과 우유부단, 무기력에 있었다.

　차르 체제의 그 같은 점에 대해 언론과 공공집회, 두마(러시아 의회), 대학 강의 등에서 공개적으로 비판할 때는 미국에서 가장 냉혹한 반대자들이 미국 정부를 비판할 때보다 훨씬 날카롭고 통렬했다. 만약 러시아에서 차르 체제를 비판하는 것만큼 심하게 미국 정부가 비판을 받는다면 우리의 감수성은 심하게 충격을 받게 될 것이다. 차르 정부가 반대 정치인들을 잔인하게 대한 것에서도 동일한 변화가 일어났다. 사회혁명당, 사회민주당, 공산당을 비롯한 각종 사회주의단체와 혁명단체들이 공개적이고 합법적으로 두마에 대의원과 대표단을 두었다. 온건한 재야 정치단체를 비롯한 이들 정당은 모두 1906년 이후로 각자 신문, 잡지, 서적을 합법적으로 출판했다.

　요컨대, 1906년 이후로 러시아에서 언론과 사상의 자유는 대부분의 민주주의 국가만큼 광범위해졌다. 구체제의 전형적인 무기력은 일관성 없는 인도주의와 혼합되어 특히 1906년 이후의 형사 정책에서 구체적으로 드러났다. 이 형사 정책은 혁명 활동과 같은 정치 범죄에도 일반 범죄와 동일하게 적용되었다. 이 같은 인도주의를 보여주는 중요한 지표는 18세기 중반 이후로는 1급 살인범에 대해서도 사형을 실행하지 않았다는 사실이다. 물론 차르 및 차르 직계 가족의 살해 시도나 계엄령 기간의 폭력 행위에 대해서는 사형에 처했다.

그러나 대통령 또는 국왕의 생명에 위협을 가하는 범죄나 계엄령 기간에 저지른 폭력에 사형선고를 하는 것은 모든 민주주의 국가에서도 일상적으로 있는 일이며, 미국도 예외가 아니다. 이 같은 범죄에 대해서도 차르 가문의 대표자들은 살인범에게 다른 어느 나라에서도 상상할 수 없는 정도로 연민과 동정심을 표했다. 세르기우스 대공의 아내가 남편을 죽인 살인범 칼리아예프에게 보여준 태도가 그 적절한 예다. 배심원이 그 같은 범죄에 대해 판결할 때 정치적 살인범은 때때로 완전한 무죄로 석방되었다.

계엄령 기간에 총독에게 부상을 입힌 유명한 혁명가 베라 자술리치[3]가 그런 예다. 그녀의 변호인은 그가 범죄를 저질렀다는 사실을 전혀 부인하지 않았는데도 무죄로 확인되어 혐의를 벗어났다. 다른 경우에도 정치범들에 대해서는 20세기의 구체제에서는 매우 온건하게 대했다. 약간 과장해서 말하면 정치범을 추방하거나 투옥할 때는 대부분의 비용을 지불해서 휴가를 보내는 것에 가깝다고 할 수 있다.

실제로 대학교수들을 수감할 때는 대개 그런 식이었다. 우리는 감옥이나 유배지에 있을 때 공부하고 연구할 시간이 풍부했다고 말하곤 했다. 실제로 많은 연구와 책들은 바로 이 같은 상태에서 완성되었다.[4]

---

3 베라 자술리치 (Vera Ivanovna Zasulich, 1849~1919) : 러시아 혁명가. 귀족의 딸로 태어나 1868년 혁명가가 되어 1883년 최초의 러시아 마르크스주의자 조직 노동해방단의 창립회원이 됨. 러시아 사회민주노동당에 가입, 멘셰비키를 지지함. 1908년 이후 합법적인 정치활동을 하며, 1917년 볼셰비키의 권력 장악을 반대함 - 옮긴이

간혹 몇몇 관료들이 무분별한 3등급 조치를 취하기도 했는데, 이 같은 폐습은 어느 형벌제도에서도 찾아볼 수 있다. 그 같은 경우는 예외였지 일상적인 일은 아니었다. 정치범은 일반 범죄자와 신중하게 분리하여 완전히 다른 방식으로 대했다.

구체제의 형벌 수단이 극도로 잔인했다는 견해가 널리 통용되고 있는데(이 같은 견해는 케넌[5]과 그 외 저자들의 저작에 의해 대중화되었다) 그 같은 견해는 19세기 후반에 적용하면 어느 정도 사실적 근거가 있다. 그러나 그 같은 형벌 제도는 이미 시대에 뒤떨어졌으며 그 이후로는 그렇지 않았다.[6]

요컨대, 빈사상태의 차르 체제가 안고 있는 주요 결함은 잔인함과 폭정에 있는 것이 아니라 무기력과 우유부단, 어리석음에 있었다. 1906년 이후로 차르 체제는 서서히 숨을 거두고 있었다. 혁명이 일어나지 않았더라도 구체제는 폐지되었거나 아니면 군주가 통치는 하지만 지배하지 않는 영국의 패턴을 어느 정도 닮은 자유주의 군주제로

---

4 나는 구체제에서 세 차례 투옥되었다. 코스트로마(Kostroma) 주 키네슈마(Kineschma)에서 첫 번째 투옥되었을 때 우리는 교도소장 사무실에 자유롭게 출입하여 전화와 그 밖의 시설들을 사용할 수 있었다. 실제로 우리는 감옥을 매우 신속하게 전(全) 도시에서 열렬한 혁명 문학을 보관할 수 있는 가장 안전한 장소로 바꾸어놓았다. 차르 제제에서 내가 투옥된 다른 감옥들도 대개 비슷한 상태였다. 이와 대조적으로 1918~1922년 소련 체제에서 투옥되었을 때는 상황이 훨씬 나빴다. 우리를 아주 잔인하게 대했다. 코코시킨(Kokoshkin) 교수와 싱가레프(Shingareff) 교수(케렌스키 정부 장관) 등 정치적 동지 중 몇 명은 교도소 병원에서 볼셰비키 간수에게 살해당했다. 우리의 목숨도 끊임없이 위협을 받았다. 차르 체제 감옥이 낙원이라면 그에 비해 공산주의 감옥은 지옥이었다.

5 케넌 (George Frost Kennan, 1904~2005) : 미국의 외교관·역사학자. 1947년 『포린 어페어스』에 소련의 팽창주의에 맞서 '봉쇄정책'을 옹호하는 글을 기고하여 큰 영향을 미침. 이후 고등연구소 역사학 종신교수가 되어 많은 글을 씀. 『러시아, 전쟁을 떠나다』, 『회고록』으로 퓰리처상과 전미(全美) 도서상을 받음 - 옮긴이

6 나는 이것을 개인적인 경험에 근거해서 뿐만 아니라 (사회학으로 전공 분야를 옮기기 전 첫 번째 전공 분야인) 형법 및 소송절차 교수로서 진술하고 있다.

변모했을 것이다.

요약하자면, 러시아는 현저하게 짧은 시간 안에 대부분의 공화국의 민주주의 체제와 사실상 동등한 사회정치 체제를 발전시킴으로써 '후진성과 무기력'을 만회했다. 1차 세계대전이 발발하지 않았다면 러시아는 아주 자유롭고 번영하는 창조적인 국가로 변모하는 과정이 혁명 없이 평화롭게 이루어졌을 것이다. 러시아가 불안정해지고 모든 동요에 민감해진 것은 러시아의 재건 과정의 속도가 매우 빨랐기 때문이다. 대규모 전쟁은 이 같은 불안한 균형을 뒤흔들어 결국 혁명으로 귀결되었다.

공산주의 혁명의 초기 국면은 모든 대규모 혁명이 그렇듯이 모든 것을 거꾸로 되돌려놓았다. 기본적인 자유와 자립이 말살되고, 케렌스키 정부가 수립한 민주적인 공화제 체제가 공산주의 통치자에 의해 독재로 변모했다. 기본적인 인권과 시민권이 짓밟히고, 생명의 안전 및 그 어떤 권리도 존중받지 않았다. 공산주의 정부의 모든 적들은 물론이고 적으로 의심되는 사람들까지도 학살당하고, 추방, 투옥되었다.

한 마디로 무제한 공포 및 살육 체제였다. 다행히도 혁명의 파괴 국면이 지나가면서 대규모 테러는 점차 줄어들었다. 러시아혁명은 특권층과 부유층에 이어 중산층을 차례로 절멸시키고 최종적으로 공산주의자들 자신을 잇달아 숙청했다. 더 이상 제거할 집단이 남아 있지 않았다. 1940년에는 아직 혁명 이전의 자유를 회복하지는 못했지만 개선 과정이 상당히 진전되었다. 2차 세계대전이 발발하면서 이 끔찍한 전쟁에 연루된 다른 모든 국가들과 마찬가지로 러시아에도 새로운 상황이 나타났다. 물론 러시아의 전시체제는 계엄령 체제였기에 온화함과 자유주의, 인도주의를 기대할 수 없었다.

그러나 국가적 필요에 의해 생겨난 엄격한 체제는 끔찍한 공산주의체제와는 전혀 달랐다. 전쟁이 끝난 후 '냉전'이 이어지면서 공산주의 체제에서 추가적으로 이탈하는 것을 막아주었으며, 전제주의의 부활을 가져다주었다. 국제적 긴장 상태가 종식되어야 공산주의체제에서 이탈하여 진정으로 자유로운 정치체제가 수립될 수 있다.

이와 같이 러시아는 약 90년이라는 짧은 기간 동안 사회정치 재건 과정에서 격심한 변동을 겪어 왔다. 이 분야는 물론이고 다른 분야에서도 러시아국민은 괄목할 정도로 창의력을 발휘했다. 우선 러시아는 대규모 사회개혁을 질서정연하고 평화롭게 수행했다. 1861년과 그 이후의 사회개혁은 지금까지 평화적으로 이루어진 개혁 중에서 가장 탁월하고 성공적인 실험 중 하나로 꼽힌다. 그 사회개혁들은 러시아를 정치적, 경제적, 사회적, 문화적, 도덕적으로 위에서부터 아래까지 유혈 사태나 내란 없이 개편했다.

그 성과는 지당하게도 역사가들에게 '대개혁'으로 알려졌다. 그것은 러시아도 어느 나라 못지않게 질서정연하고 평화롭게 대규모로 사회를 재건할 수 있는 능력이 있음을 보여주었다. 더욱이 이 개혁들은 독창적이었다. 그 개혁들은 단지 다른 나라의 제도를 모방한 것이 아니었다. 새로운 법률 및 사법 제도, 젬스트보를 비롯해 많은 문화 기관을 창설하는 등등의 성과는 여러 면에서 독창적이었다.

러시아는 소비에트 정권을 수립한 데서도 더욱 크게 독창성을 보여주었다. 공산주의 초기 단계에서 나타난 러시아혁명의 잔학행위가 비록 파괴적이고 끔찍하긴 했지만 소비에트 정권은 18세기 말 이후 새로운 사회-정치 체제를 창조하는 아주 독창적인 네 가지 실험 중 하나임은 틀림없다(러시아혁명은 적어도 러시아가 인류가 지금까지 알고 있는 만큼 위대한 혁명을 일으킬 수 있다는 것을 보여주었다).

첫 번째 독창적인 창조물은 미국혁명과 프랑스혁명에 의해 탄생한 민주공화정이다. 두 번째 위대한 발명품은 앵글로색슨족이 건설한 대영제국에 의해 지난 30년 동안 발전하여 지금 완성 중에 있는 자유연방국가다. 세 번째 위대한 실험은 국제연맹, 헤이그 국제재판소, 국제연합인데 이 같은 시도들은 지금까지는 부분적으로만 성공했다. 네 번째 위대한 실험이 바로 소비에트 체제다.

소비에트 체제는 수립 과정에서 유혈적인 방법을 수반한 것을 제외하고 그것의 내재적 가치를 고려하면 확실히 가장 급진적이고 독창적인 사회정치적 혁신이라 할 수 있다. 소비에트 체제는 정치적 및 경제적, 사회문화적 민주주의의 확립을 목표로 하고 착취를 제거하며, 순수한 민주주의 정치체제보다 훨씬 급진적인 정의를 추구한다. 소비에트 체제는 현대의 기술의 중앙집중화, 대규모 생산 및 관리의 이점을 지역 집단의 자율성과 결합하고, 집단주의의 장점과 자유, 자기표현, 개인 주도성의 장점을 융합하며, 전제적인 정부 관료제와 자유를 조화시키려고 시도한다.

지금까지 소비에트 체제는 이 같은 과업 중 일부는 실패했지만 일부는 지대한 활력과 성공 가능성을 보여주었다. 소비에트 체제는 역사의 의제에 어느 정도 '적중'했다. 이것이 러시아에서 소비에트체제가 확립되는 데 성공한 이유일 뿐만 아니라 다른 많은 나라에서도 그것이 변형된 형태로 확산되고 모방되고 있는 이유다. 그 중 가장 대표적인 사례가 파시즘과 나치즘이다. 이것들은 모두 소비에트 러시아에 대항하는 '십자군'임을 자처했지만 그럼에도 불구하고 그 두 체계는 소비에트 모델을 모방하여 변형한 것에 지나지 않는다.

그 둘 모두 소비에트 모델의 모든 본질적인 특성, 가끔은 아주 미세한 세부 사항까지 차용했으나 전반적으로 주요 미덕을 차용하는 데는 실패했으며 소비에트 체제가 가진 모든 폐해만 받아들이는 데 성공했다. 이 같은 의미에서 볼 때 소비에트 체제는 발육상태가 부진한 이 두 자녀의 부모인 셈이다.[7] '사회통합 계획', 정부 규제의 대폭확대, 합리화된 기술로 산업을 관리하는 중앙집중 체계, 경제 분야로 민주주의 확장, '빈곤으로부터의 해방', 모든 사람에게 적절한 최소한의 경제 및 사회문화 조건 등 그 외 소비에트 체제의 특징들은 모두 소련 실험에서 자극을 받은 많은 나라에 확산되었다.

전 세계 인류 대중 사이에서 소비에트 체제가 큰 인기를 얻고 있는 것은 소비에트 체제가 가진 독특한 독창성을 한층 더 입증한다. 이 같은 점을 고려하면 소비에트 체제는 인간의 위대한 사회정치 실험의 역사에 남을 만한 유익하고 창의적인 요소를 포함하고 있다고 볼 수 있다. 이와 같이 러시아는 이 기간 동안 이 분야에서 분명 탁월한 창의력을 발휘했다. 지금까지 20세기의 가장 위대한 사회정치적 혁신은 명백히 러시아에서 일어났다.

4. 러시아 경제·산업·기술의 발전

지금은 보통 사람들도 러시아가 세 차례의 5개년 계획을 실행하는 동

---

[7] 소비에트 체제에 대해 잘 알고 있는 유능한 역사가라면 나치즘이 소비에트 체제를 체계적으로 연구하고 그런 다음 수많은 방식으로 모방했다는 사실을 알고 있다. 일례로 게슈타포는 비상위원회(Cheka)*를 모방하여 조직한 것이다. 정도는 좀 덜하지만 파시즘도 소비에트 체제를 모방했다.

* 옛 소련의 반혁명 운동 비밀 조사 기관. 후에 KGB로 개편됨 - 옮긴이

안 놀라운 기술, 산업 및 경제 발전을 이루었다는 것은 어느 정도 알고 있다. 그런데 대부분의 사람들은 이 같은 발달이 러시아에서 갑자기 처음으로 이루어진 것이 아니라는 사실은 잘 알지 못한다. 사실 그 같은 발전은 19세기 중반에 시작되어 그 후 수십 년 동안 추진되고 19세기 말경과 20세기 전쟁 전에 두드러지게 나타난 추세가 지속된 것에 지나지 않는다.

그 같은 추세는 1차 세계대전과 혁명의 파괴 국면에서 중단되었지만, 이 파괴 시기가 끝나면서 5개년 계획이 이룬 유명한 성과와 함께 다시 나타났다.[8] 여기서 우리는 어떤 대혁명이든지 파괴 국면을 수반하더라도 그것이 지나면 혁명 이전 시대의 광범위한 추세가 되살아나 계속된다는 일반화를 확증해주는 증거를 발견하게 된다.

이 같은 경제 발전을 몇 가지 사실에서 나타났다. 19세기 중반 무렵까지만 해도 러시아에는 면화산업이 사실상 존재하지 않았다. 1905년에는 이미 7,350,683개의 방추와 178,506개의 직기가 사용되고 있었다. 1914년에는 약 9,000,000개의 방추와 250,000개의 직기를 보유하여 미국, 영국, 독일 다음으로 세계에서 네 번째로 큰 면화산업이 되었다. 1940년에는 러시아 면화산업은 세계 2위를 차지했다.

1900년에 야금산업은 9,100만 푸드pud를 생산했다(1푸드는 약 40파운드에 해당). 1914년 생산량은 2억 2,370만 푸드에 달했다. 1940년에 러시아의 야금산업은 미국 1위에 이어 세계 2위를 차지했다. 바쿠 지역의 석유산업은 1860년에 약 250만 푸드를 생산했다. 1905년에는 4억

---

[8] 구체제, 특히 케렌스키 체제는 소비에트 체제보다 훨씬 앞서 러시아의 급속한 산업화 계획을 세웠고 이를 완성하기 위한 대책을 마련했다. 소비에트 정부는 전임 정부로부터 5개년 계획의 '청사진'을 가져와 수정하여 실현했다.

5,590만 푸드, 1913년에는 5억 6,130만 푸드를 생산했다. 이 분야에서도 1940년에 러시아는 세계 2위를 차지했다. 석탄산업도 1900년에서 1914년 사이에 생산량이 3배로 늘었다. 설탕, 담배, 술, 밀가루의 생산도 역시 1900년에서 1914년 사이에 3배 내지 4배, 5배로 늘어났다.

　1860년에 러시아의 철도 길이는 660마일에 불과했다. 1912년에는 러시아 철도의 총 길이가 40,194마일로 늘어났다. 1914년에는 49,000마일로까지 연장되어 러시아의 철도는 미국에 이어 두 번째가 되었다. 1940년에는 총 길이가 미국의 철도에 근접했다. 1892년부터 1905년까지 부설된 시베리아 횡단 철도는 길이가 5,542마일로 단일 노선으로는 세계에서 가장 길다. 미국의 거대한 대륙횡단철도와 마찬가지로 시베리아 횡단 철도도 어마어마한 자연 장애물을 뚫고 추진되어 세계에서 가장 대담한 철도 프로젝트로 불려 왔다. 전체적으로 1890년에서 1913년 사이에 러시아 대규모 산업의 총생산은 4배로 늘어나 가치가 15억 금 루블에서 60억 루블로 늘어났다.

　농업 분야도 다른 산업과 똑같이 크게 발달했다. 농노가 해방된 후 1억 4,800만 헥타르의 경작지가 유럽 러시아의 농민들에게 분배되었으며, 8,900만 헥타르는 지주에게, 800만 헥타르는 국가 수중으로 돌아갔다. 1914년에는 지주가 소유한 토지는 약 3,000만~3,500만 헥타르에 불과했고 나머지는 소작농에게 이전되었다. 이 같은 이전은 1900년에서 1914년 사이에 가속화되어 지난 40년 동안에 이전된 것만큼 많은 토지가 농민에게 완전히 이전되었다.

　1914년까지 지주의 수중에 남아 있던 3천만~3천5백만 헥타르 중 상당 부분이 1914년에서 1917년 사이에 농민에게 이전되었다. 그 결과 혁명 전야에 농민이 아닌 다른 계급의 수중에 있던 경작지는

8~10%에 불과했다. 러시아혁명은 앞서 말한 바와 같이 혁명 이전에 사실상 종료된 이 과정을 완수했을 따름이다. 이는 농민은 혁명에 의해 토지를 받았고 그 이전에는 토지를 가지지 않았다는 통상적으로 유포된 생각이 완전히 부정확하다는 것을 다시 한번 보여준다.

경작지 면적도 1905년 9,269만 데샤티나Desyatina[9]에서 1914년 1억 967만 데샤티나 로 급속히 확대되었다. 농민 토지의 평균 작물도 같은 기간 동안 가치가 거의 두 배로 늘어났다. 가축 생산량도 현저하게 늘어났다. 말의 수는 1895년 2,500만 마리에서 1916년 3,600만 마리로 늘어났다. 소와 양의 수는 1895년 3,100만 마리에서 1916년 6,100만 마리로 늘어났다.

중앙정부는 물론 지방정부의 예산도 역시 전국의 경제 발전에 힘입어 빠르게 늘어났다. 중앙정부의 지출은 1900년에 1,889백만 루블, 1913년에 3,382백만 루블에 이르렀는데, 그중 4분의 1만 육군, 해군 및 국방에 사용되었고 나머지는 경제 및 문화 목적에 사용되었다. 러시아의 34개 주에 있는 모든 젬스트보의 총 지출은 1875년 2,887만 루블, 1905년 1억 2,418만 5천 루블, 1914년 4억 루블이었다.

20세기 초에는 협동조합이라 부를 만한 조직이 거의 없었다. 그러나 1915년에 러시아에는 약 33,000개의 협동조합이 있었고 총 회원 수는 약 1,300만 명에 달했는데 이들은 대부분 농민이었다.

러시아국민의 생활 수준은 물론이고 국부도 특히 1900년에서 1914년 사이에 급속히 늘어났다. 영국의 저명한 경제학자이자 통계학자인 보울리A. L. Bowley는 19세기 말과 20세기 전쟁 전에 미국과 러

---

9   데샤티나 : 미터법 이전의 러시아 면적 단위로, 1 데샤티나는 10,925m²에 해당함 - 옮긴이

시아의 국부와 1인당 소득이 최대로 증가했다고 지적했다. 반면에 영국 등 그 외 나라에서는 "1913년 '평균 소득이 1880년보다 ⅓ 더 많아졌지만" 이들 나라에서조차도 "그렇게 늘어난 소득이 1900년이 되어서야 화폐 가치가 감소한 부분과 간신히 보조를 맞추었다."[10]

1차 세계대전 동안에[11] 특히 혁명의 파괴 시기에 러시아국민의 생활 수준과 1인당 소득은 대부분의 교전국과 마찬가지로 크게 줄어들었다. 1913년 1인당 평균 소득이 101.35금 루블이던 것이 1916~1917년에 85.6금 루블, 1922~1923년 40금 루블로 떨어졌다. 혁명의 파괴 시기가 지나가면서 1인당 평균 소득은 상승하기 시작하여 독일의 러시아 침공으로 참혹한 2차 대전이 촉발되어 일시적으로 그 추세가 낮아졌으나 1940년까지 계속 상승했다.

러시아는 19세기 중반에 도시화가 급속하게 진행되기 시작하여 19세기 말과 20세기 동안에 현저하게 증가했다. 시베리아와 만주의 도시화는 미국의 도시화 과정과 놀라울 정도로 유사하다. 만주의 하얼빈처럼 러시아인이 건설한 비교적 큰 도시가 불과 10~15년 만에 10만 개를 돌파했다. 이 같은 도시화 과정은 지금까지 사람이 살지 않던 북극과 사막 지역을 비롯한 모든 지역에서 대규모 산업단지가 버섯처럼 싹트기 시작한 혁명 후 재건 시기에 특히 열기를 띠었다.

요약하자면, 앞서 언급한 내용은 다음과 같은 사실을 보여준다. 첫

---

10 A. L. Bowley, The Change in the Distribution of the National Income, 1880-1913 (Oxford University Press, 1920), p. 26 및 곳곳.

11 실은 러시아의 이 같은 급속한 발달이 (1941년은 물론이고) 1914년에 독일군이 러시아를 침공한 이유 중 하나다. 독일 참모진은 반드시 러시아를 일찍 공격해야 한다고 생각했다. 해가 갈수록 러시아는 군사, 경제, 문화가 점점 더 빠른 속도로 발달하고 있어서 패배할 가능성이 점점 줄어들고 강력한 적이 될 가능성이 더욱 커졌기 때문이다.

째, 19세기 말 이후로 러시아는 미국을 능가할 정도로 놀라운 경제 발전을 이루었다. 둘째, 이 같은 발전은 혁명이 일어나기 수십 년 전에 시작되었고 19세기 중반부터 20세기까지 점진적으로 가속화되었다. 셋째, 러시아의 눈부신 기술 및 경제 발전은 혁명의 파괴 시기가 끝난 후 시작된 것이 아니라 혁명 이전에 존재했던 추세가 재개되어 지속된 것이었다.

그 결과 1940년까지 러시아는 사실상 모든 측면에서 세계에서 두 번째로 가장 산업화되고 기술이 발전한 나라가 되었다. 러시아는 세계 철광석의 20~25%, 전 세계 석유의 15~20%, 전 세계 석탄 생산량의 10~12%, 수력 발전량의 10~12%, 구리 8~10%, 망간 5~70%, 호밀 45~50%, 밀 25~30%, 인산염 35~40%, 면 10~12%, 대마 35~40%, 아마 75~80%, 금 13~15%, 아마씨 20~22%, 양모 3~5%, 아연, 납, 니켈 3~5%, 인조고무 생산 등에서 세계 1, 2위를 차지하고 있다.

대체로 1940년까지 경제 및 기술발전의 속도와 규모에서 러시아의 산업 생산량을 능가하는 나라는 미국뿐이다. 2차 세계대전은 러시아의 산업, 도시, 마을, 농업을 파괴했고 약 2천만 명에 이르는 러시아 국민의 생명을 앗아갔다. 손실된 금액은 수십억 달러가 넘는다. 허약한 나라였다면 그렇게 파괴되었으면 영원히 불구가 되어 파멸되었을 것이다. 러시아는 그렇지 않았다. 전쟁 후 약 6년 만에 러시아는 대부분의 피해를 복구하고 전쟁 전 상태를 회복했으며 여러 분야에서 전쟁 전 생산량을 초과했다. 또한 러시아는 동맹국을 포함해 어떤 나라의 도움도 받지 않고 그 일을 해냈다.

오히려 이전의 동맹국들은 '냉전'으로 인해 러시아의 복구를 심하게 방해했다. 그럼에도 불구하고 러시아는 복구를 성공적으로 진행했고, '열전'이 없다면 비약적으로 발전하여 국가의 경제, 기술, 물질생활이 비범하게 성장했을 것이다. 러시아는 그 같은 부흥에 필요한 수단, 자원, 두뇌, 에너지 그리고 그 외 모든 것을 가지고 있다. 게다가 러시아는 이 과업을 완수해야 할 운명을 떠안고 있다. 어느 나라라도 그러한 위치에 있게 되면, 그 어떤 것도 심지어 전쟁과 혁명에 의한 아주 끔찍한 파괴조차도 떠맡은 운명을 성취하는 것을 막을 수 없다.

5. 러시아 교육·문화의 발전

더욱 눈여겨볼 것은 러시아가 문화 분야에서 이룩한 발전이다. 이 같은 발전은 교육과 의료가 전국적으로 급속하게 확산한 데서, 특히 문화적 창의성이 최고 수준으로 폭발적으로 성취한 데서 입증된다. 이 같은 발전의 주요 특징을 보여주는 몇 가지 사례를 살펴보자.

외국의 작가들과 라디오 평론가들, 신문 기자들이 러시아 교육과 관련하여 내린 대부분의 판단을 믿는다면, 혁명 이전에 러시아국민은 상당수가 문맹이었고, 문해력과 학교, 과학, 기술 및 발명은 혁명과 함께 나타났다고 생각하게 된다. 이 같이 널리 통용되고 있는 '역사철학'에 따르면, 러시아혁명은 마법을 통한 '요술'을 부려 단 몇 년 만에 갑작스럽게 거의 보편적으로 교양 인구를 배출하고 전무 상태에서 학교와 대학을 설립한 것이 된다.

또한 이 같은 역사철학에 따르면, 러시아혁명은 그런 마법 같은 '요술'을 부려 자유와 자립, 경제적 진보를 이루었다. 이 같은 종류의 사회 진보이론은 완전히 어리석고, 그 이론을 지지하는 자들의 무지를 드러낼 따름이다.

러시아의 문해력과 교육도 다른 분야와 마찬가지로 1861년 개혁

직후에 급속하게 확산되기 시작하여 1917년까지 수십 년 동안 추진되었다. 그 후 몇 년 동안 진행된 혁명의 파괴 국면에서 그런 추세가 중단되었지만 파괴 국면이 지나간 후 재개되어 지속되었다.

1861년 이전에 러시아 인구의 대부분은 문맹이었고, 농민계급과 노동계급을 위한 초등학교 수는 미미하여 사실상 거의 존재하지 않았다. 1881년에 공립 초등학교의 학생 수는 114만 1,000명, 1903년 523만 7,000명, 1915년 814만 7,000명이었다. 이 숫자에는 가정교육을 받거나 특권층이 다니는 사립학교의 상당수의 학생은 포함되어 있지 않다.

학교 및 학생 수의 증가와 함께 문해력의 비율도 빠르게 증가했다. 군대에 입대한 신병 중 글을 읽고 쓸 수 있는 신병의 비율이 1874~1883년 21.98%, 1894~1903년 43.75%, 1904~1913 62.62%였다. 실제로 초등학교 교육을 받은 학령기 아동의 비율은 1905년 45%, 1914년 70%였다. 1916년에 두마는 1919년까지 학령기의 모든 어린이들이 글을 읽을 수 있게 하는 것을 목표로 보편적인 초등교육 실시에 필요한 자금을 충당하는 법을 통과시켰다.

이와 같이 혁명이 일어나지 않았더라도 1919년에는 학령기 아동의 100%가 읽고 쓸 수 있었을 것이다! 이런 데이터는 혁명 이전 러시아의 문해력과 문맹률에 관해 현재 통용되고 있는 견해가 잘못되었음을 분명하게 보여준다. 특히 20세기에 들어서면서 읽고 쓰는 능력이 크게 향상되었으며 혁명 이전에 어린이의 70% 이상이 초등학교 교육을 받아 글을 읽을 수 있었다.

그러나 혁명의 파괴 국면이 지나자 초기의 경향이 재현되어 1940년까지 매우 빠른 속도로 진행되어 그해에 학령기 어린이의 거의

100%와 이전에 문맹이었던 성인의 상당수가 읽고 쓸 수 있게 되었다. 1940년에는 약 4,000만 명의 학생들이 모두 초등학교에서 시작하여 대학에 이르는 러시아의 모든 유형의 학교에 다니고 있었다. 달리 말하면, 러시아인 4명 중 1명이 각급 학교에 다니고 있었다.

문화 분야에서 러시아는 문해력을 갖춘 다른 모든 나라와 동일한 수준에 도달했다.

해당 기간 동안 중등 및 대학 교육 분야에서도 그와 유사하게 급속하게 진전되었다. 19세기 중반까지만 해도 극소수의 중등학교(현 고등학교)만 있었고, 특권층만 다닐 수 있었다. 1894년에 공립 중등학교의 학생 수는 225,000명이 되었고, 1914년에는 820,000명에 이르렀다. 1861년 이전에는 대학교와 단과대학, 최고의 기술, 법률, 의료 기관에 다니는 학생의 수는 소수에 불과했고 이들 중 대부분은 특권층 자녀였으나 1894에는 그 수가 약 15,000명, 1912년에는 137,000명으로 늘어나[12] 이 방면에서 급속한 진전이 이루어졌다.[13]

학생들 중에서 농민, 노동계급, 빈곤층의 비율이 지속적으로 증가했다. 1914년에는 학생의 절반 이상이 이들 계층의 자녀였다. 러시아 대학과 고등연구기관은 빈곤층의 유능한 상당수 학생들에게 장학금과 연구비를 지급했다. 부연하자면 이들 대학과 기관의 행정은 미국 대학

---

12 혁명 이전의 러시아의 대학과 고등교육기관은 모두 세계 최고의 대학과 겨룰 수 있는 일류 대학과 기관이었다. 실제로는 고등교육기관 범주에 속하지 않지만 많은 단과대학, 종합대학, 연구기관들을 그렇게 부르는 우리[미국]와 그 기준은 현저하게 달랐다. 러시아에서는 그 같은 모든 기관을 '공업학교'(technicums) 또는 그에 준하는 이름으로 불렸고 진정한 대학 및 고등교육기관과 뚜렷하게 구별했다. 그 같은 '공업학교'의 학생을 앞에 제시한 학생 수에 포함하면 그 수는 몇 배로 늘어날 것이다.

13 미국과 비교하면, 미국에서는 1815년에서 1920년 사이에 496,618개 대학에서 학위를 수여했다.

보다 더 민주적이었다. 교장이나 총장, 학장은 모두 2~4년의 단기 임기로 교수회에서 선출했다. 따라서 총장은 임시 행정직일 따름이었다. 대학의 모든 업무는 교수진과 학생 대표가 결정했다.

대학의 모든 업무를 과장하는 전능한 '이사회'나 '대외기구' 또는 '법인' 같은 것은 없었다. 교수와 강사도 모두 교수회에서 경쟁을 통해 선출했다. 요컨대, 혁명 이전의 러시아 대학은 매우 큰 자율성을 지녔었으며 진정한 자치 기관이었다.

혁명 초기 몇 년 동안 엄청난 수의 '모조 대학'과 '모조 중등학교'가 설립되었다. 그것들의 수준은 너무 낮아서 초등교육이 악화되었고 중등 및 대학 교육도 엉망진창이었다. 혁명이 건설 시기에 들어서면서 그동안 중단된 추세가 회복되어 중등교육과 고등교육이 상당히 진전되었다.

중등 및 대학교육은 혁명 직전처럼 이제 원하는 모든 사람에게 개방되어 이들 모두가 다닐 수 있게 되었다. 1940년에는 모든 유형의 대학 및 단과대학의 학생 수가 600,000명에 달했고, 기술학교 학생의 수는 700,000명에 달했다. 기타 교육기관과 통신 과정의 학생을 추가하면 학생 총 수는 약 2백만 명에 이른다. 소비에트 당국이 발표한 이같은 수치는 다소 부풀려진 감이 있다. 또한 이 같은 많은 '대학'과 '단과대학', '기술학교'의 학습 및 교육 수준은 혁명 이전의 진정한 대학 및 기술교육기관 수준보다 상당히 낮은 것이 분명하다.

그럼에도 불구하고 혁명의 파괴 시기가 지나면서 러시아에서 이같은 모든 자격을 갖춘 고등교육이 크게 발달한 것은 분명하다. 다른 분야와 마찬가지로 교육 분야도 혁명의 파괴 시기 이후에는 혁명 이전의 추세가 회복되어 한층 더 확대되었다.

요컨대 러시아 역사의 마지막 90년 동안 모든 유형의 교육과 훈련은 눈부시게 발달했다. 19세기 중반 이전에 러시아는 다른 서구 국가들보다 훨씬 뒤떨어져 있었는데 20세기에 들어서면서 그 차이를 만회했고 현재는 이 같은 문화 분야에서 다른 어느 나라에도 뒤지지 않는다.

러시아에서 문화적 창의성이 최고 수준으로 번창한 것을 살펴보기 전에 의료 및 사회보험 분야에 대해 잠시 살펴보자. 해외 및 미국에서 생활하는 동안 나는 이 문제에 관한 저명한 권위자들의 저서에서 혁명 이전에는 러시아에 의료서비스나 사회보험이 거의 없었으며, 의료서비스는 특히 무상 또는 보편적으로 접근가능한 국가 의료서비스는 혁명에 의해 처음으로 만들어졌다는 진술을 자주 접했다.

심지어 나는 소문난 전문가들에 따르면 소비에트 정부가 지었다고 하는 근사한 자태의 병원의 사진들을 본 적이 있는데 이미 나는 그 병원이 혁명 전에 설립되어 운영하고 있는 것을 보았다. 달리 말하면, 우리의 세칭 전문가들은 실제로는 순수한 신화에 불과한 러시아의 의료서비스와 관련하여 대중에게 표면적으로 드러난 '과학적 사실'에 다시 한번 속고 있었던 것이다.

실제 상황을 간단히 살펴보면 다음과 같다. 첫째, 국가와 젬스트보 및 여타 공공기관을 통해 모든 사람이 무상으로 이용할 수 있는 공공 의료서비스는 러시아에 오래전에 도입되었다. 당시는 개인 의사와 병원이 러시아 의료서비스에서 차지하는 비중이 미미했기 때문에 혁명 이전에는 공공 의료서비스가 러시아에서 주요 의료체계였다.

둘째, 공공 의료체계는 결코 싸구려나 이류가 아니었으며, 질과 인력, 병원 시설 면에서 민간 의료체계보다 열등하지도 않았고 그것만큼 훌륭했다. 사실 대부분의 의사들, 특히 위대하고 저명한 의사들은 국가와 젬스트보 및 기타 공공기관에서 급여를 받는 '공공 의사'였다. 이들 중 극히 일부만 보충으로 개인 진료소를 가졌다.

셋째, 1861년 이전에는 주민을 위한, 특히 대다수 대중을 위한 공공 의료서비스가 거의 존재하지 않았다. 1914년에는 도시뿐만 아니라 모든 농촌 지역에서도 젬스트보, 국가, 기타 지역 및 지방자치 기관이 설립한 공공병원과 진료소가 의료서비스를 제공했다. 농촌 의료서비스 구역의 평균 반경은 약 10마일이었다. 젬스트보가 있는 러시아의 40개 주에는 1914년에 국가 및 기타 공공기관이 담당하는 병원, 진료소, 의사는 말할 것도 없고 젬스트보만 담당하는 3,300개 의료서비스 구역이 있었다.

요약하자면, 혁명 직전에 러시아에서는 의료서비스가 필요한 모든 사람이 의료서비스를 이용할 수 있었고 아무런 비용도 들지 않았다. 여기에는 입원, 진료, 의약품이 포함되었다. 이 같은 의료체계는 서비스 품질과 접근성 면에서 세계 최고 수준이었다. 미국을 포함한 많은 서구 국가들이 수십 년 전 러시아에서 시행한 '사회화된' 의학 및 의료 원리를 채택하기 시작한 것은 최근 몇 년밖에 안 된다.

러시아혁명은 파괴 국면이 지난 후 러시아의 역사적 전통을 이어갔을 뿐이며, 상당한 진전을 이룬 것은 1940년에 와서다. 당시 농촌의료원은 13,500개, 의사는 20,000명, 보조 의사는 39,500명으로 의료서비스 분야에서도 상당한 진전이 이루어졌다.

러시아에서는 1903년과 1912년에 산업재해보험을 비롯한 사회보장 및 국가 사회보험 관련 법률이 통과되어 시행되었다. 이 법률에서 규정한 국가 사회보험 등은 미국의 연방 또는 주의 사회보장 법률에서 규정한 공공 사회프로그램과 유사했다. 특히 노령 및 실업보험과 관련한 일부 규정은 포함되지 않았으나 이 프로그램은 전쟁으로 인해 1914년에 갑작스럽게 중단된 적이 있긴 했지만 공식적인 법률로 제정되었다.

앞서 논의한 것처럼 보편적 무상 의료체계의 도입으로 건강보험은 필요 없게 되었다. 소비에트 체제는 초기의 파괴 국면이 지난 후 적어도 국가 재정이 허용하는 한도 내에서 그동안 중단되었던 프로그램을 복원하여 한층 더 발전시켰다. 1940년에는 모든 러시아인이 적어도 원칙적으로 실업, 질병, 사고 및 기타 재난과 관련된 보험에 가입했다. 당시의 실제 상황이 상당 부분 이 원칙에 부합했다. '빈곤으로부터의 탈피'와 최소한의 생활필수품이 모든 시민의 권리로 선포되었다. 이 '네 번째 자유'를 실질적으로 실현하는 데는 필요한 자원이 부족하여 다소 지체되었지만, 생산시설이 개선되면서 서서히 실현되어 갔다. 이 방면에서 러시아는 서구 국가들보다 훨씬 뒤떨어져 있었지만 2차 세계대전 직전에는 서구 국가들보다 다소 앞서 나갔다.

19세기와 20세기 동안 과학, 기술 발명, 철학, 법률, 미술, 특히 문학, 음악, 드라마, 회화 분야에서 문화적 창조성이 괄목하게 발전했다. 이들 중 몇몇 분야에서 러시아는 나머지 세계에 뒤지지 않았다.

자연과학 분야에서도 이 시기에 다른 어떤 나라와도 견줄 수 없을 만큼 충분히 유능한 교수와 연구자 등 일류 과학자들로 구성된 단체들이 급속히 성장했다. 특히 1861년의 개혁 이후 러시아 과학자들은 해외의 각자 분야의 발달 정도에 뒤지지 않았으며 그에 맞먹었다. 이와는 대조적으로 서구 과학자들은 러시아 연구자들이 자기 분야에서 얼마나 발달했는지 무엇을 하고 있었는지에 대해 대체로 무지했다.

러시아 과학자들을 지속적으로 증가하고 있으며, 수많은 유능한 발견자와 창조자들이 각자의 분야에서 뛰어난 공헌을 했음에도 이에 대해 서구의 과학 연대기에 기록된 것은 일부에 지나지 않는다. 20세기에 접어들면서 러시아는 수학의 로바체프스키[14], 화학의 멘델레예프, 신경계 심리학과 생리학의 파블로프 등 뛰어난 과학 지도자를 배출하는 빈도가 점점 증가했다. 혁명 직전에 러시아의 자연과학은 세계 어느 나라에도 뒤지지 않을 정도로 탁월함을 자랑할 수 있었다.

역사학, 경제학, 법학, 정치학, 사회학, 문헌학, 인류학, 심리학 및 그 외 학문 분야는 각 분야의 저작의 독창성, 견고함, 탁월함, 철저함에서 알 수 있듯이 양적, 질적으로 번성했다. 이 분야의 러시아 저작들은 아직도 해외에서 완전히 또는 거의 알려지지 않고 있다. 러시아 학문의 이 같은 높은 수준을 보여주는 한 가지 예로 각 분야의 대표자들이 혁명으로 인해 망명하여 미국과 유럽의 대학, 연구소, 실험실에 자리를 잡고 신속하게 높은 직책으로 올라 각자의 분야에서 국제적 명성을 얻은 것을 들 수 있다

러시아 철학 역시 해외에 거의 알려지지 않았지만 19세기 후반과 20세기에 매우 창의적이고 독창적이 되었다. 유물론, 마르크스주의, 실증주의, 경험주의, 헤겔주의, 신칸트주의 등 서구 철학의 주요 사조들조차 대부분의 서구 국가들의 주요 철학자만큼 러시아의 저명한 철학자들에 의해 배양되었다. 철학 분야에서도 러시아가 이룬 업적에 대해 다른 나라에 빚졌다고 사과할 필요가 없다.

법률 분야에서도 19세기 1분기에 스페란스키는 러시아 법률을 탁월하게 성문화했고, 이어서 민법과 형법 등 여러 법률을 체계화했다.

---

14 로바체프스키 (Nikolai Ivanovich Lobachevski 1793~1856) : 러시아의 수학자; 비(非)유클리드 기하학을 창시함 - 옮긴이

이 법률들은 19세기와 20세기 혁명 이전에 제정되었으며, 법과 윤리의 역사 및 이론의 전체 분야는 대부분의 서구 국가가 따라오기 힘들 정도로 러시아에서 만개했다.

앞서 살펴보았듯이 19세기 말과 20세기 초에 농학과 의학 등 기술 발명과 응용과학이 활발하게 발달하기 시작했다. 이처럼 자연과학과 기술 및 산업이 발달함에 따라 러시아인은 '기술발명의 마인드'가 더욱 깊어졌다. 그 결과 모든 분야에서 발명품 수가 증가했다. 1900년에는 러시아 단독으로 발명한 것이 전 세계 발명품의 약 3~4%를 차지했으며 1914년에는 그 두 배가 되었다.

혁명으로 인해 망명한 발명가 중 일부는 자신들이 정착한 나라에 상당한 공헌을 했다. 시코르스키[15], 즈보리킨[16], 티모셴코, 이파티예프 및 그 외 저명한 러시아 발명가들의 이름은 그들이 정착한 미국에서 잘 알려져 있다.

이처럼 기술이 풍성하게 발달하다가 혁명의 파괴 시기에 급격하게 위축되었다. 많은 과학자와 발명가들이 처형, 박해, 추방되고, 굶주림과 질병으로 인해 숨을 거두자 마침내 러시아에서 탈출했다. 이에 따라 과학과 기술의 발달이 일시적으로 중단하여 후퇴했다. 그러다가 혁명의 파괴 국면이 종료되면서 과학과 기술은 다시 개화되어 혁명 이전의 발달 추세가 지속되었다.

---

15 시코르스키 (Igor (Ivan) Sikorski. 1889~1972) : 러시아 출신 발명가. 항공기 설계의 선구자이며 헬리콥터의 성공적인 개발로 유명함. 1909년에 헬리콥터 제작을 시작, 1919년 뉴욕으로 이주하여 항공회사를 설립, 1939년 VS-300 헬리콥터 제작 이륙에 성공함. - 옮긴이

16 즈보리킨(Vladimir Kosma Zworykin, 1889~1982) : 러시아 태생 미국의 전자공학자이자 발명가. 혁명 후 1919년 미국으로 건너가 1924년에 귀화. 1920~1929년 웨스팅하우스 전기회사의 연구원으로 근무함. 최초로 실용 텔레비전과 카메라를 개발함 - 옮긴이

1940년에 이르면서 자연과학과 기술 그리고 정도는 덜 하지만 인문과학, 사회과학, 철학, 법학(이것들은 '정치적으로 중립적인' 자연과학에 비해 사상과 연구의 자유가 제한되었다)이 혁명 이전의 창의성과 발달 수준에 접근했다. 당시 러시아의 수학과 천문학, 물리학과 화학, 생물학과 의학, 농경학과 기술은 급속도로 팽창하고 있었다. 실제로 러시아는 '발명가의 나라'로 알려질 정도로 상당한 기반을 갖췄다. 최근에 일어난 전쟁으로 그 과정이 어떤 분야에서는 강화되고 또 어떤 분야에서는 축소되는 등 다소 혼란을 겪었다.

'냉전'이 종식되면 과학과 기술, 사회과학, 법학 및 철학의 창의성이 다시금 크게 발달하여 훨씬 높은 수준으로 올라갈 것이 분명하다. 19세기 중반 이래로 러시아에서 진행된 그 같은 진전은 지금까지 시작에 지나지 않았다.

문학, 음악, 드라마 그리고 정도는 덜하지만 회화 분야에서 러시아는 해당 기간 동안 세계 최고 위치에 올랐다. 19세기 1분기 이후 세계에서 가장 위대한 문학은 단연코 러시아 문학이었다. 수년 전에 『토요 문학비평』*Saturday Review of Literature*에서 존 골즈워디[17] 와 아놀드 베넷[18]의 평가를 보도한 적이 있는데, 이 저명한 문학가에 따르면 19세

---

17 존 골즈워디 (John Galsworthy, 1867~1933) : 영국의 소설가·극작가·시인. 옥스퍼드대학에서 배운 뒤 변호사가 되었으나 개업하지 않고 세계 각지에 여행, 항해 중에 소설을 씀. 빅토리아시대의 부르주아 사회의 부조리를 묘사하는 등 『쟁의』(1909), 『정의(191』 등 사회 문제와 관련된 작품을 많이 발표해 자유주의적 개량주의의 면모를 보임. 1932년 노벨 문학상을 수상함 – 옮긴이

18 아놀드 베넷 (Enoch Arnold Bennett, 1867~1931) : 영국의 소설가. 런던대학 졸업 후 법원에 근무했으나 파리에서 프랑스 자연주의 소설의 기법을 배워 고향을 배경으로 실생활을 그린 소설, 희곡, 평론 등으로 대중의 인기를 얻음. 그의 소설은 윤리감이 없고 사실적 기교에 치우쳐 비판 정신의 결핍으로 지루하다는 평을 받고 있음 – 옮긴이

기에 나온 12대 소설 중 10개가 러시아 소설이었으며, 19세기의 가장 위대한 소설은 단연 러시아 문학이었다.

이 두 저명한 영국 작가의 평가가 다소 과장된 것일 수 있음을 인정하더라도, 해당 기간 동안 러시아 문학이 타의 추종을 불허할 정도로 절정에 이른 것은 분명하다. 특히 푸시킨, 고골[19], 레르몬토프[20], 곤차로프[21], 톨스토이, 도스토옙스키, 투르게네프의 이름은 19세기 중후반 러시아 문학을 어디에도 비할 데 없게 만들었다.

러시아 문학의 이 같은 탁월함은 안톤 체호프[22], 막심 고리키[23], 레오니드 안드레예프[24], 이반 부닌[25]을 비롯한 많은 소설가와 발몬트[26],

---

19 고골 (Nikolai Gogol, 1809~1852) : 우크라이나 태생의 소설가. 사실주의 문학의 창시자. 1831~32년에 여덟 편의 단편소설을 수록한 첫 소설집 『디칸카 근교의 야화』를 발표하면서 작가로서 명성을 얻음. 특히 사회의 비판과 풍자 소설 『감찰관』은 사실주의 문학의 정수로 도스토옙스키를 비롯한 후대 작가들에게 커다란 영향을 미침 - 옮긴이

20 레르몬토프 (Mikhail Lermontov, 1814~1841) : 러시아 시인, 소설가. 근위 사관학교를 나와 군대에 복무 중 장시 『악마』(1841) 발표로 유명해짐. 푸시킨의 죽음을 애도한 시 발표로 캅카스로 추방됨. 추방 중에 장편 『우리 시대의 영웅』(1839)을 발표, 푸시킨과 함께 문단에 확고한 지위를 얻었으나 동료 사관과의 결투로 요절함 - 옮긴이

21 곤차로프 (Ivan Aleksandrovich Goncharov, 1812~1891) : 러시아 소설가. 모스크바대학 문학부를 나와 정부관리로 일하다가 지주 귀족의 부패한 세계관이 신흥 부르주아지의 발랄한 세계관에 패배하는 모습을 그린 3부작 『평범한 이야기』(1844)를 시작으로 여행기 등 리얼리즘을 바탕으로 한 많은 작품을 남김 - 옮긴이

22 안톤 체호프(Anton Pavlovich Chekhov, 1860~1904) : 러시아의 소설가 겸 극작가. 19세기 말 러시아의 사실주의를 대표하며 근대 단편소설의 거장으로 꼽힘. 중학교 시절에 집안 파산으로 고학으로 졸업, 1879년 모스크바대학 의학부를 나와 의사 자격을 얻음. 학창 시절에 생계를 위해 신문, 잡지에 글을 기고하여 대중적 인기를 얻어 많은 희곡과 단편소설을 남김 - 옮긴이

23 막심 고리키 (Maksim Goriki, 1868~1936) : 러시아의 소설가·극작가. 사회주의 리얼리즘 문학의 창시자. 1907년에 발표된 대표작 『어머니』를 통해 혁명적 노동자와 노동운동의 발전 모습을 생생하게 묘사함으로써 노동운동의 발전에 큰 역할을 함 - 옮긴이

24 레오니트 안드레예프 (Leonid Nikolaevich Andreev, 1871~1919) : 러시아의 소설가·극작가. 관리의 아들로 모스크바대학교 법학부 졸업. 생활고를 뼈저리게 체험한 후, 고리키의 추

브리우소프, 블록, 구밀료프²⁷를 비롯해 일선에서 활동하는 여러 시인들과 함께 혁명 전 20세기에도 계속되었다. 혁명의 파괴 국면이 지나자 러시아 문학은 혁명 이전의 위대한 전통을 계속 이어갈 조짐을 분명하게 보여주었다. 푸시킨-고골-톨스토이-도스토옙스키-투르게네프 시대의 러시아 문학과 같은 선상에 놓을 수는 없다 하더라도, 현대의 러시아 문학도 분명 현재 시대의 그 어느 나라 문학에도 뒤지지 않았다.

음악 분야에서도 유사한 '기적'을 관찰할 수 있다. 러시아 문학처럼 러시아 음악도 갑자기 등장하여 장엄하게 꽃을 피우다가 19세기 말과 20세기에 들어 세계 어느 나라도 능가하지 못할 정도로 무르익었다. 19세기 연단에는 그 시대를 특징짓는 대단한 종교 음악의 저명한 작곡가들은 말할 것도 없고 글린카²⁸, 차이코프스키, 무소륵스키²⁹,

---

천으로 문단에 등장, 세기말 불안정으로 극단적으로 개인주의적인 방향으로 흘러 점차 염세적이 됨. 혁명 후, 핀란드로 망명, 소설 『붉은 웃음』, 희곡 『검은 가면』 등을 남김 - 옮긴이

25 이반 부닌 (I. Bunin, 1870~1953) : 러시아의 작가·시인. 1909년 학사원 명예 회원이 되었으며, 1911년 중편 『마을』을 발표. 1917년 러시아혁명 후에 파리로 망명. 주로 몰락한 지주 계급을 취급한 작품이 많으며, 심리묘사에 뛰어남. 1933년 노벨 문학상을 받음. 『메마른 골짜기』, 『아르세니예프의 생애』 등의 작품을 남김 - 옮긴이

26 발몬트 (Konstantin Dmitrievich Balmont, 1867~1942) : 러시아의 시인·번역가. 초기 상징주의의 중심적 인물. 러시아 귀족 출신으로 학생운동 가담한 이유로 모스크바대학에서 제적. 『북방의 하늘 밑에서』(1895), 『태양같이 되리』(1903) 등으로 시인으로서의 확고한 지위를 얻음. 초기에는 혁명에 동정적이었으나 러시아혁명에 반대하며 1921년 유럽으로 망명함 - 옮긴이

27 구밀료프 (Nikolai Stepanovich Gumilyov 1886~1921) : 러시아 시인·문학이론가. 러시아혁명 전후 러시아 시문학 운동인 아크메이스트 운동을 창시하여 주도함. 『진주』(1910), 『이국의 하늘』(1911), 『화톳불』(1918) 등의 시집에서 조소적(彫塑的) 시법을 확립함. 러시아혁명 후 반혁명 운동에 가담하여 총살당함 - 옮긴이

28 글린카(Mikhail Glinka, 1804~1857) : 러시아 작곡가. 러시아 고전음악의 아버지라고 불릴 만큼 글린카의 작품은 러시아 특유의 음악 스타일을 창조한 '위대한 5인'에게 많은 영향을 주는 등 수많은 러시아 작곡가들에게 중요한 영향을 끼쳤음 - 옮긴이

림스키-코르사코프[30], 보로딘[31], 다르고미시스키[32], 발라키레프[33] 등 많은 음악가들이 포함되어 있다.

스트라빈스키[34], 프로코피예프, 쇼스타코비치[35], 스크랴빈[36], 라흐마니노프[37]를 비롯한 많은 작곡가들 – 이들은 모두 자신들 전임자들보다 수준이 한 수 아래 있었다 – 이 오늘날, 즉 모든 나라의 작곡가들이 자신들 전임자들보다 낮은 위치에 있는 100년 동안, 주도적인 위치

---

29 무소륵스키(Modest Mussorgsky, 1839~1881) : 러시아의 국민음악을 주도한 5인조(무소륵스키, 발라키에프, 보로딘, 큐이, 림스키코르사코프)의 일원으로 낭만주의 시대에 러시아 음악의 개혁자. 러시아의 역사와 민속에서 영감을 얻은 오페라 〈보리스 고두노프〉, 피아노 조곡 「전람회의 그림」 등이 대표적인 작품으로 남아 있음 - 옮긴이

30 림스키-코르사코프(Nikolai Rimsky—Korsakov, 1844~1908) : 러시아 국민음악 5인조 중 한 사람으로 관현악법의 대가로 뛰어난 관현악 작품을 많이 남김. 대표작으로 〈스페인 기상곡〉, 〈셰에라자드〉 등이 있음 - 옮긴이

31 보로딘(Alexander Porfir'yevich Borodin, 1833~1887) : 러시아 국민음악 운동을 주도했던 러시아 5인조의 한 사람으로 의과대학에서 과학과 의학을 공부하여 화학자이자 의사로 활동하며 작곡을 병행하며 많은 교향곡을 남김. 대표작으로 〈교향곡 제2번〉, 교향시 〈중앙아시아의 초원에서〉, 오페라 〈이고르 공〉 등이 있음 - 옮긴이

32 다르고미시스키(Aleksandr Sergeevich Dargomyzhskii, 1813~1869) : 러시아의 작곡가·피아니스트. 글린카의 직계 후계자로 러시아창법의 새로운 양식을 개척하고 러시아 국민음악 운동을 도와 리얼리즘의 방향을 확립해 5인조 작곡가에게 큰 영향을 줌 - 옮긴이

33 발라키레프(Milii Alekseevich Balakirev, 1837~1910) : 러시아의 작곡가·피아니스트·지휘자. 대학에서 수학을 전공했으나 독학으로 피아노·작곡을 배움. 림스키코르사코프 등과 함께 러시아 5인조를 결성, 페테르부르크에 무료 음악학교를 창설(1862), 1869년 황실 러시아 음악협회 지휘자를 거쳐 궁정 예배당의 악장을 역임함(1883~1895) - 옮긴이

34 스트라빈스키(Igor Stravinski, 1882~1971) : 러시아 태생의 미국 작곡가. 페테르부르크대학에서 법률을 전공하면서 림스키코르사코프의 지도로 작곡가의 길로 들어섬. 〈불꽃〉(1908)으로 작곡가로서 인정을 받음. 러시아혁명 후 파리로 건너가 1934년 프랑스 국적을 취득, 신고전주의 작품으로 전환함. 2차 대전 후 미국으로 귀화. 주요 작품으로 〈페트루슈카〉, 〈봄의 제전〉, 〈미사〉 등이 있음 - 옮긴이

35 쇼스타코비치(Dmitri Shostakovitch, 1906~1975) : 소련의 작곡가·피아니스트. 프로코피예프와 함께 현대 소련을 대표하는 작곡가. 공산주의 국가에서 활동하여 아방가르드가 대세였던 서유럽의 음악사조와는 상당히 다른 음악세계를 구축. 상대적으로 대중들이 친숙하게 접근할 수 있어서 많은 작품들이 현재까지도 활발하게 연주되고 음반으로 발매되

를 유지하고 있다. 혁명 이전에 러시아에서 음악 문화가 어느 정도 발달했는지를 보여주는 한 가지 사실은 미국에서 알려진 위대한 음악가들 – 그중 몇 명만 들자면 샬리아핀[38], 하이페츠[39], 피아티고르스키[40], 라흐마니노프(피아니스트), 지휘자 쿠세비츠키[41] – 이 모두 러시아에서 태어나고 자랐으며 훈련을 받았다는 것이다.

러시아 드라마, 오페라, 연극, 발레에서도 역시 갑자기 창의성이 분출했다. 혁명 이전에 러시아 오페라는 그 어느 나라도 대항할 수 없

고 있음 - 옮긴이

36 스크랴빈(Aleksandr (Nikolayevich) Skriabin, 1872~1915): 러시아의 작곡가·피아니스트. 1888년 모스크바 음악원에 입학, 림스키코르사코프의 제자 안톤 아렌스키에게서 이론과 작곡을 배움. 작곡 활동과 함께 니체 철학에 심취하여 신지학에 빠져 음악과 철학의 융합을 시도, 작곡에 영향을 줌. 패혈증으로 일찍 사망함 - 옮긴이

37 라흐마니노프(Sergei Rachmaninoff. 1873~1943): 러시아계 미국인 작곡가·피아니스트. 세계적으로 가장 위대한 피아니스트로 유명함. 국민악파가 주를 이루던 시절에 낭만파 음악가로 활동하며 현대 피아니스트의 정립에 상당히 공헌함. 러시아혁명으로 노르웨이를 거쳐 미국으로 망명. 피아노 협주곡 4곡 작곡으로 유명함 - 옮긴이

38 샬리아핀(Fyodor Ivanovich Chaliapin, 1873~1938): 러시아의 오페라 가수. 농민 출신으로 1894년 페테르부르크에서 출연하여 성공, 1901년 스칼라 극장·1907년 메트로폴리탄에 출연, 세계적으로 명성을 얻음. 풍부한 성량과 교묘한 극적 표현으로 불멸의 이름을 남김 - 옮긴이

39 하이페츠(Jascha Heifetz, 1901~1987): 러시아 태생 미국 바이올리니스트. 9세 때 상트페테르부르크음악원에 입학, 10세 때 데뷔하여 러시아와 유럽 각지에서 순회 연주했으며, 1917년 미국으로 건너가 카네기홀에서 데뷔, 이후 활발한 연주활동으로 세계적 명성을 떨침 - 옮긴이

40 피아티고르스키(Gregor Piatigorski, 1903~1976): 러시아의 첼리스트. 모스크바 음악원 졸업 후 1919년 볼쇼이 극장 관현악단 제1 첼로 주자가 됨. 1921년 러시아를 떠나 1924년 베를린 필하모니아 관현악단의 제1 첼로 주자에 취임. 1929년 뉴욕 필하모니와 공연, 1937년 미국 시민권을 얻어, 1957년 보스턴대학에서 교편을 잡고 후진을 육성함 - 옮긴이

41 쿠세비츠키(Sergei Alexandrovitch Koussevitzki, 1874~1951): 러시아 출신의 미국 지휘자. 모스크바음악원에서 콘트라베이스와 음악이론을 전공하고 1908년 베를린에서 지휘자로 데뷔, 1924년 미국 보스턴교향악단의 상임지휘자가 미국 작곡계의 발전에 힘씀. 쿠세비츠키재단 설립 등 많은 사회적 공헌을 함 - 옮긴이

었다. 러시아 발레와 연극도 새로운 창작 형식에 관한 한 마찬가지였다. 모스크바 예술 극장, 상트페테르부르크와 모스크바의 제국 극장, 코미사르예프스키[42] 부인 극장 등 여러 극장들이 19세기와 20세기 동안 발레와 오페라를 최고 수준으로 올려놓았다. 최고의 발레 하면 거의 모든 사람들이 러시아를 떠올린다.

이 같은 우수성은 공연의 기교에만 있는 것이 아니라 러시아 작가들이 창작한 오페라와 각본에도 기인한다. 바그너의 오페라를 가진 독일만이 19세기 말까지 러시아를 능가했다. 그 이후로는 독일의 천재가 창조한 것 외에는 이 분야에서 진정으로 러시아만큼 위대한 것은 없었다.

정도는 덜 하지만 회화도 19세기 말과 혁명 이전 20세기에 러시아에서 다른 분야와 유사하게 부흥했다. 일련의 훌륭한 회화 학교들이 매우 뛰어난 예술가들과 함께 갑자기 러시아에 등장했다. 리예핀, 바스네초프[43], 네스테로프, 세로프[44], 브루벨[45], 레리히[46], 페트로프-보

---

42 코미사르예프스키(Vera Fyodorovna Komissarzhevskaya, 1864~1910) : 러시아의 배우·제작자. 1904년 상트페테르부르크에 코미사르제프스카야극장을 개설, 고리키와 체호프 등의 작품을 상연하여 호평을 받음. 〈인형의 집〉의 노라 역 등을 빼어나게 연기하여 진보적 젊은 층의 격찬을 받으며, 러시아 극장의 변화에 큰 영향을 미쳤음 - 옮긴이

43 바스네초프 형제(Viktor Mikhailovich Vasnetsov, 1848~1926) : 러시아의 화가·미술평론가. 페테르부르크 미술아카데미를 나와 1878년부터 이동파에 참가, 러시아사와 민화를 테마로 〈3용사〉(1818~981), 〈야료누시카〉(1881), 〈회색 늑대를 타는 이반 왕자〉(1889)를 남김, 이 그림은 모두 모스크바 트레차코프 미술관에 전시되어 있음 - 옮긴이

44 세로프(Valentin Aleksandrovich Serov, 1865~1911) : 러시아 화가. 상트페테르부르크 미술아카데미에서 수학. 이동파, 아브람체보파, 예술 세계파를 두루 거치면서 전통과 새로운 양식을 조합, 러시아 최고의 초상화가로 평가받음. 주요 작품으로 〈복숭아를 든 소녀〉(1887), 〈막심 고리키의 초상〉(1905) 등이 있음 - 옮긴이

45 브루벨(Mikhail Aleksandrovich Vrubel, 1856~1910) : 러시아의 화가. 페테르부르크 미술아카데미를 나와 키이우의 키릴로프스키수도원의 벽화를 복원, 모스크바 오페라극장에서 무대미술을 담당했음. 신화·성서·영웅서사시와 문학작품을 주제로 한 많은 작품을 남김. 주요 작품으로 〈악마〉(1890), 〈술탄 이야기〉(1900), 〈라일락〉(1900) 등이 있음 - 옮긴이

드킨[47], 쿠스토디예프[48], 말랴빈[49]을 비롯한 많은 화가들이 러시아 회화를 그 기간 동안 어느 나라에 뒤지지 않을 수준으로 끌어올렸다.

요약하자면, 우리가 고려한 기간 동안 러시아의 모든 문화 분야에서 문화적 창의성이 갑자기 괄목할 정도로 폭발했다. 러시아는 모든 예술 분야에서 더 이상 다른 나라에 뒤처지지 않고 어깨를 겨루게 되었다.

이처럼 갑자기 문화적 창의성이 폭발하는 것은 역사적으로 드문 현상이다. 위대한 민족마다 각자 고유의 시기가 있다. 대부분의 위대한 민족은 그 같은 시기를 반복하지 않는다. 19세기 후반에 시작되는 그 시기는 러시아의 역사적 '시기'였고 지금도 그러하다. 인류의 창의적 기질은 이 나라 저 나라 옮겨 다니다가 러시아(와 미국)에서 주요 거주지를 찾았다. 다른 어느 나라에서도 그 기간 동안 유사하게 문화가 번성한 사례를 찾을 수 없다. 러시아를 후진국으로 간주하거나 즉 문명국의 가난하고 교양 없는 부류 또는 문명국의 '응접실'에서 환영

---

46 레리히(Nicholas Roerich, 1874~1947) : 러시아의 화가·작가·고고학자·철학자. 1920년 미국으로 이주. 어렸을 때 러시아 상징주의의 영향을 받아 최면과 영적 훈련에 관심을 두었으며 그의 그림들은 최면적 표현을 띠고 있음 - 옮긴이

47 페트로프-보드킨(Petrov-Vodkin, 1878~1939) : 러시아 화가로 제정 말기와 소비에트기에 활약함. 모스크바미술학교에서 공부하고 뮌헨으로 갔다가 귀국 후 모더니즘 그룹을 편력함. 주요 작품으로 〈1818년의 페테르부르크〉(1920), 〈코미사르의 죽음〉(1928) 등이 있음 - 옮긴이

48 쿠스토디예프(Boris Kustodiev, 1878~1927) : 러시아의 화가·무대 디자이너·삽화가. 페테르부르크 왕립 미술아카데미를 나와 프랑스, 스페인을 여행하며 많은 풍속화와 초상화를 그림. 1905년 러시아혁명 때 풍자잡지에 전체주의에 맞서 투쟁하는 노동자들의 모습을 캐리커처로 기고. 1909년 왕립 미술 아카데미 회원으로 선출, 1910년 혁명적인 러시아 예술가들의 모임 '예술 세계'에 가입, 전시에 참여함. 주요 작품으로 『시장』(1910), 『자화상』(1912) 등이 있음 - 옮긴이

49 말랴빈(Filipp Andreevich Maliavin, 1869~1940) : 러시아의 화가·설계자. 이콘화 훈련을 받았고 일리야 레핀의 지도를 받은 농민 출신의 화가. 매우 밝은 색으로 농촌 사람들을 그린 것이 특징이며, 대표작으로 〈회오리바람〉이 있음 - 옮긴이

받지 못하는 나라라고 생각하는 사람들은 어리석기 짝이 없다.

공산당의 무자비한 검열은 여러 분야에서 러시아 천재의 창의성을 질식시켰다. 러시아 정부는 각 분야에서 자유를 박탈하고 비창조적이고 엄격한 관료제적 패턴을 강요함으로써 러시아에서 순수 예술, 종교 및 철학 사상, 인문사회과학, 심지어 자연과학과 기술과학의 발달을 크게 저해했다. 소비에트 시대는 이 분야에서 러시아의 창조적 활력을 약화시킨 시대로 기록된다. 그렇지만 러시아국민의 창의적 힘은 이 같은 검열을 극복하고 이 분야에서도 천부적 재능을 자유롭게 발휘하여 혁명 이전에 고조된 분위기로 회복될 것이다.

6. 미국의 유례없는 발전

미국의 사회문화는 비교적 짧은 역사에, 특히 남북전쟁 이후에 눈부시게 발달했다. 이 시기는 러시아에서 1861년의 개혁과 그 이후 몇 년 동안 대개혁이 일어난 시기와 상당히 일치한다. 그 발달 과정을 간략히 살펴보자.

미국은 중간 규모의 인구가 자연적인 인구 성장과 이민을 통해 약 1억 4천만 명으로 늘어났다. 자연적인 인구증가율은 러시아보다 느렸지만 그럼에도 불구하고 지난 20년까지 꾸준히 인구가 증가했다. 지난 20년 동안 사망률은 현저하게 감소했고, 동시에 대부분의 산업화된 서구 국가처럼 출생률이 감소했다. 그렇지만 이 같은 인구 감소를 억제할 수 있다면 미국은 인구 감소의 위험에서 벗어나 계속 현재의 인구를 유지할 수 있을 것이다. 그러나 사망률의 상승을 방지하고 출생율을 높이는 것이 훨씬 나은 방법이다.

한편, 건강 면에서 미국 인구는 다른 어느 나라만큼 활기 있고 건강하다. 미국은 생활 상태가 양호하여 평균 수명이 세계 어느 큰 나라보다 길다. 이 분야에서는 대체로 아직까지 심각한 위험 신호가 나타나지 않고 오히려 엄청나게 개선되고 있었다. 지금 진행되고 있는 저출생 추세가 더 진전되지 않는다면 인구 감소의 위험을 확실하게 피할 수 있을 것이다.

경제 및 기술 면에서도 미국은 유례없는 수준에 올라서 세계의 모든 나라 가운데 수위를 차지했다. 우리가 선택할 수 있는 모든 기준, 즉 생활 수준, 1인당 평균 소득, 총 국부, 공산품 그리고 1870년대 이후에 만들어진 수많은 발명품과 응용 장치 등 어느 것을 보더라도 모든 면에서 미국은 세계 1위를 차지하고 있다. 이 같은 기록을 그토록 짧은 시간에 달성한 것은 실로 이례적이다. 기술 및 경제 분야에서 미국의 창의성을 능가하는 나라는 없다.

미국의 경제 및 기술 발달의 여러 측면 중에서 주목할 측면은 모든 사람에게 최소한의 생활필수품과 물질적 안락을 보장하기 위한 노력이 성공했다는 사실이다. 물론 그것이 절대적은 아니더라도 상대적으로 지금까지 어떤 나라의 시도보다 성공한 것은 분명하다. 다른 나라들은 아직도 바라고 있는 것을 미국은 이미 상당 부분 달성했다. 또 최근 몇 년간 실직한 사람들조차도 다른 많은 나라의 고용된 노동계급과 비슷한 생활 수준을 누렸다. 그것을 심각한 유혈 사태나 혁명을 수반하지 않고 평화롭게 성취했다는 점은 더욱 주목할 만하다.

사회정치 면에서 미국은 노예제의 오점에서 벗어났다. 그렇지 않았다면 미국의 놀랄 정도로 눈부신 사회정치 구조가 훼손되었을 것이다. 미국은 작은 나라에서 시작하여 오늘날 다른 제국만큼 강력한, 어쩌면 그 어느 제국보다 훨씬 강력한 대제국으로 성장했다. 이렇게 성장하는 과정에서 미국은 시민의 자유를 크게 희생하지 않았고, 전제정치나 절대주의를 수반하지 않았으며, 시민의 특권과 권리를 현저하게 상실하지 않았고, 기회의 평등이나 민주주의가 가진 그 어떤 가치도 축소하지 않았다. 미국의 사회정치 체제는 여전히 다른 어느 대제국보다 훨씬 더 '국민의, 국민에 의한, 국민을 위한' 정부를 유지하고 있다.

미국은 '제국주의'로 팽창할 때도 앞서 살펴본 바와 같이 이전 또는 현대의 대부분 제국보다 평화롭고 공정하게 진행되었다. 이 모든 것은 역사에 알려진 거의 모든 사례 가운데 중요한 의미를 가진다. 그것은 작은 나라에서 대제국으로 성장한 국가는 거의 모두 보통사람들의 자유와 특권을 희생하여 이루어졌는데 반해, 미국은 그 같은 끔찍한 대가를 치르지 않고도 성장할 수 있었다.

미국의 사회정치 구조의 장점 중 주목할 것은 개인과 단체가 사회 및 문화생활 모든 분야에서 대단한 역할을 수행하고 있다는 것이다. 영국을 제외한 대부분의 나라에서는 민간단체에 중앙정부가 관여하는 정도가 미국과 비교할 수 없을 정도로 막대하다. 전시 상태를 제외하면, 미국에서는 민간단체와 협회들이 교육, 비즈니스, 미술, 과학, 종교, 법률 및 윤리, 레크레이션, 심지어 정치에서 연방 정부와 주 정부보다 더 많은 사회적 및 문화적 기능을 수행한다.

민간단체는 성격상 정부가 암묵적으로 행사하는 강제에서 자유롭고 자발적으로 협동하기 때문에 미국에서는 민간 주도와 협동, 결사가 탁월하게 발달하고 자유와 자발적 결사, 자발적 사회성이 확실하게 발달했다. 중앙정부가 강력한 나라에서는 도저히 그렇게 할 수가 없다. 미국에서 비교적 짧은 역사에서 사회정치 구조가 확립되고 발달한 것은 이 분야에서의 실험이 가장 훌륭하게 성공했음을 보여준다.

교육 면에서 미국은 현재 모든 나라 중 최고의 훌륭한 기록을 세웠다. 미국은 서로 다른 나라에서 문맹 이민자들이 막대하게 유입되었음에도 불구하고, 사실상 100%의 문해력을 달성했다. 사립 및 공립을 포함한 미국의 초중등학교 체계는 세계에서 가장 발달된 최고의 시설을 갖추고 있다. 단과대학, 종합대학, 고등교육 기관도 그와 같은 시설을 갖추고 있다. 이들 모든 기관은 특히 19세기 말과 20세기에 크게 발달했다.

그 외에도 성인 교육, 신문과 라디오, 수많은 민간조직, 무수한 공개 강의와 강연의 역할을 추가하면 전반적으로 일반 교육의 정도는 참으로 놀라운 경지에 이른다. 이 같은 교육 체계에서는 사립학교, 민간기관, 단과대학, 종합대학, 학술협회, 학습단체 등이 지대한 역할을 수행한다. 이들의 역할은 미국의 교육 체계 전반에 엄청난 다양성을 부여할 뿐만 아니라 '정부가 인가한 단일 트랙의 방향'으로부터 크게 벗어날 수 있게 한다.

이로써 무엇보다도 사상, 연구, 교육의 진정한 자유를 보장한다. 그것은 서로 다른 그리고 반대의 이론, 이데올로기, 문화적 가치들 사이에서 성공하고 생존하도록 진정한 경쟁을 허용한다. 그런 점에서 그것은 모든 경쟁자를 인위적으로 제거하여 일정 기간 존재하고 지배하는 정부가 인가한 독점 체계와는 현저하게 대조된다.

경제가 침체되고 하등 제품과 하등 경제 체계 및 기업이 지배하는 것을 피하려면 비즈니스 분야에서 경쟁이 필요하듯이 문화 분야에서도 경쟁이 필요하다. 그 같은 경쟁이 없으면 국가는 지적, 도덕적, 예술적, 사회적으로 뼈만 앙상한 지적 미라가 되거나 모든 것이 정체된 지식 불모지가 될 것이다.

　　미국은 이 같은 우수한 교육 시설을 갖추고 있어서 자연과학 및 기술 분야에서 엄청나게 발달했다. 이것은 오늘날 이 분야에서 미국이 세계 1위를 차지할 정도로 대단했다. 20세기 동안 전 세계에서 이루어진 과학 발견과 기술 발명의 총 수에서 미국이 차지하는 비중은 다른 어느 나라보다 많다. 이 같은 수위 자리는 앞으로도 오랫동안 유지될 것이다.

　　철학, 인문사회과학, 윤리 및 법률, 미술 분야에서도 미국은 그다지 특이하지는 않지만 그럼에도 불구하고 상당히 발달했다. 이 분야에서는 건축과 응용 예술을 제외하면 미국은 주도적인 위치에 있지 않다. 그럼에도 불구하고 미국은 19세기 후반 이래로 위대한 문학, 중요 철학과 윤리 체계, 비교적 잘 발달된 인문사회과학 그리고 회화, 조각, 드라마, 음악, 특히 건축 분야에서 중요한 가치를 창출해냈다. 건축 분야에서 미국은 현재 단연 세계 최고다. 또한 세계 최고의 교향악단을 보유하고 있으며, 음악의 여타 기술적 측면에서도 탁월하다. 이 분야에서 앞으로 미국의 발달 전망은 매우 유망하다.

　　지금까지 간략하게 본 바에 따르면, 지난 세기[19세기] 이래로 미국의 사회문화적 창의성과 관련하여 확실히 특이한 기록을 세웠다. 아주 단순 비교하면 실제 달성 결과에서는 미국의 기록이 러시아를 능가한다. (하지만) 두 나라 모두 우리가 살펴본 기간 동안 다른 나라와 비교할 수 없는 수준으로 창의적 잠재력이 발달했다. 다시 말해서 지난 한 세기 동안 두 나라는 참으로 자신의 '역사적 시간'을 경험했다고 말할 수 있다. 이로써 두 나라는 성년이 되었을 뿐만 아니라 사회문화적 창의성의 횃불을 든 주역이 되었다. 이 점에서 두 나라 사이에는 추가적으로 매우 중요한 유사점이 있다.

7. 두 나라의 평화 유지에 양국의 유사성이 갖는 함의

앞의 장들에서 보았듯이 두 나라는 서로 극과 극을 이루기는커녕 지정학적, 심리적, 문화적, 사회적으로 현저하게 유사하다. 이 같은 유사성으로 인해 미국과 러시아는 여러 측면에서 서로 성질이 같아지게 되었다. 러시아국민과 미국 국민은 자신들이 다른 나라를 이해하는 것보다 서로에 대해 훨씬 잘 이해할 수 있다. 사회문화의 유사성이 인간 공동체 사이의 관계를 평화롭게 만들 듯이 러시아국민과 미국 국민의 기본 가치의 일치가 두 나라 국민 사이의 평화를 오랫동안 지속시켜 왔다. 미국은 약 160년의 역사 동안 서로 다른 이해관계, 기질, 호불호, 이데올로기 등을 가지고 있는 대통령, 각료, 국회의원, 정당이 이어져 왔으며, 러시아도 같은 시기에 서로 다른 심리, 정신구조, 기질, 호감과 반감 등을 가진 차르와 지배 집단이 이어져 왔다.

그럼에도 불구하고 이 다채로운 모습을 거치는 동안 두 나라 사이에는 지속적으로 평화가 유지되어 왔다. 이를 볼 때 전쟁과 평화는 개인의 망상과 변덕 또는 통치자의 선호와 혐오, 통치자가 독재적인지 민주적인지 여부와는 거의 관련이 없다는 것을 알 수 있다. 전쟁과 평화는 오히려 이 책에서 강조한 요소들과 관련이 있다. 그렇지만 이 통치자들이 지금처럼 어리석어 서로 실책을 범하면 두 나라 사이에 일시적으로 불화와 분쟁이 일어날 수 있다. 이 같은 실책이 '냉전'을 초래하여 기본 요인을 파괴한다. 이 요소들이 어떻게 구성되어 있고 얼마나 심각한지는 제9장과 제10장에서 논의할 것이다.

제8장

양국이 각자의 사회구조 생활에 미친 영향

1. 미국이 러시아에 미친 영향

미국과 러시아는 기본 가치가 유사하고 서로 평화적으로 교류해온 탓에 각자의 사회생활과 문화생활에 상당한 영향을 미칠 수밖에 없었다. 두 나라의 관계는 단순히 나란히 양립한 것이 아니라 서로에게 역동적이고 창의적으로 상당한 영향을 미쳤다. 각자의 정신구조, 사회생활, 문화는 상대국의 정신구조와 사회생활, 문화에 영향을 받아 풍부해지고 이익이 되었다. 이 같은 사회문화의 실제 영향에 대해서는 대부분의 사람들에게 잘 알려지지 않았다.

미국은 오래전부터 러시아에 영향을 주기 시작했으며, 직간접적으로 미국적 가치를 방대하게 도입하여 이를 러시아 문화의 유기적 부분으로 만들어 러시아의 삶과 사회를 형성하는 데 상당한 영향을 주었다. 미국은 특히 러시아의 사회정치 조직, 기술 및 비즈니스, 문학, 건축, 영화, 과학 및 철학 분야, 러시아국민의 일반적인 사고방식에 강하게 영향을 미쳤다.

미국이 러시아의 사회정치 생활에 영향을 준 것은 미국이 적극적이고 계획적인 노력에 의한 것이라기보다는 미국의 사회정치 조직 체계의 존재 자체가 갖는 '촉매 효과에 의해서다. 사회과학자들을 포함한 대부분의 사람들은 사회생활에서 단지 두 행위자가 나란히 존재하는 것만으로도 서로에게 어느 정도 영향을 미친다는 사실을 잘 알지 못한다. 화학자들은 이런 식으로 서로 유사해지는 과정을 '촉매 작용'이라 부른다. 촉매제는 아무런 변화가 없고 반응에 전혀 관여하지 않는 것처럼 보이지만 그저 존재하는 것만으로도 서로에게 영향을 미친다.

사회생활에서도 두 사람이 단순히 연합하거나 공존하기만 해도 서로에게 분노나 사랑 또는 증오 같은 감정을 불러일으킨다. 마찬가지로 어떤 사회가 단순히 존재하기만 해도 선전가에 의한 것보다 일반적으로 다른 사회에 훨씬 효과적인 영향을 미친다. 지난 20년 동안 공산주의 또는 파시즘은 세계 대부분의 나라에 어느 정도 영향을 미쳤는데 이는 그 나라 정부가 계획적으로 다른 나라를 개종시켜서라기보다는 그 같은 정치 체제의 존재 자체가 가진 촉매 효과 때문이다. 이 같은 촉매 효과는 모든 공산주의자 또는 파시스트 선전가들이 함께 협력하여 노력할 때보다 훨씬 영향이 컸다.

마찬가지로 미국의 출현과 존재 자체도 그 정치구성 및 조직과 함께 러시아의 정치구성과 활동에 지속적으로 영향을 미쳤다. 이 같은 영향은 이미 알렉산드르 1세의 치하에서 시작되었다. 알렉산드르 1세는 나폴레옹의 침략을 물리치고 난 다음 미국 헌법 원리와 다소 유사한 원리에 기초하여 유럽 국가 자유 연방을 수립하고자 했다. 안타깝게도 알렉산드르 1세의 자유주의 계획은 메테르니히와 유럽 몇몇 열강의 반대에 부딪혀 신성동맹(Holy Alliance)[1]을 맺는 데 그쳤다.[2]

미국은 19세기 러시아 최초의 혁명운동인 1825년 데카브리스트

혁명[3]의 지도자들에게 그와 유사한 영감을 제공했다. 이 봉기의 주도자 중 한 사람인 무라비예프 대장은 여러 측면에서 미국 헌법을 본뜬 연방 노선에 따라 러시아를 재조직하는 계획을 세웠다. 그의 구상은 데카브리스트 '북부협회'에서 공식적으로 승인을 받았다. 그 후로 러시아 대학 강의에서는 정치학도와 대중 저널 및 신문, 주요 정치가들이 미국의 정치조직과 활동을 연구하고 논의했다. 무엇보다도 미국의 정치조직과 활동은 진정으로 존경을 받았으며, 그 요소 중 일부는 러시아의 다양한 사회정치 기관에 도입되었다.

러시아에서 인민민주주의는 무엇보다도 미국의 정치조직을 의미했다. '국민의, 국민에 의한, 국민을 위한 정부' 개념은 말할 것도 없고, 행정, 입법 및 사법 기능의 분리 및 균형 원칙, 미국 대법원의 독립성과 높은 수준 등 미국 헌법의 일부 특성이 러시아에서 특히 높이 평가받았으며, 러시아 정치조직 및 활동에 이것들을 접목시키려는 많은 시도가 있었다. 미국에서는 민간주도와 민간 협회 및 조직이 지대한 역할을 수행했다. 러시아에서는 중앙집중이 심해 정부가 수행하는

---

1 신성동맹(Holy Alliance) : 1815년 나폴레옹이 완전히 패배한 뒤 제2차 파리 평화조약 협상 중에 러시아의 알렉산드르 1세, 오스트리아의 프란츠 1세, 프로이센의 프리드리히 빌헬름 3세의 주도로 결성된 기구 - 옮긴이

2 이보다 훨씬 일찍 1789년에 벤저민 프랭클린(Benjamin Franklin)은 러시아 과학아카데미의 명예 회원으로 선출된 바 있다. 라디셰프와 노비코프(Radyschev & Novikov, 1784)가 쓴 18세기 정치사상의 지도자에 관한 저서에서는 미국과 G. 워싱턴(G. Washington)에 최고의 찬사를 보내고 있다. 그 이후로 이 같은 칭찬은 러시아 사회사상과 문학에서 하나의 전통이 되었다.

3 데카브리스트 봉기 : 1825년 12월 러시아에서 농노제 폐지를 목표로 봉기한 사건. 새 황제 니콜라이 1세의 즉위식 날 젊은 개혁 장교들이 차르에 대한 충성 서약을 거부하고 반란을 일으켰으나 곧 진압되어 주모자 5명은 교수형, 데카브리스트들이 유배형에 처해짐. 이 사건으로 니콜라이 1세는 전체 정치를 더욱 강화했지만 한편 혁명적 기운이 커지게 됨 - 옮긴이

역할이 지나치게 비대하고 민간 조직이 수행하는 역할은 제약을 받고 있었기에 미국의 사회정치 조직 및 활동의 구성 요소를 도입하는 것이 절실히 필요했다.

그래서 러시아에서는 미국의 사회정치 조직 및 활동의 인기가 대단했다. 케렌스키 정권 하에서 작성된 새로운 러시아 헌법의 최근 청사진이 미국 헌법의 영향을 많이 받았으며, 많은 특징을 도입하도록 의도적으로 계획했다. 1936년의 소비에트 신헌법조차도 미국 헌법의 많은 특성을 담고 있다. 마찬가지로 전쟁이 끝난 후 러시아가 정상적인 조건에 적합한 새 헌법을 개정할 때가 되면 분명 미국 헌법의 많은 특징을 도입할 것이다.

미국의 기술과 기업 조직이 러시아의 기술과 경제생활에 얼마나 영향을 미쳤는지에 대해서는 더 이상 논의할 필요도 없을 만큼 잘 알려진 사실이다. 러시아는 증기선, 농업 기계, 전기 장치 및 전화에서 자동차 및 대량생산 기술에 이르기까지 미국의 발명품을 갈수록 많이 받아들임으로써 미국은 간접적으로 러시아에 지대한 영향을 미쳤다. 그리하여 미국은 다른 모든 나라와 마찬가지로 러시아의 경제생활과 기술 생활을 간접적으로 확연하게 구체화했다.

미국은 간접적으로 러시아에 영향을 미치는 한편 러시아의 기술생활과 경제생활에 여러 가지 방식으로 직접 영향을 미치기도 했다. 러시아는 기술 및 경제 사업의 건설 및 재건 과정에서 미국의 엔지니어와 비즈니스 전문가들에게 조언하고 지도해 달라고 요청했다. 그들의 초빙은 혁명 전에 시작되었지만 러시아혁명 후 재건 과정에서 그 규모가 엄청나게 늘어났다.

러시아의 재산업화 및 경제재편 과정에서 미국의 전문가들이 결정적인 역할을 한 것은 누구나 알고 있는 사실이다. 드네프로스트로이Dnieprostroi 및 마그니토고르스크Magnitogorsk 프로젝트 등 그 시대의 최대 건설 공사는 물론 새로운 산업센터 개발도 미국 전문가가 직접 계획하고, 조언하며, 지도하에 이루어졌다. 드네프르 댐을 건설한 미국인 휴 L. 쿠퍼Hugh L. Cooper 단장은 외국인으로서는 최초로 소련의 최고 소비에트 훈장을 받았다. 실제로 소련의 모든 주요 산업 분야는 미국 전문가의 지도 아래서 개편되고 실행되었다.

미국이 러시아에 직접 영향을 미친 또 하나의 예는 러시아의 전문가, 엔지니어 및 비즈니스 관리자들이 미국에서 교육을 받은 사실이다. 이 같은 일은 러시아혁명 후 재건 과정에서뿐만 아니라 그 이전에도 일어났다. 러시아에서 몇 년 동안 교통부 장관을 지냈고 러시아 철도시스템 개발에 중요한 역할을 한 킬코프 씨는 미국의 철도시스템을 이론적으로 및 실제적으로 연구하기 위해 미국으로 건너가 몇 년을 머물렀다.

그는 미국의 어느 철도 회사의 직원으로 근무하면서 가장 낮은 직급에서 시작하여 나중에는 높은 직급으로 올라갔다. 그의 경우는 특이한 사례가 아니다. 수십 명의 러시아인이 미국에 머물면서 다양한 산업 분야에서 연구하고 그 경험을 고국에 와서 적용했다. 혁명 후 재건 기간 동안 미국에서 이렇게 훈련받은 예비 러시아 전문가의 규모는 매우 큰 것으로 추정된다.

소비에트 정부는 수백 명의 러시아인을 미국으로 보내 미국의 많은 기술 연구소와 미국 대학의 공학 및 경제학부에서 풍부한 도움을 받았다. 제너럴 일렉트릭, 포드, 제너럴 모터스 등 미국의 대기업은 기술 및 기업경영 분야에서 러시아 전문가를 교육했고 지금도 교육하고 있다. 그들은 러시아로 돌아와 기술 및 비즈니스 지도자가 되었다. 이런 식으로 받은 영향은 실로 엄청났다. 러시아를 무심결에 방문하는 사람조차도 전체 산업 및 기술 공장이 엄격하게 미국식 패턴을 따라 리모델링한 것이어서 사실상 건물과 설비 자체가 미국 양식의 재판再版으로 볼 수도 있다.

해외에 가본 적이 없는 러시아 전문가들은 혁명 전에도 후에도 자기 분야와 관련된 미국의 모든 새로운 발명품, 장치 및 방법을 체계적으로 연구했다. 러시아에 들여온 미국의 많은 기계와 장치들이 러시아에서 복제, 재생산되었다. 이처럼 미국이 러시아의 기술과 산업에 미친 갖가지 영향을 염두에 두면 '산업화'라는 용어와 '미국화', '기술', '효율성', '창의성', '미국주의'가 왜 러시아에서 종종 동의어로 사용되는지 쉽게 이해할 수 있다. 또한 러시아에서는 산업 발전의 최고 이상을 미국이 달성한 수준에 도달하는 것이라고 생각했다. 다른 어떤 나라도 지난 수십 년 사이에 사회적 노력 분야에서 러시아에 이렇게 크게 영향을 미치지 않았다. 러시아의 산업화 및 재산업화는 사실 '미국화' 과정이나 다름없었다.

이 같은 사실은 러시아에서만큼 미국에서도 잘 알려져 있지만, 미국 문학, 최근에는 건축과 영화가 러시아 문화에 끼친 영향에 대해서는 그리 잘 알려지지 않고 있다. 그럼에도 불구하고 이와 관련한 영향은 매우 상당했다. 미국 문학이 러시아에 널리 확산되고 대중화된 데는 두 나라 사이의 정신적 친화성이 작용한 결과다. 미국 문학의 고전 가운데 러시아어로 번역되지 않고 미국에서만큼 열렬하게 환영받지 않은 작품은 거의 없다.

그중 몇 가지만 언급하면, 페니모어 쿠퍼[4], 마크 트웨인, 롱펠로, 에

드가 앨런 포, 멜빌, 월트 휘트먼, 잭 런던, O. 헨리, 해리엇 비처 스토[5], 호손의 모든 주요 작품과 최근의 싱클레어 루이스[6], 업톤 싱클레어[7], 시어도어 드라이저[8], 존 스타인벡[9]의 작품들은 혁명이 일어나기 오래전과 혁명 후에 러시아에서 번역되고 널리 읽혔다. 『톰 아저씨의 오두막』, 『왕자와 거지』, 『톰 소여』, 『허클베리 핀의 모험』, 『하이어워사』, 『큰 까마귀』 같은 작품들과 앨런 포의 일부 미스터리, 잭 런던의 많은 이야기집은 어쩌면 미국보다 러시아에서 훨씬 더 인기가 있었다. 이 중 몇몇 작품은 러시아 어린이들에게 매우 인기 있는 '필독서'가 되었다.

미국에서 개발한 현대 철근 콘크리트 건축 양식은 러시아에서 약간 변형되어 현대 지배적인 건축 양식이 되었다.

---

4 페니모어 쿠퍼(James Fenimore Cooper, 1789~1851) : 미국의 소설가·평론가. 역사소설을 창시하여 '미국의 스콧(Scott)'이라고 불림. 『개척자』, 『모히칸족의 최후』, 『대평원』 등의 5부작으로 이루어진 연작소설집 『가죽 스타킹 이야기』 등으로 유명함 – 옮긴이

5 해리엇 비처 스토(Harriet Beecher Stowe, 1811~1896) : 미국의 여성 작가. 대중의 노예제반대 감정을 고취시켜 남북전쟁의 원인 중 하나라고까지 일컬어지는 『톰 아저씨의 오두막』의 작가로 유명함. 이 책은 23개 국어로 번역되기도 함 – 옮긴이

6 싱클레어 루이스(Sinclair Lewis, 1885~1951) : 미국의 소설가. 사회풍자적인 작품이 많음. 소설 『메인 스트리트』, 『배빗』, 『로스미스』 등을 남겼으며 1930년 미국인으로서는 처음으로 노벨 문학상을 받음 – 옮긴이

7 업톤 싱클레어(Upton Sinclair, 1878~1968) : 미국의 소설가. 1906년 시카고 식육 공장 지대의 비인간적 상황을 리얼리즘 기법으로 적나라하게 묘사한 『정글』을 출간해 일약 작가로서의 명성을 얻음. 『금융업자』(1908), 『석탄왕』(1917) 등 사회를 고발하는 작품 등 100여 편의 작품을 남김 – 옮긴이

8 시어도어 드라이저(Theodore Dreiser, 1871~1945) : 미국의 소설가. 미국의 자연주의적 사실주의의 정점을 이루는 작가로 간주되고, 자본주의 개척 시대의 미국의 적나라한 모습을 보여주는 『아메리카의 비극』은 미국 사실주의의 기념비적 작품으로 간주되고 있음 – 옮긴이

9 존 스타인벡(John Ernst Steinbeck Jr, 1902~1968) : 미국의 소설가. 1930년대 사회주의 리얼리즘을 대표하는 작가. 1930년대 대공황에 따른 노동계급의 비참한 현실을 여과 없이 보여준 장편소설 『분노의 포도』(1939)로 유명함. 이 소설은 연 40만부 판매된 베스트셀러로 퓰리처상 문학 부문을 차지하였으며. 이후에 각종 상을 받고 1962년에 노벨 문학상을 받음 – 옮긴이

미국 영화 역시 혁명 전에도 후에도 러시아에서 엄청난 인기를 누렸다.

미국의 과학 – 자연과학 및 사회과학 – 은 물론 심지어 미국 철학까지 혁명 이전에 러시아의 문화생활에 들어왔으며, 이후에도 점점 더 널리 퍼졌다. 미국의 자연과학과 기술도 러시아에서 매우 주의 깊게 연구했다. 모든 중요한 이론이나 발견은 러시아에서 상당히 주목받았고 많은 관심을 기울였다. 미국의 과학 간행물은 혁명의 파괴 시기를 제외하면 러시아의 어느 대학이나 모든 주요 도서관에서 찾을 수 있었다. 일반적으로 말하면, 20세기 내내 미국의 자연과학은 다른 나라의 자연과학만큼이나 러시아의 자연과학에 강하게 영향을 미쳤으며 그 영향은 꾸준히 증가하고 있다.

사회과학, 특히 사회학도 마찬가지다. 레스터 워드[10]와 프랭클린 기딩스[11] 등 미국 사회학자들의 저작은 러시아어로 번역되어 이 분야 학자들의 필수 서적이 되었다.

심리학과 철학 분야에서는 윌리엄 제임스[12]와 W. 맥두걸[13]의 저작 – 특히 제임스의 『심리학』*Psychology*, 『실용주의』*Pragmatism*, 『종교 경험의 다양성』*Varieties of Religious Experience*과 맥두걸의 『사회심리학』

---

10 레스터 워드(Lester Ward, 1841~1913) : 독일 태생의 미국 사회학자. 미국 사회학회 초대 회장직을 맡아 미국 사회학의 기초를 다진 선구자. 처음에는 지질학·고생물학을 연구했으나 사회학으로 전환하여 사회를 진화론적 입장에서 연구함. 주요 저서로 『동태 사회학』 (2권, 1883), 『순수 사회학』(1903) 등이 있음 - 옮긴이

11 프랭클린 기딩스(Franklin Giddings, 1855~1931) : 미국의 사회학자. 미국에서 도덕철학이나 역사철학의 한 분야에 불과하던 사회학을 처음으로 통계에 바탕을 둔 경험과학으로 전화하는 매개적 역할을 한 미국의 대표적 사회학자로 주요 저서로 『사회학의 원리』 (1896), 『인류사회에 대한 과학적 연구』(1924) 등이 있음 - 옮긴이

12 윌리엄 제임스(William James, 1842~1910) : 미국의 철학자·심리학자. 소설가이자 비평가로 유명한 헨리 제임스의 형으로 빌헬름 분트와 함께 근대 심리학의 창시자로서 실용주

Social Psychology — 은 러시아어로 번역되었으며 나의 학생 시절에 러시아 여러 대학에서 기본 텍스트로 사용되었다.

더욱이 미국의 재즈 및 스윙뿐만 아니라 (해리스, 코프랜드 등의) 미국 교향곡도 최근 러시아 음악에 상당히 침투했다. 미국 교향곡은 러시아에서 자주 연주되고 있지만 재즈와 스윙은 지금까지 미국과 일부 다른 나라에서만큼 성공을 거두지 못했다.

영어는 러시아혁명 이전에는 독일어, 프랑스어와 함께 고등학교와 대학에서 가르친 3대 외국어 중 하나였다. 1차 세계대전이 일어나면서 독일어는 필수과목에서 제외되었지만 영어는 필수 외국어가 되었다. 현재는 러시아에서 가르치고 공부하는 외국어 중에서 영어가 가장 중요하다.

미국은 러시아국민의 심리구조, 사고방식, 행동 양식에 무시하지 못할 정도로 크게 영향을 미쳤다. 이 같은 영향의 결과는 짤막하지만 설득력 있는 공식으로 요약할 수 있다. '냉전'이 있기까지 미국, 미국인, 미국주의는 오랫동안 러시아에서 엄청나게 인기가 있었다. 미국의 가치 체계 전체가 러시아에서 엄청난 찬사를 받고 깊이 인정받았으며 종종 모방하고 부분적으로 흡수되어 러시아의 일반 대중에게 하나의 이상으로 간주되기도 했다.

러시아인들 가운데서 대단히 활기차고 효율적이며 창의적이고 낙

의 철학 운동과 기능주의 심리학 운동을 주도함. 미국 최초로 실험 심리학 연구소를 개설하고 12년간 『심리학 원리』라는 책을 저술하여 미국 심리학 발전에 크게 공헌함 - 옮긴이

13 W. 맥두걸(W. McDougall, 1871~1938) : 영국의 심리학자. 사회심리학 창시자. 행동주의 기계론적인 견해에 강력히 반대하여 영국 전통의 진화론적 경험주의의 입장에 서서 생물학적·진화론적·목적론적 심리학의 수립을 목표로 삼음. 주요 저서로 『사회심리학 서설』(1908)이 있음 - 옮긴이

관적인 인물이 나타나면 그는 종종 '러시아계 미국인'이라는 별명을 얻었다. 어떤 일을 잘 실행하면 '미국식으로 했다'고 말하기도 했다. 어떤 일이든 공정하게 하는 경우도 역시 '미국 정신'이라고 일컫기도 했다. 사회봉사, 민주주의, 정의 분야뿐만 아니라 기술 및 경영 분야에서 진전이 이루어지는 경우도 '미국주의'를 향해 진전하는 것으로 간주했다. 또한 러시아인들은 이상과 현실의 결합, 기민함 및 완고함과 관대함 및 친절함의 결합, 질서 및 법 준수와 자유의 결합 그리고 자연과의 투쟁 또는 불리한 사회적 조건과의 투쟁에서 패배를 인정하지 않는 불굴의 열정, 인내, 의지에 찬사를 보냈다.

그 같은 현상을 전형적인 미국적인 것으로 간주했다. 이 같은 예를 통해서 러시아에서 미국인과 미국의 가치를 어떻게 간주했고 왜 찬사를 보냈는지 어느 정도 짐작할 수 있다. 평범한 러시아인에게 러시아가 가장 밀접하게 교류해야 할 나라를 묻는다면 대다수 사람들은 '미국'이라고 답할 것이다. 러시아에서는 '미국'을 다른 많은 긍정적인 가치의 상징으로 여겼다. 어떤 의미에서 러시아에서 미국은 살아 있는 전설, 즉 희망과 열망의 화신이 되었다.

'냉전' 시절에는 이 같은 열정이 다소 식긴 했지만 완전히 사라지지는 않았다. 그 같은 열정은 여전히 두 나라가 더 많이 유익하게 협력하는 데 매우 훌륭한 견고한 기반이 될 수도 있다. 그 열정은 두 나라가 협력하는 주요한 동력이다.

2. 러시아가 미국에 미친 영향

러시아도 미국 문화에 지대한 영향을 미쳤다. 러시아가 미국에 미친 영향은 사회정치 및 과학 분야, 특히 문학, 음악, 연극 분야에서 가장 두드러졌다. 러시아는 미국에 때로는 직접 때로는 간접적으로 영향을 미쳤으며 두 나라가 접촉하는 동안 그 영향은 더욱 커졌다.

사회정치 분야에서 러시아는 여러 중대한 시기에, 특히 미국이 비교적 규모가 작았을 때나 남북전쟁 같은 극심한 위기에 처했을 때 도움을 주어 미국의 운명에 일정한 영향을 미쳤다. 미국 역사에서 이 같은 중대한 시기에 러시아는 일관되게 우호적인 태도를 보여 미국의 사회정치 역사의 형성에 중대한 역할을 했다.

러시아는 소비에트 정권의 출현과 존재라는 촉매 요인을 통해 어느 정도 직접 미국에 긍정적이든 부정적이든 막대한 영향을 주었고 지금도 영향을 주고 있다. 이 같은 촉매 효과의 규모는 러시아 공산주의자들 또는 미국 내 그 동조자들의 조직적인 선전에 의한 영향보다도 훨씬 크다. 러시아에서 수립된 소비에트 체제는 근래의 가장 급진적인 정치적 실험이었으며, 그 자체로 20세기의 다른 어느 사회정치 혁신보다 이 지구의 정치 생활에 훨씬 큰 영향을 미쳤다.

다른 나라와 마찬가지로 미국도 그 영향에서 벗어나지 못했다. 그 영향을 받아 미국에서 공산당이 출현했으며(실제로는 그 규모가 작아 무시해도 좋다) 나아가 소비에트 체제가 국민의 마음속으로 파고들어 지식인은 물론 보통 사람들의 정치사상에 영향을 주었고, 미국의 사회문화 생활의 거의 모든 부분이 영향을 받고 있다. 사람들이 소비에트의 사회정치 체계에 우호적이든 적대적이든 모든 사람들이 그것을 신중하게 살펴서 행동해야 한다.

이 같은 의미에서 볼 때 소비에트 체제는 현대의 사회정치적 사고와 활동의 고유한 구성 요소가 되었다. 즉 러시아의 실험은 이 분야에 실제로 명백히 영향을 미쳤다. 요즘 발행되고 있는 신문이나 잡지 또는 정치학, 사회학, 경제학, 사회윤리학, 철학에 관한 최근 책에서 이 주제에 관해 많은 지면을 할애하지 않은 것은 찾아보기 어렵다. 중요한 정치 집회나 진지한 사회학 관련 대학 강의에 참석하면 소비에트 체제에 대한 이야기를 듣지 않을 수 없다. 교회 설교, 공개 강연, 친구와 이웃 간의 일상적인 대화에서도 그 이야기가 주된 토론 주제가 되고 있다. 공산주의 출판물이 눈사태처럼 쏟아져 나오는 것은 말할 것도 없고 수백 권의 책들이 이 주제를 다루고 있다.

보다 중요한 것은 그 주제에 대한 모든 토론은 대개 지지자와 반대자들 사이에서 아주 강렬하게 감정적으로 진행되고 있다는 사실이다. 소비에트 체제를 선전 또는 탄압하기 위해 조직된 특별 위원회는 수십 개에 이른다. 그 중 대표적인 것이 디에스 의회위원회The Dies Congressional Committee다.

소비에트 사회정치 조직의 영향은 단지 토론에만 국한되지 않았고, 주요 정치인들은 물론 일반 대중의 일상적인 사회정치 생활에도 매우 강하게 영향을 미쳤다. 더욱이 불황과 전쟁에 대응하는 필수적인 조치로 정부의 규제와 통제가 확대됨에 따라[14] 미국도 다른 나라와 마찬가지로 정부조직이 소비에트 체제로 전환되었다. 이 같은 전환 과정에서 소비에트 체제의 몇 가지 특성을 의도적으로 차용하여 실행했다.

---

14 기근, 전쟁, 혁명, 역병 등 사회가 비상사태에 처할 때 정부는 항상 편제와 통제를 확대한다. 비상사태와 재난이 소멸되거나 약해지면 통상적으로 정부의 편제와 통제는 완화된다. 소비에트 체제는 러시아 역사에서 최대의 비상사태 즉 대규모 전쟁, 혁명 및 기근과 역병이 발생할 때 등장했다. 2차 세계대전이 발발하자 모든 교전국들에서 정부의 편제가 엄청나게 확대되었다. 소비에트 체제의 핵심이 거의 무제한적인 중앙집중 정부 체제라고 한다면 모든 교전국에서 이 같은 방향전환은 소비에트 체제로 전환한 것이라 할 수 있다. 이 법칙에 관해서는 졸고 *Man and Society in Calamity* (E. P. Dutton & Co., New York, 1942), Chap. 7을 보라.

이처럼 좋든 나쁘든 러시아는 우리[미국]의 사회정치 생활에 매우 심오한 영향을 미쳤고 지금도 미치고 있다.

미국 과학이 러시아 과학에 영향을 미친 것처럼 러시아 과학도 역시 미국 과학에 많은 영향을 미치고 있다. 러시아 과학은 학술지 기고를 통해 직간접적으로 미국 과학(자연과학, 인문사회과학)에 지대한 영향을 미쳤다. 로바체프스키를 비롯한 뛰어난 러시아 수학자 그리고 멘델레예프를 비롯한 저명한 러시아 화학자, 세체노프[15]를 비롯한 러시아 생물학자, 파블로프를 비롯한 많은 러시아 생리학자 및 심리학자 등 러시아 자연과학자들의 중요한 발견이 미국 자연과학에 상당한 영향을 미쳤다. 양국 자연과학 사이의 이 같은 상호 영향은 현재까지 증가하고 지속되고 있다.

사회과학과 인문과학에서도 역시 서로 영향을 주고받았다. 러시아 사회과학과 역사과학은 여러 경로를 통해 미국 사회과학과 역사과학에 영향을 미쳤다. 우선 레닌, 트로츠키, 스탈린, 부하린 및 여러 공산주의 이론가들의 저작들을 미국에서 번역, 출판하여 널리 배포했다. 또 한편에서는 러시아의 위대한 역사가 페트라지츠키[16], 위대한 법률 이론가 클류체프스키[17], 소장 역사학자 밀류코프[18], 플라토노프, 코밀

---

15 세체노프(Ivan Mikhailovich Sechenov. 1829~1905) : 러시아의 생리학자. 모스크바대학에서 배우고, 페테르부르크 의대 교수를 역임하며 운동 생리학·뇌 억제 중추의 기능 등을 연구하여 파블로프의 선구가 되었음 - 옮긴이

16 페트라지츠키(Lev Iosifovich Petrazhitski, 1867~1931) : 러시아의 법학자. 페트로그라드 대학의 교수로 있다가 혁명 후 폴란드로 망명, 바르샤바대학 교수를 지낸 러시아 최대의 법학자로 법의 이원론을 제창하여 법철학 분야에 공헌했으나 마르크스주의 법학으로부터 비판을 받음. 주요 저서로 『법철학개론』(1900), 『법과 도덕의 연구 서설』(1905) 등이 있음 - 옮긴이

17 클류체프스키(Vasill Osipovich Klyuchevskii, 1841~1911) : 러시아 역사가. 사회학적 접근을 통한 러시아 역사 연구와 생동감 있는 문체 및 강의방식으로 당대 최고의 학자로 꼽

로프, 저명한 사회철학자 베르디아예프, 로스키, 솔로비에프를 비롯해 여러 러시아 사회과학자와 사회철학자의 중요한 저작들 대부분을 영어로 출판했다.

한편에서는 나중에 미국으로 이주해 미국 시민으로서 교수가 된 러시아 출신 학자들의 저작을 출간했다. 로스토프체프[19]를 비롯해 제법 많은 저명한 사회과학자들이 이들 학자군에 속하는데, 이들은 자신들의 러시아 유산에서 획득한 새로운 가치를 미국의 사회과학에 도입했다. 이 같은 식으로 러시아 인문사회과학의 모든 분야가 미국 과학계에 들어왔다.

특히 러시아 문학, 음악, 드라마가 미국의 정신과 문화에 미친 영향은 무척 크다. 러시아의 위대한 작가들은 무엇보다도 작문 방식에서 미국의 작가들에게 영향을 미쳤다. 러시아 작가들의 작품은 영어로 번역되어 미국의 문학과 문화에 매우 중요한 요소가 되었다. 톨스토이와 도스토옙스키, 투르게네프와 고골, 체호프와 고리키의 작품을 비롯해 소비에트 작가들의 최근 작품에 이르기까지 미국의 대다수 교양인에

힘. 모스크바대학 역사학 교수로 부임하며 말년에는 케렌스키 정권 시절 자유주의 성향의 입헌민주당의 지도급 인물이 되었음. 강의록을 바탕으로 출간한 『러시아사』(전 5권, 1904~22)가 주요 저작으로 남아 있음 - 옮긴이

18 밀류코프(Pavel Nikolaevich Milyukov, 1859~1943) : 러시아의 정치가·역사가. 모스크바대학 러시아사 강사로 지내다가 1895년 해임, 1903년 미국으로 건너감. 1905년 1차 혁명 때 귀국, 입헌민주당에 지도자가 되어 최초의 임시정부 외무장관이 되었으나 2개월 만에 사임. 이후 프랑스로 망명하여 반소(反蘇) 선전 활동을 전개함 - 옮긴이

19 로스토프체프(Michail Iwanowitsch Rostovtzev, 1870~1952) : 러시아 출신 미국 고고학자. 고대 그리스와 로마사에 대한 20세기 최고 권위자로 꼽힘. 페테르부르크대학 라틴어 교수로 있다가 러시아혁명 후 미국으로 건너감. 고고학적 관찰을 바탕으로 광범위한 시각, 생동감 넘치는 묘사, 때로는 과감한 해석을 도입한 저작으로 유명함. 주요 저작으로 『로마제국 사회경제사』(1926), 『헬레니즘 세계의 사회경제사』(1941) 등이 있음 - 옮긴이

게 알려졌다. 그중 톨스토이의 『전쟁과 평화』 등 몇몇 작품은 일반 대중에게 베스트셀러가 되기도 했다. 영국 문학을 제외하면 러시아 문학은 다른 어느 외국 문학보다도 미국에서 더 잘 읽히고 알려졌다. 러시아 문학은 미국 문화의 유기적 요소가 되었다.

러시아 음악, 특히 교향곡도 미국에 상당한 영향을 주었다. 최근에 1876년부터 1940년까지 미국의 8대 오케스트라 연주곡목에 오른 여러 작곡가의 작품의 빈도를 조사한 적이 있는데[20] 이 조사에 따르면 차이콥스키는 모든 작곡가 중에서 3~4위를 차지했다. 그 기간 동안 베토벤만 그를 넘어섰고, 또 몇 년 동안은 바그너, 브람스, 모차르트, 바흐가 그를 넘어섰지만 그 외 기간은 차이콥스키가 베토벤을 제외한 모든 작곡가들을 넘어섰다.

모든 시대를 통틀어 진정으로 위대한 작곡가들의 작품 다음으로 현대 작곡가들 가운데 연주 빈도에 관한 한 다음과 같은 저명한 러시아 작곡가들을 올려놓을 수 있다. 글린카, 림스키코르사코프, 무소륵스키, 스트라빈스키, 프로코피예프, 미아스코프스키, 쇼스타코비치, 스크랴빈, 라흐마니노프, 글라주노프[21], 글리에레[22], 루빈스타인[23], 보

---

20 J. H. Mueller and K. Hevner, *Trends in Musical Taste* (Bloomington, 1943).

21 글라주노프(Alexandr Konstantinovich Glazunov, 1865~1936) : 러시아 작곡가. 파리에서 러시아음악의 보급과 발전에 이바지함. 1922년 소련 음악가 최초로 '소련 인민예술가'의 칭호를 받음. 러시아 국민악파의 소산을 이어받아 발전시킨 교향시 〈스텐카 라진〉 등으로 유명함 - 옮긴이

22 글리에레(Reyngol'd Moritsevich Glière, 1875~1956) : 우크라이나의 후기 낭만주의 음악가. 〈붉은 양귀비〉, 〈하프협주곡〉 등의 발레곡으로 유명해짐. 정치적인 경향이 짙다는 이유로 비판받았으나 많은 젊은 작곡가들에게 커다란 영향을 끼쳤으며, 1937년 적기훈장, 1938년 소비에트 인민예술가상 등을 수상함 - 옮긴이

23 루빈스타인(Arthur Rubinstein, 1887~1982) : 폴란드 태생의 미국 피아노 연주가. 11세

로딘, 리아도프[24], 발라키레프[25], 몰로토프, 두켈스키, 베레소프스키, 이폴리토프-이바노프[26]를 비롯한 그 외 작곡가들이 그들이다.

베토벤, 바흐, 모차르트 덕분에 독일-오스트리아 음악이 미국의 주요 오케스트라 연주곡목에서 1위를 차지했다면 러시아 음악은 2위를 차지했다. 20세기 작곡가들을 살펴보면, 러시아 음악은 미국의 8대 오케스트라 연주곡목에서 1위를 차지한다. 또한 러시아 민속 음악은 미국에서 큰 인기를 얻어 미국 고유의 음악이 되었다. 〈볼가강 뱃노래〉, 〈검은 눈동자〉 등의 가곡과 수백 개의 러시아 민요를 수많은 밴드와 가수들이 연주하고 부르며 엄청난 인기를 얻었다.

더욱이 지휘자(헤이페츠, 피아티고르스키, 라흐마니노프, 쿠세비츠키 등)를 포함해 바이올리니스트, 첼리스트, 피아니스트 및 기타 연주자들뿐만 아니라 주요 오케스트라 단원들이 미국의 거장 음악가들의 반열에 오른 것을 보면 러시아가 미국 음악문화에 지대한 영향을 끼쳤다는 것

때 모차르트의 협주곡을 연주하고 베를린의 악단에 데뷔, 이후 세계 순연 공연하다 1946년 미국에 귀화함. 차이콥스키의 협주곡과 쇼팽에 가장 능하고 능숙한 기교와 장대(壯大)하고 화려한 표현이 특징임 - 옮긴이

24 리아도프(Anatoli Konstantinovich Liadov, 1855~1914) : 러시아의 작곡가. 황실 오페라단 지휘자의 아들로 태어나 1870년 림스키코르사코프에게 작곡을 배움. 1897년 황실 지리학회가 수집한 민요의 편곡에 몰두, 주로 피아노곡들을 작곡하다가 1900년 관현악곡으로 전향함. 시적이고 아름답고 세련된 피아노 소품과 관현악곡들로 러시아 낭만 음악에서 중요한 위치를 차지하고 있음 - 옮긴이

25 발라키레프(Milii Alekseevich Balakirev, 1837~1910) : 러시아의 작곡가·피아니스트·지휘자. 처음에 수학을 전공했으나 뒤에 독학으로 피아노·작곡을 배움. 러시아 국민음악 5인조를 결성. 가난한 젊은 음악도를 위해 페테르부르크에 무료 음악학교를 창설(1862), 1869년 황실 러시아 음악협회 지휘자를 거쳐 궁정 예배당 악장을 역임함(1883~1895) - 옮긴이

26 이폴리토프-이바노프(Mikhail Mikhaylovich Ippolitov-Ivanov, 1859~1935) : 러시아의 작곡가. 페테르부르크음악원에서 림스키코르사코프에게 사사를 받고, 티프리스음악학교장, 모스크바음악원장, 볼쇼이극장 감독을 지냄. 오페라 상연·보급에도 이바지하였으며 관현악곡 〈카프카스의 풍경〉를 비롯한 많은 작품을 남김 - 옮긴이

을 알 수 있다. 러시아에서 훈련을 받은 러시아 출신의 음악가는 미국의 주요 음악가들 사이에서 상당한 비율을 차지한다. 이 같은 식으로 러시아는 미국 음악에 엄청난 영향을 미쳤다.

러시아 연극, 특히 러시아 오페라, 희곡, 희극, 비극, 발레도 미국 연극과 발레에 매우 풍부하게 영향을 미쳤다. 미국에서는 상당수의 러시아 연극, 오페라, 발레를 상연하고 있을 뿐만 아니라 미국의 극장 예술은 러시아의 극장 예술을 빌려와 모방했다. 러시아 오페라, 〈모스크바 예술 극장〉 같은 드라마, 러시아 발레(미국에서는 그 단원들조차도 주로 러시아인이다), 미국 영화까지도 러시아의 연극의 영향에서 완전히 벗어나지 않았다.

요약하자면, 위에서 살펴본 분야에서 러시아는 미국 문화를 다양화하고, 풍부하게 하고, 수준을 높이는 데 크게 기여했다. 두 나라의 문화는 서로 상대 문화를 현저하게 풍요롭게 만들었다. 두 나라의 문화는 각자 상대 문화에 일련의 막대한 가치를 부여하여 각자의 삶과 문화의 유기적인 요소가 되었다. 두 나라는 주먹과 총알, 파괴와 증오를 주고받는 대신 각자의 것 중에서 가장 좋은 것을 서로에게 아낌없이 베풀어주었다. 이 같은 우호적인 교류의 강도와 규모를 보면 양국의 정신과 문화가 서로 깊이 조화를 이루고 있음을 다시금 알 수 있다.

이것으로 지금까지 논의한 양국의 사고방식, 사회제도, 문화가 심오하고 중요한 유사성을 가졌다고 결론 내릴 수 있다. 이 같은 유사성은 양국의 중요한 가치들 사이에 화해불가능한 갈등이 없었다는 점과 함께 두 나라 사이에 평화가 깨지지 않고 오래 유지된 중요한 요소다.

상황이 변하지 않고 그대로 있었다면 앞으로도 두 나라는 계속 협력을 유지했을 거라고 자신 있게 말할 수 있었다. 안타깝게도 서구의 문화의 전반적인 상태가 현저하게 변화했다. 러시아혁명과 공산주의는 러시아의 가치 체계를 근본적으로 변화시켰다. 소비에트 공산주의 가치 체계는 미국의 민주주의 및 자본주의 가치와 명백하게 충돌한다. 미국의 생활방식과 공산주의의 생활방식이 명백히 화해할 수 없다. 이 같은 명백한 가치 충돌이 실제로 어느 정도인지, 얼마나 깊고 화해할 수 없는지, 그것들을 조화시킬 수 있는 수단이 있는지 만약 있다면 무엇인지, 이것들은 이어지는 장들에서 논의할 문제다.

제9장

혁명의 파괴 국면 이후의 러시아

1. 공산주의 유령과 자본주의 유령

만약 러시아가 여전히 순수한 공산주의 사회이고 미국이 여전히 순수한 자본주의 사회라면 또 오늘날의 러시아가 혁명 초기(특히 1918~1922년)의 러시아이고 미국이 1920~1929년(대공황 이전)의 상태에 있다면 두 나라 사이에는 불가피하게 화해할 수 없는 충돌이 일어날 것이다. 이 같은 정반대의 가치 체계가 지속되면 화해불가능하며, 따라서 그 어떤 실질적인 협력도 기대할 수 없다. 현재 상황이 실제로 그러하다면, 러시아 공산주의에 대해 강한 의심과 우려를 품고 또 미국은 공산주의 러시아에 대항하는 십자군을 결성하든가 아니면 러시아와 가능한 멀리 떨어져 있어야 한다고 주장하며 미국과 러시아 사이에 전쟁이 불가피하다고 외치는 사람들이 어쩌면 아주 옳았을 수도 있다.

그 같은 사람들의 전제는 물론 이러한 전제에 기반한 결론은 다행스럽게도 대부분 잘못되었다. 그 같은 사람들은 적어도 지난 20년 동안 잠자고 있어서 그 기간 동안 두 나라에서 중대한 변화가 일어난 사실을 모르는 것 같다. 그들은 아무런 제한 없이 사유재산을 소유, 사용, 관리, 처분할 수 있다는 고전 이론에 기초한 고전 자본주의 체제는 지난 50년 사이에 미국에서 사라졌으며, 특히 지난 15년 동안 고전 자본주의 체제 및 사유재산제도와 근본적으로 다른 '기업 경제'와 '정부 관리 경제' 체계로 바뀌었다는 사실을 관찰하지 못했다.

그들은 1930년대 중반에 이르면서 그간 호전적인 무신론, '부르주아적 가치'의 전면적인 거부, 잔인성과 잔혹성, 광신적 이데올로기 등으로 점철된 러시아혁명의 공산주의 국면이 사실상 끝나고 러시아가 점차 혁명 이후 단계 즉 혁명 초기에 무너진 중요한 추세에 부합하게 부서진 경제를 재건하는 단계에 접어들고 있다는 사실을 전혀 알아차리지 못했다. 그들은 미국 자본주의와 러시아 공산주의가 이제는 각자의 예전 자아의 유령에 불과하다는 사실을 깨닫지 못했다. 이 같은 환상에서 벗어나기 위해 지난 20년 동안 러시아혁명과 공산주의에서 어떤 일이 일어났는지 좀 더 자세히 살펴보기로 하자.

2. 주요 혁명의 주기

실제로 역대 주요 혁명을 깊이 있게 조사한 (최근의 토크빌과 텐느H. Taine를 포함한) 모든 사람들은 그 혁명들은 이미 사멸하고 있는 그리고 혁명이 없었더라도 소멸되었을 제도와 풍조를 영구적으로 무너뜨리는 데 성공했을 뿐이라고 정확하게 간파했다. 가장 중요한 제도와 가치는 혁명의 파괴 단계에서 일시적으로만 무너졌을 뿐이다. 혁명의 파괴 단계가 지나가면 혁명의 힘이 약화되고 특히 혁명에 의한 혼란이 수습되어 혁명 이전의 추세가 다시 회복될 것이다.[1]

3. 러시아혁명의 주기

러시아혁명에도 이 같은 일반화가 적용된다. 대략 1918년에서 1934년 사이에 러시아혁명은 러시아의 모든 퇴폐적인 제도와 문화적 가치를 제거했다. 또한 러시아혁명은 일시적으로 대부분의 창조적인 제도까지도 훼손했으며 혁명 이전의 중요한 추세를 중단시켰다. 러시아혁명의 실제 과정을 충분하게 관찰하지 못한 사람에게는 그 상황이 러시아 역사와 민족 문화의 장구한 시대가 종결되고 완전히 다른 사회문화 질서가 갑자기 출현한 것처럼 보였다. 실제로 피상적인 관찰자들뿐만 아니라 혁명의 지도자들과 희생자들에게는 러시아혁명의 과업이 바로 그 같은 성질을 띠고 있는 것으로 비쳤다.

그렇지만 실제로는 혁명의 파괴 단계는 1930년대 중반에 끝났다. 그 후로 러시아의 사회문화 생활은 급격히 변화하여 전혀 다른, 즉 이전과는 거의 정반대의 성격을 띠게 되었다. 러시아혁명 초기 국면에서 파괴되었던 많은 부분이 지금은 재건되고 있다. 러시아혁명이 한때 비방했던 것 중에서 많은 부분을 지금은 칭송하고 있다. 반대로 혁명 1기에 만들어낸 많은 사이비 가치와 제도들이 혁명 2기에 들어서면서 와해되기 시작했다. 혁명 초기 국면에서 일시적으로 수면 아래로 내려갔던 중요한 사회문화의 가치가 점차 회복되어 혁명이 거의 마무리될 무렵까지 혁명을 물러가라고 요구했다. 요컨대 이것이 러시아혁명의 주기다.

그 공식은 '냉전' 시절에 일부 공산주의 특성이 부활하는 등 사소

---

1 졸저 *Sociology of Revolution* (J. P. Lippincott Co., 1925) 및 *Dynamics*, Vol. 3을 보라.

한 변동과 후퇴가 있었다는 사실을 무시하지는 않는다. '냉전'이 끝나면 그 같은 특성의 부활도 멈출 것이다. 만약 냉전이 '열전'으로 바뀐다면 전 세계가 공산주의 또는 그와 유사한 형태의 전체주의 조직으로 바뀔 것이다. 그렇게 될 경우에는 러시아혁명의 주기가 아니라 세계혁명의 주기를 다루어야 한다.

러시아혁명의 개략적인 주기는 스탈린이 여전히 러시아의 독재자이고 혁명의 파괴 국면을 주재한 공산당이 러시아를 통치하고 있다는 점에서 더욱 두드러진다. 피상적인 관찰자에게는 이 같은 사실은 러시아혁명의 성격이 변하지 않았다는 반박할 수 없는 증거다. 공산주의 지도자들은 마음속 깊은 곳에 어쩌면 혁명 초기 단계에 자신들에게 활력을 불어넣어주었던 열망과 가치를 여전히 간직하고 있는지도 모른다. 그럼에도 불구하고 그들이 가진 은밀한 열망은 사태의 실제 전개 과정에는 영향을 미치지 않는다.

중요한 것은 스탈린과 공산당이 1930년대 중반 이래로 실제로 어떤 활동을 했느냐다. 보다 중요한 것은 그 기간 동안 러시아의 사회문화 생활이 겪은 변화의 성격과 방향이다. 이 문제에 대한 답변을 과학적이고 사회학적으로 타당하게 진술하면 다음과 같다. 첫째, 러시아혁명 2기 동안 스탈린과 공산당이 수행한 과업은 1기 때와는 전혀 다를 뿐만 아니라 상당 정도 직접 반대된다. 둘째, 러시아혁명 2기 때의 사회문화의 변화 방향은 1기 때와는 매우 다르며 부분적으로는 반대된다. 이 같은 전격적인 방향전환은 억누를 수 없는 사회문화 세력의 압력을 받은 소비에트 지도자들에 의해 실행되었다.

그들은 권력의 자리에서 축출되지 않으려면 그 사회문화 세력의 명령을 무시할 수 없었다. 그 후로 그들은 자신들이 이전에 비난했던 많은 것을 점점 칭송하고 이전에 자신들이 찬양했던 많은 '공산주의의 신'을 비난했다. 그렇게 하지 않았다면 그들은 오래전에 타도되어 역사의 준엄한 명령에 순종하는 지도자들로 대체되었을 것이다. 혁명 지도자들이 이 같은 식으로 변신한 경우는 이전에도 많이 있었다.

4. 공산주의의 쇠퇴와 활력 넘치는 신생 러시아의 성장

이 같은 결론을 확증해주는 사실들은 너무 많아서 일일이 다 열거할 수가 없다. 여기서는 몇 가지 대표적인 사례만 살펴보기로 하자.

가족 해체에서 재건으로
공산주의 혁명의 초기 국면에서 혁명 지도자들은 자신들이 폐지하려 한 자본주의 체계와 사유재산제도의 초석인 일부일처제 가족과 혼인 제도를 파괴하려고 시도했다. 이에 따라 이혼의 완전한 자유가 도입되었다. 자유연애는 '물 잔'이라는 유명한 비유를 통해 미화되었다. 즉 목이 마르면 어떤 잔으로 갈증을 해소하느냐가 중요하지 않듯이 성적 욕구가 생길 때도 어떤 '성적 잔'[여성을 말함]으로 욕구를 해소하느냐'는 중요하지 않다.

더욱이 사회적으로 승인된 결혼과 순간적인 성관계 사이에 법률상의 구별이 사실상 폐지되었다. 공산주의 법은 남성과 여성 간의 계약은 성적 욕구를 충족하기 위한 것이라고 규정했다. 계약은 무기한으로 할 수도 있고, (1년, 한 달 또는 일주일 등) 일정 기간으로 할 수도 있으며, 단일 건만 할 수도 있다. 이 같은 조건에서는 완전한 이혼의 자유뿐만 아니라 당사자들은 공식적인 이혼 절차를 밟을 의무도 없다. 즉 아내도 남편도 이혼 절차를 통보하지 않고서도 이혼할 수 있었다. '혼인' 신고도 필요도 없었다. 이 같은 조항에 따르면, 일부다처제, 중혼제, 그 외 모든 형태의 결혼이 합법적이다. 낙태도 환영받았으며, 심지어 국가가 조장하기도 했다.

그 같은 '자유'의 결과에 대해서는 이미 아리스토텔레스가 플라톤의 공산주의 체계를 여성에게 적용하여 비판하면서 지적한 바 있다. 자유연애의 결과 길거리 떠도는 집 없는 아이들 무리가 곧 소련 자체에 실질적인 위협이 되었다. 수백만 명, 특히 소녀와 여성이 신경쇠약 상태가 되었다. 소비에트 법은 여성이나 소녀에게 자녀의 아버지로부터 양육비를 받을 수 있는 권리를 부여했다.

해외에 있는 일부 공산주의 예찬자에 따르면, 이 양육비가 아내와 자녀의 이익을 충분히 보호해 주었다고 한다. 그런데 실제로는 그 남자의 총수입이 한 달에 12달러에 불과하거나 실제로 평균적으로 이보다 적은 경우에는 이 12달러로 자신과 첫째 아내와 그 자녀들 그리고 두 번째 아내와 그 자녀들 등 모든 부양가족을 충분히 부양할 수 없는 것은 명백한 사실이다.

몇 년 동안의 실험 끝에 소련 정부와 공산당조차 자신들의 정책이 사회에 유해하다는 것을 인식하게 되었다. 그 실험의 비참한 결과에 대한 사회의 압력을 받은 소련 정부와 공산당은 단계적으로 그 정책을 폐지했고 마침내 그 반대의 정책, 즉 혁명 이전의 가족 및 결혼제도를 복원하는 정책을 취하게 되었다. 이른바 '물 잔' 이론은 각계에서 비판을 받았고 그 이론을 극렬하게 지지한 자들은 '반혁명분자'로 몰려 처벌을 받았다.

그 이론은 신실함과 삶의 충성심을 강조하는 엄격한 빅토리아시대의 법전으로 대체되었고, 성 바울의 교훈을 받들어 성적 순결과 정숙을 미화하고, 결혼과 가족을 규제하는 법률로 바뀌었다. 이혼의 자유는 혁명 이전의 상태로 환원되었다. 사회적으로 승인된 결혼과 순간적인 성관계를 엄격하게 구분했다. 결혼의 고결성이 회복되었다. 낙태는 산모 생명의 안전이나 대부분의 서구 국가의 법률에서 허용하는 합법적인 경우가 아니면 처벌을 받았다.

1943년에는 남녀 공학이 남자고등학교와 여자고등학교로 분리되었다. 요컨대, 혁명의 파괴 국면이 지난 후 기존 정책을 완전히 되돌려놓자 결혼과 가족은 혁명 이전의 형태로 되돌아갔다. 1940년에 이르러 러시아혁명의 주기가 거의 완료되었다. 그 당시의 러시아 가족과 결혼은 대부분의 서구 국가보다 '빅토리아' 시대에 더 가까웠다(오히려 빅토리아시대 가족의 위선적인 성질이 없어졌다).

1940년에는 (특수한 의미의) '자유연애'가 러시아에서 다른 많은 나라보다 덜 빈번하게 나타났다. 지금까지 살펴본 내용이 20년의 짧은 기간 동안 거쳐 온 러시아 가족의 주기다. 러시아혁명은 가족을 파괴하는 헛된 시도를 했으나 끝내 무시할 수 없는 사회의 압력에 굴복했다. 그 결과 가족의 안정은 지금까지 계속되고 있으며 이 같은 추세는 소비에트 블록 전체로 확대되고 있다.

종교 박해에서 관용으로

아직 러시아혁명의 주기가 완료되지는 않았지만, 종교와 양심의 자유 분야에서도 유사한 주기를 관찰할 수 있다. 앞에서 보았듯이(제5장), 러시아혁명 초기에는 종교, 특히 러시아정교에 부정적이거나 적대적인 태도로 일관되었다. 공산주의 통치자들은 온갖 수단을 동원하여 종교를 박해하여 박멸하려 했다. 공산주의와 종교 체계의 공존은 불가능한 것처럼 보였다. 1930년대 초 이후로 종교 분야에서 두드러진 변화가 나타났다. 공산당의 호전적인 무신론이 누그러지기 시작했고, 박해가 느슨해졌으며, 종교에 대한 관용이 일정 정도 나타났다.

그 이후로 이 같은 새로운 정책이 확연하게 진전되었고, 이제는 소련 정부와 러시아정교 교회가 제법 사이좋게 협력하여 국방을 비롯한 여러 분야에서 힘을 합치고 있다. 종교에 대한 박해와 차별은 대체로 사라졌다. 종교의 가치가 명시적으로 승인을 받았으며, 정부는 과거의 위대한 러시아정교 지도자들이 국가에 봉사한 공로를 치하했다. 러시아정교 교회와 성직자들도 정부에 대해 더 이상 박해 기간 동안에 가진 불안하고 암묵적으로 부정적인 태도를 보이지 않았다.

러시아정교와 국가는 완전히 분리되었고, 국가를 지지하는 것은 순전히 자발적이었다. 러시아정교는 민주적이었고, 성직자단은 선출을 통해 구성했으며, 1917년에 전(全) 러시아정교 총회에서 확정된 총대주교를 수장으로 추대했다. 사제와 주교는 더 이상 국가 관료가 아니었고, 대개 카리스마를 가진 정신적, 도덕적 지도자였다. 요컨대, 러시아정교는 혁명 이전에 명확하게 공식화된 체제를 갖추게 되었다.[2]

러시아와 서구 블록 및 바티칸 사이의 '냉전'이 일어나지 않았다면 또 서구 대부분의 기독교 종파들이 소비에트 러시아에 적대적인 정치 파벌로서 이 투쟁에 적극적으로 개입하지 않고 소비에트 러시아를 약화시키려는 시도를 하지 않았다면, 소비에트 정부는 점점 더 종교와 협력했을 것이다.

---

2   다음을 보라. N. S. Timashev, *Religion in Soviet Russia* (Sheed, 1942).

안타깝게도 '냉전'으로 인해 이 같은 추세가 일시적으로 중단되었다. 이 정치투쟁에서 바티칸과 서구의 종교 조직들이 공격을 하자 소비에트 정부는 자기방어를 위해, 특히 소비에트의 무자비한 적대세력인 바티칸에 대항하여 반격을 개시했다. 그 결과 소비에트의 종교에 대한 무관용이 주로 러시아 외부의 소비에트 블록 국가에서 부활했다. 냉전'이 지속된다면 소비에트 정부와 종교 단체 사이의 전쟁이 재개될 것이다. '냉전'이 종식되면 소비에트의 반종교 운동도 중단될 것이다.

전제정치에서 약간의 자유로

'냉전' 시기에 이르기 전까지는 사상, 연설, 언론 및 결사의 자유에서도 정도는 미미하지만 동일한 변화가 관찰되었다. 러시아혁명 초기에 공산주의 교리는 이 같은 '자유'는 모두 '위선적인 부르주아적 편견'일 뿐이라고 주장하며 이 같은 자유를 조롱하고 부정하고 배척했다. 러시아혁명 2기에 들어서면서 1936년의 새로운 소비에트 헌법은 그 같은 자유는 양도할 수 없는 시민의 권리라고 공식적으로 선언했다.

'냉전' 시절 이전에도 이 새로운 원칙은 완전히 실현되지 않았다. 러시아에는 여전히 정부 언론만 있었고, 모든 인쇄 시설은 정부 소유였다. 당국의 승인 없이는 어떤 것도 출판할 수 없었다. 연사가 열렬하게 반대 연설을 하면 교도소로 가기 십상이다. 또한 당국의 승인 없이는 협회를 결성할 수 없었다. 그렇지만 정부의 통제 틀 안에서는 언론과 사상에서 반대 의견에 대한 허용 범위가 혁명의 1기 때보다는 훨씬 넓어졌다. 많은 이론과 평론을 표현하고 출판해도 투옥이나 처벌을 받지 않았다.

혁명 초기에는 공산주의 및 소비에트 정부와 직간접적으로 관련된 저작만 출판, 배포되었다. 1940년까지 (공산주의, 소비에트주의, 공산주의 지도자를 날카롭게 비판한 일부 작품 포함한) 광범위한 문학작품, 많은 과학 및 학술 저작, 공산주의와 직접 관련이 없는 저작, 심지어 약간의 종교 및 철학 저작들이 점점 더 많이 출간되었고, 그 대신에 공산주의 문학의 출간은 계속 줄어들었다.

전반적인 상황이 자유주의 사상의 발전을 촉진하는 데 많은 기여를 했다. 요컨대, 러시아혁명 2기 동안에는 사상, 연설, 언론의 자유가 다방면으로 확대되었다. '냉전'은 그 추세를 되돌려놓았고 모든 형태의 자유에 새로운 제한이 재도입되었으며 소비에트 블록의 모든 국가에서 시민의 사상과 행동이 다시 엄격하게 제한되었다. '냉전'이 존속하는 한 자유는 계속 후퇴할 것이다. '냉전'이 격렬해지면 소비에트 정부의 전제정치도 심화될 것이다. '냉전'이 종식되면 더 폭넓은 자유를 향한 추세가 다시 나타날 것이다. '냉전'이 '열전'으로 비화된다면 소비에트 국가뿐만 아니라 서구 국가를 비롯한 모든 나라에서 자유가 사라질 것이다.

러시아 문화에 대한 비방에서 찬미로

혁명의 파괴 국면에서는 종교, 가족, 법률적·윤리적 가치뿐만 아니라 러시아의 위대한 작가, 작곡가, 과학자, 철학자들의 작품까지도 신랄하게 비난했다. 푸시킨, 톨스토이, 도스토옙스키 등 러시아 최고의 작가들은 '타락한 귀족의 대변자'라고 비난받았다. 도스토옙스키의 『악령』을 비롯한 일부 작품은 「금서목록」에 올랐으며 『카라마조프의 형제들』조차도 모스크바 예술극장 무대에서 상연이 금지되었다.

음악 작곡과 작곡가도 마찬가지였다. 〈슬라브 행진곡〉 및 〈1812년 서곡〉 등 차이콥스키의 여러 작곡과 림스키-코르사코프의 여러 오페라가 공개 공연에서 제외되었다. 이 같은 금지 이유는 물론 '반혁명 정신'을 사전에 억누를 필요 때문이었다.

그 기간 동안에는 '부르주아 가치'에 대한 이 같은 부정적인 태도와 지독한 불관용이 만연했다. 정치 분야와는 별 관련이 없는 수천 권의 책들이 도서관에서 압수되어 폐기되거나 배포가 금지되었다. 비(非)마르크스주의 역사 서적 및 사회과학 서적 그리고 레닌이나 트로츠키, 부하린, 스탈린의 정통 마르크스주의 교리 해석에서 벗어난 심리학 및 철학 서적 대부분이 이 부류에 속했다. 미국 대중에게 인기가 있는 러시아어로 번역된 윌리엄 제임스의 저작도 '반혁명' 문학으로 분류되어 배포가 금지되었다.

순수 예술도 역시 공산주의 정부가 규정한 기준에서 벗어나면 모두 직간접적으로 금지되었다. 러시아혁명 초기에 정부는 '미래지향적이고' '현대적인' 스타일을 열렬히 지지했다. 그래서 아무리 부조리해도 이 같은 스타일로 창작된 것은 환영했고, '부르주아적 구식 스타일'과 반혁명적 스타일'은 억압하거나 배척했다.

이 같은 빗나간 열정 때문에 대학과 고등학교 커리큘럼에서 마르크스주의가 아닌 대부분의 사회, 인문, 철학 과목이 폐지되고 '공산주의 신학'이라는 별명이 붙은 과목으로 대체되었다. 커리큘럼은 정통 공산당 역사, 공산주의 혁명, 소련의 정치구조, 소련의 경제 조직, 공산주의 교리 입문서로 구성되었다. 비마르크스주의 교수들은 (비록 총살당하거나 투옥되지는 않았지만) 해직되었다. 정부가 지정한 공식적인 교리에 엄격히 부합하지 않는 저작물은 거의 출간되지 않았다.

수학과 자연과학까지도 '부르주아적'이라고 규정하여, '프롤레타리아' 수학, 물리학, 화학, 생물학으로 대체하려 했다. 진짜 과학자들은 대체로 관련 분야에 무지한 '적색 교수들'로 대체되었다. 초등학교 산수 교과서에 나오는 "상인이 아주 많은 사과를 팔면 동전을 얼마나 받을까" 등과 같은 사칙연산 문제도 모두 '반혁명적, 부르주아적'이라 규정하여 삭제했다. 그 같은 문제들은 "적군이 되려면 얼마만큼 반혁명분자들을 살해해야 할까" 같은 식으로 바뀌었다. 이 같은 얼토당토않은 과학과 수학의 '프롤레타리아화'는 결국 폐지된 것은 말할 필요도 없지만 그 같은 시도는 당시 공산주의 통치자들 사이에 만연한 정신을 잘 보여준다.

1930년대에 들어서면서 이 같은 태도에서 변화가 나타나기 시작했다. 처음에는 그 같은 변화가 감지할 수 없을 정도로 미미했으나 이후 급속하게 탄력을 받았다. 대부분의 문화적 가치를 예리하게 평가하여 이전의 부정적인 태도가 바뀌었다. 푸시킨 서거 100주년인 1936년에 정부는 그를 기리기 위해 수백 개의 공식 축제와 수천 건의 공개회의를 개최하고 그의 작품을 재출간하도록 명령했으며 전례 없는 용어로 그의 천재성을 칭송했다.

그를 '타락한 귀족의 대변자'라고 비난하던 공산주의 서적들을 이제는 반공적이고 반혁명적이라고 선언했다. 공산주의자들을 포함해 이전의 태도를 고수하고 있는 작가들은 '반혁명적인 행동'을 중단하라는 경고를 받았다. 요컨대, 정책의 방향이 180도 바뀌었다.

위대한 러시아 문학뿐만 아니라 유명한 뮤지컬 드라마, 회화, 건축 구조(러시아 건축사에서 중요한 교회 포함) 그리고 최종적으로는 과학적, 철학적, 종교적, 윤리적, 법률적 가치에도 위와 동일한 일반화가 적용된다. 이것들도 모두 높이 평가받고 찬사를 받았다. 그것들을 비방하는 모든 시도는 금지되었고, 공개적으로 징계를 받았으며, 때로는 반혁명분자로 몰려 처벌을 받았다.

러시아혁명 초기에는 반응이 너무 심해서 대부분의 마르크스주의적 러시아 역사 교과서, 특히 이전의 공공 교육위원회 포크롭스키 Pokrovski[3]가 승인하여 저술한 교과서까지도 금지되었다. 이들 교과서를 비롯한 유사한 교과서들은 러시아혁명 이전에 사용한 초등학교 러시아 역사 교과서와는 전혀 다른 교과서로 대체되었다. 이 교과서는 저명한 러시아 황제와 왕자, 장군, 경제 조직가, 발명가와 과학자, 예술가, 종교 지도자를 창의적인 비범한 재능을 가진 러시아 문명의 탁월한 건설자라고 명시적으로 언급했으며 이에 그치지 않고 열렬히 추켜세우기까지 했다. 러시아혁명 초기에 출간된 공산주의 지도자들의 많은 서적들까지도 이제는 금지하여 회수되었으며 '트로츠키주의자' 또는 '오류투성이의' 출판물이라는 딱지가 붙었다.

영화에서도 혁명 초기에 '반혁명가'라는 불리던 극중 인물을 칭송하기 시작했다. 〈알렉산드르 넵스키〉(이 영화는 미국에서 상영되었다), 〈표트르 대제〉 같은 영화에서는 러시아의 저명한 왕자와 (알렉산드르 넵스키 등) 성인, (표트르 대제와 알렉산드르 1세 등) 황제, (수보로프[4]와 쿠투초프[5] 등) 장군 그리고 (비록 매우 보수적이긴 하지만) (로모노소프, 멘델레예프,

---

3 포크롭스키(Mikhail Nikolaevich Pokrovskii, 1868~1932) : 러시아 역사가. 1905년 볼셰비키에 입당. 소비에트 정부에서 일하며 만년에는 소비에트 역사학과 역사교육의 최고 권위자가 됨. 주요 저서 『고대로부터의 러시아사』와 『러시아 문화사 개설』은 러시아 역사 전체의 해석을 바꾸어 놓았다는 평가를 받고 있음 - 옮긴이

4 수보로프(Aleksandr Vasiljevich Suvorov, 1729~1800) : 러시아의 장군. 7년 전쟁(1756~63)과 러시아·터키 전쟁에 종군(1773~74), 최초의 육군 원수가 되어 푸가쵸프의 반란을 진압. 1799년 북이탈리아 노비에서 프랑스군을 격파, 러시아군 최고 사령관에 임명(1800)되는 등 러시아의 역사적 명 장군으로 평가받음 - 옮긴이

5 쿠투조프(Mikhail Illarionovich Golenishchev Kutuzov, 1745~1813) : 러시아의 장군.

파블로프 등) 저명한 러시아 과학자, 유명한 경제 조직가 등을 불멸의 인물로 묘사했다.

이 같은 방향전환에 맞춰 대학과 고등학교 커리큘럼에는 대부분의 사회, 인문, 철학 과목이 다시 도입되었다. 진짜 학자들은 각자의 전문 연구 분야에 복귀했다. 경제 활동, 기술, 과학, 교육, 예술, 심지어 군사 활동에 이르기까지 관련 분야에 무지한 공산주의자들이 진정한 전문가들로 대체되기 시작했다.

1942년 8월 25일부터 27일까지 (공산당 공식 기관지) 「프라우다」 Pravda에 실린 공산주의 지도자 알렉산드르 코르네이추크[6]의 「전선」 The Front이라는 제목의 희곡은 새로운 문화적, 실천적 지향점을 보여주는 전형이다. 이 희곡에서 악당인 '전선'의 총사령관은 내전에서 두각을 나타낸 저명한 공산주의자 고를로프다. 그는 철저하게 어리석고 무능하며 이기적이고 허영심 많은 사람으로 묘사되고 있다. 내전에서 아무런 역할도 하지 않았고, 공산당 내에서 어떤 공직도 차지하지 않고, 혁명적 업적에 대해 자랑할 만한 훈장도 없는 젊은 장군 집단이 그와 대립한다. 고를로프는 그들을 자신의 전략적 계획과 군사 명령을 무시했다는 이유로 혐오한다. 그들은 그의 명령은 무능하고 그가 내전에서 이룬 업적은 지금 전쟁의 긴급 상황과는 무관하며, 혁명에서 세

러시아-오스트리아 연합군의 지휘관으로 아우스테를리츠 전투에 종군, 나폴레옹 전쟁의 총지휘관으로 모스크바 퇴각을 추격해 승리함. 그 후 러시아군을 이끌고 유럽 각지 전전하며 나폴레옹 지배하의 유럽 여러 나라를 해방시킴 - 옮긴이

6 알렉산드르 코르네이추크(Alexander Korneytschuk, 1905~1972) : 소련의 극작가. 우크라이나 태생. 1925년 단편 작가로 출발, 희곡 『함대의 멸망』(1933)으로 인정받음. 형식주의를 벗어나 공산주의 세계에서는 찾기 힘든 인간적인 따스함이 풍기는 작품을 남김. 주요 작품으로 『플라톤 크레체트』(1934), 『전선』(1942)이 있음 - 옮긴이

운 공훈으로 받은 월계관에 의지하여 '유복하게 살고' 있다며 이제는 사임해야 한다고 침착하게 응수한다. 고를로프는 그들의 계급을 박탈하고 군법회의에 회부하도록 명령한다. 그런데 그 순간 모스크바로부터 고를로프를 해고하고 이들 장군 중 한 명을 그의 자리를 대신하여 총사령관으로 임명하라는 명령이 내려온다.

그 연극은 공산주의자가 각본을 쓰고 「프라우다」에 연재된 것을 러시아에서 상연한 것으로 러시아혁명이 러시아 문화의 거의 모든 진정한 가치와 관련하여 급격하게 변화하고 있음을 상징적으로 보여준다. 러시아혁명 초기에 일시적으로 수면 아래로 가라앉았던 이 같은 가치들이 다시 수면 위로 올라왔고, 러시아의 역사 문화를 겉만 번지르르하게 꾸민 문화로 대체하려는 공산주의의 시도는 허망하게 끝났다.

혁명 주기가 완료됨에 따라 러시아인의 정신구조는 근본적으로 변화하여 혁명 초기와는 확연하게 달라졌고 혁명 이전 시대의 중요한 추세에 따라 발달하고 있다. 혁명 이전에 빈사 상태였던 것은 사멸했고, 활력을 가진 것은 되살아나 번성하고 있다. 혁명 초기에 함양된 계급 증오 정신은 사라지고, 국민 통합과 모든 계급 및 집단의 연대 정신으로 대체되었다.

혁명 초기에는 '애국심', '러시아', '조국', '모국' 등의 용어는 의심을 받았다. 당시에는 "프롤레타리아트 만세!", "공산주의 인터내셔널" 등의 슬로건이 환영을 받았는데 지금은 사람들 뇌리에서 잊혀졌다. 공산주의 인터내셔널은 해산되었다. 심지어 1943년 5월 1일 자 명령(명령 번호 195) 등 스탈린의 공식 명령에서도 "공산주의, 프롤레타리아트, 제3 인터내셔널 만세!", "자본주의와 부르주아지에 죽음을!" 대신에 "영광스러운 조국 만세!", "용감한 붉은 군대 만세!", "용감한 해군 만

세!", "용맹스런 남녀 게릴라 만세!", "독일 침략자들에게 죽음을!" 등의 슬로건이 등장했다. 프롤레타리아 연대 또는 국제 공산주의에 대한 호소가 애국주의에 대한 호소로 바뀌었고, 민족 단결에 대한 호소가 계급 분열에 대한 호소로 바뀌었다.

이 같은 변화는 지난 전쟁이 발발하기 몇 년 전부터 이미 진행되고 있었는데 전쟁이 일어나면서 가속되었다. '냉전'으로 인해 이 같은 변화가 약화되었고 혁명 초기의 일부 정책이 부활했다.

공산주의 적군에서 러시아 국군으로
많은 사람들이 붉은 군대의 영웅주의와 비범한 투지, 장군들의 능력, 러시아의 상당한 기술적 준비성 그리고 투쟁 중에 러시아국민이 보여준 무한한 희생과 러시아의 예상치 못한 군사적 특성을 보고 놀라움을 금치 못했다. 히틀러와 그 휘하의 장군들뿐만 아니라 거의 모든 외국 전문가들은 터무니없을 정도로 러시아 군대를 과소평가했다. 많은 사람들이 러시아 군대의 예상치 못한 위력을 보고는 당황스러워했다. 일군의 기자들은 겉모습만 보고는 그 같은 위력을 러시아혁명의 마법에 의한 것이라고 설명했다.

이 같은 '관찰자들'은 혁명 당시에는 러시아는 그렇다 할 만한 군대나 장군, 군사 장비를 보유하지 않았다고 말한다. 그들은 이 모든 것들이 러시아혁명의 요술 지팡이 탓이라고 주장한다. 그 같은 완전히 얼토당토않은 견해에 대해 지적할 필요도 없다. 조금만 생각해보더라도 러시아 역사의 시초부터 일류 군사 지도자들이 지휘하는 강력하고 잘 정비된 군대가 없었고, 국토 방어를 위해 국민이 잘 조직되지 않았다면 러시아라는 나라가 생존하고 대제국으로 확장해가는 것은 불가능했을 것이라고 진지하게 고려했을 것이다.

러시아는 동유럽을 지나 아시아로 뻗어 있는 탁 트인 평원이다. 이 평원에는 대양이나 바다 그리고 넘을 수 없는 산 같은 자연의 장벽이 없다. 이 평원은 이를 정복하려는 유럽인은 물론 아시아인들로부터 끊임없이 침략을 당했다. 이 같은 사실에도 불구하고 러시아가 파괴되지 않았다면 또 거의 모든 침략을 격퇴하고 침략자들을 물리쳤다면 그리고 약 1200년의 역사가 지난 후에도 러시아가 여전히 지도에 남아 있다면(실제로 그렇다), 이는 러시아가 군사적 방어를 성공적으로 조직할 수 있는 일류 군대와 일류 전사, 지도자, 장비를 보유하고 있었기 때문이다.

러시아 군사(軍史)에 능통한 사람들은 러시아 군대가 다른 어느 나라만큼 훌륭하고, 다른 어느 나라만큼 군사적 노력을 하여 빈번히 승리를 거둘 수 있는 뛰어난 군사 지도자를 가졌다는 것을 잘 알고 있다. 스비아토슬라프, 디미트리 돈스코이, 이반 뇌제[7], 알렉산드르 넵스키, 표트르 대제, 수보로프, 쿠투초프, 스코벨레프[8] 등의 이름은 유럽 역사상 가장 뛰어난 군사 지도자 반열에 올라와 있다.

요약하자면. 러시아 군대와 전사로서의 국민에 대해 알지 못하고 러시아 군사(軍史)에 대해 아무것도 모르는 사람들에게만 붉은 군대의 불굴의 정신, 강인함, 영웅적인 자질, 전투의 천재성은 믿을 수 없는 놀라운 일이며, 수수께끼 또는 러시아혁명의 마법의 결과로 보인

---

7 이반 뇌제(Ivan the Terrible) : 러시아의 황제(1530~1584, 재위 1533~1584)로 극단적인 공포정치를 시행한 이반 4세에게 붙여진 별칭. 러시아의 경제 발전에 새로운 가능성을 여는 공을 세움 - 옮긴이

8 스코벨레프(Skobelev, 1843~1882) : 러시아의 장교. 러시아의 투르키스탄 정복과 1877~78년 러시아-투르크 전쟁에서 탁월한 공을 세워 러시아가 칸국 전체를 점령할 수 있는 길을 터주는 역할을 함 - 옮긴이

다. 러시아 군사(軍史)에 능통한 사람들은 이 같은 자질들은 비록 상당히 부족한 면이 있긴 하지만 수세기에 걸친 러시아 민족의 군사 전통과 사실상 궤를 같이한다는 것을 알고 있다.[9]

러시아혁명 초기의 적군은 매우 허약하여 어느 강대국의 군대는 물론 심지어 비교적 약한 폴란드와 핀란드의 군대나 이미 부분적으로 해산된 1918년의 독일 군대에도 저항할 능력이 없었다. 혁명 초기에 적군은 수적으로 변변치 않은 분견대 정도인 소위 백군에게도 여러 차례 패배했다. 적군이 이렇게 허약해진 것은 다음 세 가지 이유다.

(1) 1921~1922년에 적군을 기존 러시아 국군을 모델로 하여 재조직하기 시작했다. (2) 공산당 정부가 적군을 재조직할 때 차르 시절의 장군들을 영입했다. (3) 신병을 '프롤레타리아트'의 자원입대로 모집하지 않고 러시아혁명 이전처럼 보편적 징병제를 도입했다.

그때 이후로 소비에트 정부는 군대 재조직화 과업을 2차 세계대전이 발발할 때까지 지속적으로 추진했다. 계급 위계를 설정하고, 병사를 조직하여 규율을 세우고, 현대 전쟁에서 요구되는 다양한 기술 및 여타 전술 변화를 익히는 등 이 같은 재건 과정에서는 러시아 군대의 영광스러운 전통, 과거 지도자의 영웅적인 행동, ('공산주의' 또는 '프롤레타리아트'가 아닌) 조국 또는 모국에 대한 사랑이 지대한 영향을 미쳤다.

최근까지 남아 있는 공산주의의 한 가지 중요한 특성은 공산당 상사

---

[9] 타타르족이 침략한 이후로 러시아가 관여한 어느 분쟁에서도 2차 세계대전 때 독일군이 그랬던 것만큼 러시아는 국토의 넓은 그리고 중요한 부분을 점령하도록 허용하지 않았다. 1차 세계대전 당시 전력이 다소 약화된 것으로 평가받는 차르 군대도 제국 국경 근처에서 적을 물리치는 데 성공했다. 무정부 상태와 혁명으로 러시아가 심각하게 약화되었던 17세기 초 '고난의 시대'에만 적들은 2차 세계대전 때 추축국 군대가 침투한 것만큼 (순수한 군사적 수단보다는 주로 외교적 수단으로) 깊숙이 침투할 수 있었다. 두 경우 모두 러시아가 재난에 처한 것은 주로 장기간 무정부 상태와 혁명으로 인해 나라가 황폐해졌기 때문이다.

에 대한 충성을 보장하기 위해 군대를 보유한 정치 위원들을 사용하는 것이었다. 그러나 이 같은 특성조차도 마지막 전쟁이 임박해오자 곧바로 폐지했다. 오늘날에는 적군이 사실상 러시아 국군이다. 적군 지도자와 장군들은 과거의 위대한 러시아 전사들의 후계자들로서 그들의 발자취를 따르고 그들의 행동과 정신을 모방한다. 러시아 국군의 복원은 지금에야 거의 완료되었다. 최근의 두 가지 혁신이 이것을 상징적으로 보여준다(그것은 그 자체로는 중요하지 않지만 우리의 목적을 고도로 암시해준다).

1943년에 소비에트 정부는 영웅적 행동에 대해 세 개의 새로운 최고 군사 훈장을 부여했다. 그때까지 그에 버금가는 훈장은 레닌 훈장, 사회노동당 영웅 훈장 그리고 뚜렷한 혁명적 공적에 주어지는 훈장뿐이었다. 이제는 러시아혁명에 공헌을 세운 사람들에게 수여하는 훈장들과 나란히 13세기의 유명한 왕자이자 전사이며 성인 알렉산드르 넵스키 훈장, 모든 시대를 통틀어 최고의 군사적 천재로 꼽히는 차르의 장군 수보로프 훈장, 나폴레옹 군대를 물리친 쿠투조프 훈장이 주어진다.

레닌 훈장과 이들 성인, 왕자, 차르의 장군의 훈장이 나란히 있다니 이 얼마나 기이한 일인가! 혁명 2기에서는 이 같은 어색한 동거가 드문 일이 아니었다.

더욱 중요한 사실은 1943년에 소비에트 정부가 군대 계급을 표시한 견장 착용을 재도입한 것이다. 공산주의 혁명 초기에는 누구라도 견장을 착용하면 찢어버리고 착용한 자는 살해되거나 적어도 체포되었다. 견장은 차르 체제와 자본주의 체제의 상징이자 반혁명을 상징하는 것으로 간주되었다. 공산주의 통치자들이 권력을 장악하면서 견장은 군대에서 표면적으로는 영구적으로 폐지되었다.

그런데 1943년에 스탈린과 소비에트 정부가 견장을 도입하여 다시 모습을 드러냈다. 소비에트 언론은 개혁을 열광적으로 찬미했고, 소비에트 사진가들은 붉은 군대 장군들이 어깨에 견장을 달고 있는 사진을 찍으며 즐거워했다. 심지어 스탈린 자신도 1943년부터 지금까지의 단순한 민간 스타일 복장 대신 화려한 소련 원수 제복을 입고 공개 석상에 모습을 드러내기 시작했다.

이 같은 개혁들은 변화를 보여주는 상징이다. 그 개혁들은 러시아혁명 1기 동안에 공산주의 군대에 일어난 일을 명확하게 보여준다. 공산주의 군대는 공산주의나 제3 인터내셔널, 심지어 '세계 혁명'을 위해서 또는 자본주의를 척결하기 위해서가 아니라 소중한 옛 조국 신성 러시아를 위해 영웅적으로 싸우다가 죽어간 러시아 국군으로 대체되었다. 이전의 공산주의자 스탈린이 이제는 국군 총사령관이 되었다. 이 분야에서 러시아혁명의 주기는 사실상 완료되었다.

공산주의 독재에서 민족민주주의로 다시 전시 독재로
지금까지 군대에 대해 말한 것은 약간 적절하게 수정하면 현재 소련의 거의 모든 주요 기관에도 적용된다. 1936년의 새로운 소련 헌법과 함께 러시아혁명 1기 이후 중앙정부 구조가 심대하게 변화했다. 이 헌법 아래서 정부 구조는 공산주의 독재(일명 '프롤레타리아 독재' 또는 '제3 인터내셔널'과는 대조적으로 민주적으로 바뀌었다. 그런데 새로운 헌법은 대체로 이론상의 개혁에 머물렀다. 이 법률은 시행한 지 얼마 지나지 않아 부분적으로만 실현되었다.

2차 세계대전이 발발하면서 모든 교전국에서 정상적인 민주적 체제가 작동을 멈춘 것처럼 새 헌법은 더 이상 빛을 보지 못하고 중단되었다. 한층 더 독재를 향하는 전시체제가 그 자리에 들어섰다. 그렇지만 전시체제는 프롤레타리아 독재나 공산당 독재가 아니었다. 그것은 전국을 대규모 전시체제로 몰아가는 국가 독재였다. 그것의 성격과 활동을 유심히 살펴보면 지도자와 공산당(또는 지금 공식적으로는 볼셰비키)이라는 명칭 외에는 공산주의적이거나 프롤레타리아적인 면을 전혀 발견할 수 없다. 그 같은 명칭은 낡은 것이었지만 지도자들이 추구한 정책과 활동은 철저히 민족주의적이었다.

러시아혁명 이전의 외교 정책의 부활
1930년대 중반 이후로 스탈린의 외교 정책은 차르 체제 전성기에 추구했던 외교 정책의 연장선에 지나지 않았다. 따라서 이런 같은 일이 일어났더라도 놀랄 일은 아니다. 스탈린의 정책은 차르 시대와 마찬가지로 전통적인 적인 일본과는 명시적으로 암묵적으로도 갈등 관계에 있었고, 중국과는 우호적인 관계를 맺었다. 또 더 강력한 적으로부터 보호하기 위해 핀란드와는 예방 전쟁을 선포했으며, 1차 세계대전 때 주요 적인 독일과 충돌하자 동맹국에 편입되었다.

 스탈린과 러시아국민은 베사라비아[10], 발트해 지역, 폴란드 내 러시아인이 압도적으로 많이 거주하는 지역 등의 영토를 되찾기를 원했다. 이 지역들은 처음에는 한 세기 넘게 러시아에 속했는데 러시아가 허약해진 틈을 타 빼앗겨 일부는 루마니아와 폴란드에 할당되었고, 일부는 독립 국가(라트비아, 에스토니아)로 세워졌다. 1차 세계대전 후 이 같은 러

---

10 베사라비아(Bessarabia) : 몰도바 동부지역으로 11세기에는 키이우, 14세기 말에 투르크의 지배를 받고, 1812년 부쿠레슈티조약으로 러시아가 차지했으나 크림전쟁 패배로 루마니아 영토가 됨. 1878년 베를린회의 결과 다시 러시아 영토가 되어 러시아혁명 후에 소련에 편입. 1991년 소련 해체 후 몰도바공화국 땅이 됨 - 옮긴이

시아 영토 분할은 잘못된 일일 뿐만 아니라 동맹국을 구하고 어느 파트너보다 더 큰 희생을 치른 나라를 심각하게 배반하는 행위였다.

지난 전쟁이 끝난 후 새로운 세계 질서가 나타나지 않는다면, 즉 다수의 이기적인 주권 국가들 사이에 국제적인 무정부 상태가 지속된다면, 러시아는 분명 잃어버린 영토를 재편입할 모든 권리를 갖게 된다. 이 문제와 관련하여 스탈린의 정책은 국민들로부터 탁월한 국가 정책으로 전격적인 지지를 받았다.

앞으로 보게 되듯이, 이 같은 국가 정책은 '공산주의로 잠시 후퇴한' 적이 있긴 하지만 2차 세계대전 동안과 전후 시기에 계속되었다. 그 같은 정책이 사실상 예외 없이 거의 모든 강대국과 마찬가지로 '제국주의' 경향을 띠게 된 것은 민족 이기주의와 감각적 권력욕이 득세했기 때문이다. 그 같은 정책이 '공산주의로 후퇴'한 것은 주로 '냉전'과 전시 동맹국들이 러시아에 대해 지나치게 '가혹한' 정책을 펼쳤기 때문이다. 이것들은 1차 세계대전 후에 강대국들의 정책이 빚은 비극적인 실수를 다시 반복하고 있다.

경제 조직의 변화

가족, 종교, 군대, 문화 일반뿐만 아니라 경제 재편성에서도 소비에트 정부의 국내 정책의 국가 중심의 엄격한 공산주의 경향이 동일하게 쇠퇴하고 있다. 경제 및 금융 분야에서 러시아혁명 발발 직후에 도입한 여러 엄격한 공산주의 및 평등주의적 혁신들은 1919~1922년에 이미 폐지되었다. 우선, 공산주의 정부가 정권을 잡은 직후 곧바로 실행한 것은 소득 및 생활 수준의 엄격한 경제적 평등 정책이었다. 1918년에 공산주의 정부는 노동자의 최고 임금과 최저 임금의 비율을 175 대

100까지로 허용했다.

1918년에는 임금과 소득을 30개가 넘는 척도로 결정하는 법령을 제정하여 불평등이 한층 더 심화되었다. 1921년에는 평등의 원칙을 명시적으로 폐지하고 '수행한 노동의 효율성에 비례하여 보수를 지급하는' 원칙으로 바뀌었다. 그 이후로 다양한 형태의 불평등이 확대되어 1940년에 이르면 고위직 관리, 예술가, 과학자, 엔지니어 등 특정 집단이 받는 소득이 일반 대중보다 수백 배 많았다.

노동자계급 내에서도 개인의 작업능력과 기타 요인에 따라 임금이 크게 달랐다. 작업능력에 상응하여 보수를 차등적으로 지급함으로써 효율성을 자극하는 이른바 스타하노프 원리가 모든 수단을 통해 촉진되었다. 한마디로, 공산주의 평등주의는 곧 자연사했다.

러시아혁명 초기에 시도한 공산주의의 두 번째 혁신은 화폐를 없애고 모든 사람의 필요에 따라 배급하는 자연 배급 제도로 바꾸어놓는 것이었다. 그 같은 급진적 개혁으로 소비에트 통화는 상상을 초월하여 거의 모든 가치를 잃을 정도로 평가절하되었다. 그런데 배급제도는 제대로 작동하지 않았다. 그리하여 1922년에 소비에트 정부는 차르 시절 재무장관인 쿠틀러[11]를 비롯한 금융 전문가들을 초빙하여 통화 재건 과업에 착수했다. 이 과업은 완수되어 그 이후로 소비에트 통화 시스템은 예상했던 대로 잘 작동하게 되었다. 화폐 사용을 없애려는 시도는 더 이상 이루어지지 않았다.

1921년에 공산주의 경제 체제는 심각한 위기에 봉착했다. 부분적

---

11 쿠틀러(Nicholas Kutler) : 러시아혁명 후 사회주의 금융제도에서 1922년 차르 체제의 금본위 제도로 회귀하여 중앙은행을 설립해 레닌이 초빙하여 운영을 맡긴 부르주아 금융가 – 옮긴이

으로는 1차 세계대전의 결과로 그리고 내전 및 공산주의 정책으로 인해 러시아는 절망적일 정도로 비참한 파멸 상태에 이르렀다. 이 같은 상황 속에서 소비에트 정부에 대항하는 대중의 봉기가 지속되자 공산주의 정책을 폐기하고 이른바 신경제정책(NEP)을 공식적으로 도입했다. 신경제정책은 공산주의 경제에서 공산주의와 자본주의 사이의 중간 체계로 급격하게 후퇴하는 정책이었다.

그 후로 소비에트 경제정책은 몇 차례 변화했다. 그 주요 방향은 중앙정부가 가장 선진적인 기술을 계획적으로 활용하여 전국을 급속도로 산업화하는 것이었다. 이 같은 정책은 군비를 가장 중요하게 고려함으로써 복잡해졌는데 군비와 중공업에는 막대한 비용이 지출되기 때문이다.

이 같은 목표를 달성하기 위해 정부는 농민의 집단화, 주민 생활 수준의 (빈곤이나 실제 기아에 해당하는) 최소한으로 감축, 경제재건 5개년 계획 수립, 고통을 감내하는 각종 조치를 도입할 수밖에 없었다. 혁명이 일어나지 않았다면 이 같은 모든 강압적인 조치들을 취하지 않더라도 산업화가 (어쩌면 훨씬 더 성공적으로) 이루어졌을 것이다. 러시아혁명의 상황에서 이 같은 과업을 완수하기 위해서는 수많은 사람들이 극심한 고통을 겪는 극악무도한 강압적인 조치가 불가피했다.

앞서 살펴보았듯이, 1940년에 러시아는 실제로 세계 제2의 공업국 자리에 올랐다. 중공업 시스템에 갖춰져서 소비재의 대량생산이 가능해졌고, 이에 따라 단기간에 대중의 생활 수준이 상당히 높아질 전망이다. 전쟁이 일어나지 않았다면 10년 안에 생활 수준이 눈에 띄게 높아졌을 것이다. 불행하게도 전쟁이 일어나서 이 과정이 중단되었고 뿐만 아니라 거의 모든 유럽 지역 러시아와 아시아 지역 러시아의 일부를 공동묘지와 흡사하게 바꿔놓았다.

도시와 촌락, 들판과 공장은 쓰레기 더미가 되었고, 시체와 한때 번성했던 농업 및 산업 공동체의 그을린 잔해로 뒤덮인 폐허가 되었다. 이번 세기에 두 차례 일어난 전쟁은 러시아가 높은 경제생활 수준을 달성하는 것을 방해했다.

전쟁의 참상에도 불구하고 또 미국을 포함한 전쟁 동맹국의 도움은 커녕 방해를 받았음에도 불구하고 러시아는 진정한 영웅적인 정신으로 경제재건 과업에 착수하여 성공적으로 수행해 나갔다. 1937년의 생산 수준을 100으로 잡았을 때와 비교하면 1948년에 러시아의 생산 수준 지수는 171에 도달하여, 미국(170)과 캐나다(169)보다 더 많이 증가했으며, 불가리아(179)만 러시아 생산 증가율을 초과했다. 새로운 '열전'이 일어나지 않는다면, 러시아 산업과 농업은 분명 계속 성장할 것이다.

러시아식 '국가주의' 또는 정부 통제 경제는 그 자체가 공산주의도 자본주의도 아니다. 그것은 (공산주의와는 가장 거리가 먼 체제인) 파라오 치하의 고대 이집트같이 아주 먼 과거의 매우 보수적인 나라에서 여러 차례 실행된 바 있다. 그것은 프톨레마이오스 시대[12], 이집트, 고대 스파르타, 리파라[13], 3세기 이후 고대 로마, 비잔티움뿐만 아니라 페루의 잉카제국의 기본 경제 체계였다.

그것은 공산주의와 전혀 관련이 없는 중국의 특정 시대와 그 외 여러 나라에서 실행된 바 있다. 다른 곳에서[14] 보여주었듯이, 그 같은 국

---

12 프톨레마이오스(Ptolemaic) 왕조 : 기원전 305년부터 기원전 30년까지 이집트를 지배한 왕조. 프톨레마이오스 1세가 세웠으며 수도인 알렉산드리아는 헬레니즘 문화 중심지 - 옮긴이

13 리파라(Lipara) : 시칠리아호 북쪽 해안 가까이 있는 실리카 군도 중의 하나 - 옮긴이

14 다음 졸저를 참조하라. *Man and Society in Calamity*, Chap. 7; *Social and Cultural Dynamics*, Vol. 3, Chap. 7; *Sociology of Revolution*, Parts 3, 4.

가주의 체계는 전쟁, 혁명, 기근, 역병 같은 극심한 사회위기 상황에서 정기적으로 등장하여 비상사태가 심할 때 번창하다가 비상사태가 약화되면 쇠퇴한다. 이 같은 사회학 법칙은 사회과학의 가장 견고하고 유효한 일반 법칙이다.

그것의 핵심 내용은 다음과 같이 공식화할 수 있다. 즉 마을, 도시, 지방, 국가 또는 국가 집단 등 특정 사회집단에서 중대한 비상사태 ― 전쟁, 기근, 경제 불황, 역병, 혁명 ― 가 발생할 때마다 정부의 통제와 규제는 양적으로도 질적으로도 증가하며, 비상사태가 심해질수록 전체주의로 기울어진다. 비상사태가 지나가면 정부의 규제와 통제, 엄격한 규율이 양적으로도 질적으로도 감소한다. 즉 전체주의 체제에서 벗어나 자유방임에 기초한 자유주의 체제로 전환된다.

이 같은 법칙은 어떤 집단은 어째서 독재 또는 전체주의 체제가 되고 어떤 집단은 자유주의 체제가 되는지 또 한때는 민주주의 정부였다가 지금은 독재 정부가 되는지를 이해할 수 있게 해준다. 공산주의 체제, 나치 체제, 파시스트 체제 및 그 외 전체주의 체제는 심각한 비상사태에 처했을 때 생겨났다.

2차 세계대전 당시 미국을 포함한 모든 나라에서 정부의 획일적 통제가 확대된 사실이 이 같은 법칙이 유효하다는 것을 잘 보여준다. 심지어 전쟁 후에도 프랑스와 영국을 비롯한 사실상 모든 나라에서 산업의 사회화와 국유화를 실행했는데 이 역시 이들 나라에서 경제를 비롯한 여타 분야에서 비상사태가 일어난 결과였다.

정부 체제가 전체주의냐 자유 방임주의냐는 통치자나 지배 집단의 개인적인 취향에 따른 것이 아니다. 그것은 온도가 상승하면 온도계에 수은이 올라가는 규칙처럼 거대한 익명의 힘에 의한 것이다.

안타깝게도 이 같은 법칙은 평민은 말할 것도 없고, 정치인, 언론인, 심지어 대부분의 학자들에게도 거의 알려지지 않은 것 같다! 이 법칙을 알았으면 정부 및 국민의 정치활동이 수백만 건의 실수를 범하는 것을 방지해 주었을 것이다.

이 법칙을 알면 어째서 러시아에서 국가주의가 과도하게 발달했고 2차 세계대전이 발발한 후에 (미국, 영국 및 그 외 민주주의 국가를 포함한) 모든 교전국들에서 모든 경제 사업에 대한 국가의 통제, 관리가 대폭 확대되고 이 분야의 개인과 단체의 기능이 철저히 축소되었는지를 잘 이해할 수 있다. 미국은 자국 정부의 통제 관리 경제를 공산주의라고 부르지 않으며, 또한 소비에트 경제 체제도 본질적으로 성격상 공산주의가 아닌 국가주의일 따름이다.

사실 소비에트 전시 경제 체제와 미국의 전시 경제 체제 사이에는 근본적인 차이가 없다. 그 둘은 차이점보다 유사점이 훨씬 많다. 이 같은 진술에 대해서는 주로 미국은 사유재산의 존재를 인정하지만 소비에트 체제는 인정하지 않는다고 반론이 제기되고 있다. 형식적으로 보면 이 같은 반론은 일정 정도 타당하다. 그러나 자세히 살펴보면 두 나라의 재산 지위의 차이는 그 진술이 의미하는 것만큼 두드러지지 않다. 무엇보다도 러시아에서도 미국과 마찬가지로 개인이 경제적 가치 또는 소비재를 소유, 사용, 처분한다. 두 체계 사이의 주요한 차이는 전적으로 대규모 생산수단 및 생산도구와 관련이 있다.

러시아에는 이 같은 종류의 경제적 가치에 대해서는 사유재산이 없다. 그것들은 국가가 소유한다. 그러나 오늘날에는 미국에도 이 같은 유형의 사유재산은 거의 없다. 미국에서는 대규모 생산수단 중 압도적 다수가 미국 철강회사, 제너럴 모터스, 제너럴 일렉트릭 같은 거대기업의 수중에 있다. 1930년에는 200대 기업이 전체 기업 부의 약 38%를 차지했고, 전국 부의 22%를 차지했다. 현존하는 기업 전체가 대부분의 부와 거의 모든 경제적 생산수단을 소유하고 있다.

주식회사가 보유한 재산의 지위는 고전적인 의미의 사유 재산의 지위와는 매우 다르다. 후자의 경우 소유자는 해당 재산의 가치를 소유, 사용, 관리, 처분할 수 있는 권리를 가진다. 주식회사의 경우에는 이 같은 여러 가지 기능들이 분리되어 있다. 이론적으로 주식회사 재산을 소유한 사람들(수천 명의 주주)은 그것을 소유하지도 사용, 관리, 처분하지도 않는다. 그 재산을 관리하고 처분하는 사람들(이사회 또는 관리자)은 그것을 소유하지 않는다.

1930년에는 200대 기업의 사장이나 이사 가운데 어느 누구도 주식의 1%도 소유하지 않았다. 특히 대규모 생산 분야에서 고전적 의미의 완전한 사유재산은 주식회사에 의해 가장 먼저 치명타를 입었다(당시 주식회사는 급속도로 확장하여 당시 급속도로 확장하던 국부의 증가분을 흡수했다). 마침내 지난 전쟁 동안에 미국 정부는 주식회사는 물론 사유재산까지도 최고 수준으로 통제하고, 다음 조치로 사유재산을 완전히 제거했으며, 최종적으로 소련과 유사한 국가주의 체계를 채택했다.

생산도구에 관련해서 소련에서 재산의 지위는 위에서 살펴본 미국의 주식회사 경제 구조와 크게 다르지 않다. 러시아에서 모든 생산수단은 대부분 국가 소유다. 생산수단은 기본적으로 소비에트 정부가 통제, 관리한다. 그러나 미국에서 생산수단은 여러 주식회사들에 분산되어 있는 것처럼 러시아에서도 생산수단은 여러 산업 부문 또는 기관에 할당된다. 각 분야 – 이를테면 철강 산업 – 은 이사회에서 관리하고, 개별 공장은 별도의 경영진이 관리한다.

이사회는 폭넓은 독립성과 자율성을 가진다. 미국 철강회사와 미국 라디오회사의 자본 및 예산이 독립되어 있듯이 산업마다 자본 지출과 수입, 부채와 자산, 이윤과 적자가 독립되어 있다. 소비에트의 산업 또는 공장의 이사회는 재산을 감독하지만 소유하지 않는다. 마찬가지로 미국 기업의 관리자도 회사의 자산을 감독하지만 소유하지 않는다. 어느 나라에서도 실제 소유자 – 러시아국민과 미국의 수십만 주주 – 는 이론상으로는 회사의 자산을 소유하지만 관리하지는 않는다. 또한 정부는 모든 법인 및 비법인 자산을 고도로 통제한다.

더욱이 두 나라 모두 말이나 소, 마차나 자동차, 작은 집이나 아파트, 텃밭, 대지 또는 기계공과 장인의 도구, 예술가, 과학자, 전문 노동자의 도구 등 일부 생산도구(소규모 생산도구)는 사실상 개인 또는 집단이 완전히 통제한다. 러시아에서도 미국과 같은 식으로 그것들은 개인 또는 집단이 소유하고, 사용, 관리 처분한다. 두 나라 사이의 주요 차이점은 농민과 농부 각자의 소유권에 있다.

미국에서는 농장(저당권이 없는 경우)은 다양한 부속물과 함께 차지인, 소작농, 노동자가 아닌 개인 경작자에게 속한다. 러시아에서는 농업 집단화 이후 토지 소유권은 국가에 귀속되었다. 그러나 실제로는 집단농장에서 경작하는 토지는 개인 또는 집단이 법률적 보증을 받아 영구적으로 소유할 수 있다(1935년 2월 17일에 공포한 집단농장 표준 규정 8조). 집단농장은 독립적인 단위로서 업무를 자율적으로 관리한다. 구성원은 각자의 '사유 재산', 즉 개인적으로 사용할 토지, 양이나 소(소 1~10마리, 양 10~150마리) 또는 기타 가축, 엄격한 공동 건물(클럽, 도서관, 학교, 사무실 등)에 딸린 주거용 주택을 소유한다. 또한 개인은 공동체에서 수행한 노동에 대해서도 다양한 형태의 상여금과 함께 수행한 노동의 양과 효율성에 비례하여 보수를 받는다(보수의 평등은 수년 전에 폐지되었다).

(전시 비상사태 때 미국이 그랬던 것처럼) 비상사태 시기에 농업노동자가 일시적으로 특정 농장에 그리고 산업 노동자가 특정 공장에 동결되는 경우를 제외하면 구성원은 자신이 원한다면 농장이나 공장을 자유롭게 옮길 수 있다. 한편, 집단농장은 범죄를 저지르거나 농장 규칙을 명백히 위반한 경우가 아니면 농업노동자를 퇴거시킬 수 없으며, 퇴거하려면 전체 구성원의 최소 $2/3$ 이상이 찬성해야 한다.

집단농장은 처음에는 독재적으로 운영하고 관리자는 정부가 임명했으나 지금은 민주적으로 운영하고, 임원은 집단농장 공동체에서 선출하고 임기가 정해져 있다. 경제 및 문화활동 프로그램은 공동체 구성원 전체가 모인 총회에서 토의하여 결정한다. 토지는 공동체에 귀속하거나 누구에게도 팔 수 없다. 토지는 이윤추구나 투기 대상이 되어서는 안 되고, 상인과 자본가의 손에 넘겨서도 안 된다.

대체로 현재의 집단농장은 옛 국가 제도의 현대화된 형태 — 즉 현재의 '미르'와 '옵슈치나' 또는 모든 나라에 알려져 있고 혁명 이전 러시아에서 크게 발달한 다양한 노동자생산협동조합 — 에 지나지 않는다. 1930년부터 1940년까지 집단농장 구성원의 개인 권리, 사유 재산, 자율성, 심지어 보수의 불평등이 꾸준히 증가한 반면에 1920년대에 부과된 엄격한 공산주의 특성은 점차 사라지고 있다. 미국의 차지농, 소작인, 농업노동자 또는 심지어 농장이 저당 잡혀 압류될 위험에 처한 농장주의 지위와 비교하면 러시아 농민의 재산권의 지위는 미국 농업인구의 재산권보다 훨씬 크다.

어쨌든 위에서 살펴본 내용을 보면, 집단농장은 공산주의와는 별

연관이 없으며 사실상 미르와 옵슈치나 같은 과거의 농민공동체를 현대적으로 복원한 것에 지나지 않는다. 집단농장은 대규모 생산의 장점과 소규모 집약적인 농업을 잘 결합하고 있다. 집단농장은 몇 가지 결함만 제거하면 많은 나라에서 토지 문제를 해결하는 최선의 방법을 제시한다.

이와 같이 소비에트 러시아와 미국의 소유권 형태를 면밀히 검토하면 다음과 같은 사실을 관찰할 수 있다. 즉 두 나라의 소유권 형태는 점점 일치해가는 경향이 있으며, 또 두 나라 소유권 형태는 지금 미국에서는 사유재산을 인정하고 러시아에서는 폐지되고 있다는 공식적인 진술과 그리 다르지 않다. 소유자가 사유재산을 소유, 사용, 관리, 처분하는 권리를 가진다는 온전한 사유재산권은 두 나라 모두 대폭 축소되었다. 지금은 그 같은 사유재산은 주로 소비자 상품, 개인 소득, 소규모 생산자 상품 분야에만 존재한다. 대부분의 생산수단은 소유하지 않은 사람들이 관리하고, 명목상의 소유자는 관리하지 않는다.

따라서 미국의 법인 재산 및 경제와 러시아의 그에 상응하는 법인 및 국유산업은 쌍둥이 형제다. 미국에서는 주식회사가 국가에 세금을 내고 소비자에게 생산물을 판매한다. 러시아에서는 기업은 국민에게 세금을 내고 생산물을 판매한다. 미국에서 주식회사 경영자는 높은 급여를 받는 대신 부분적으로는 주주에 돌아가는 몫은 적다. 러시아에서 기업 경영자는 낮은 급여와 상여금을 받는 대신 국가에 내는 비용이 적다. 미국에서는 기업이 크게 성공하면 직원에게 지급하는 임금과 급여, 상여금이 증가한다. 러시아도 마찬가지다.

이 점은 물론 다른 많은 점에서도 미국 주식회사의 자본주의 경제와 사실 소비에트 러시아의 산업 및 농업 단위의 공산주의 경제는 쌍

둥이 형제다. 두 나라 모두 정부가 기업의 활동에 관여하고 있으며 대체로 국가의 경제생활을 통제, 관리한다. 러시아에서는 공산주의 혁명 초기부터 1940년 사이에 정부의 경제활동 관리와 통제는 점차 감소해 왔다. 러시아혁명 초기에 이 같은 통제가 거의 완성되었으나 그 이후로는 분권화, 민간 주도 및 책임과 자율성, 사유재산, 보수의 불평등이 모든 국영기업을 비롯한 모든 분야에서 꾸준히 증가해 왔다.

미국에서는 특히 1929년 대공황 이후 그 같은 추세가 역전되었다. 정부에 의한 통제와 편제는 특히 지난 전쟁에 개입한 이후로 체계적으로 확대되었다. (고전적 의미의) 개인의 사유재산과 순수한 자본주의는 급격하게 축소되었다. 그것들이 19세기 때의 지위로 특히 주식회사 경제 이전의 지위로 복귀할 가능성은 보이지 않는다. 이처럼 이 분야에서 두 나라의 경제 형태는 점진적으로 수렴하고 있다. 고로 러시아의 '공산주의' 체제와 미국의 '자본주의' 체제 사이에는 넘을 수 없는 간극이 있다는 주장은 사리에 맞지 않다.

요약하자면, 경제 분야에서 러시아혁명 초기의 공산주의 체제는 쇠퇴하여 변형된 형태로 혁명 이전으로 되돌아가고 있다. 이 같은 경향은 한편으로는 중대한 비상사태에 의해, 다른 한편으로는 현대적인 생산 및 경제관리 기술에 의해 강화되거나 변형되었다. 공산주의자와 자본가의 개인적 선입견과 공산주의 혁명 초기 유혈 사태의 기억에도 불구하고, 현재 소비에트 러시아와 미국의 경제 사이에는 넘을 수 없는 심연이나 화해할 수 없는 갈등은 일어나지 않고 있다.

두 나라는 각자 정부에 최고 통제권을 부여하고, 전통적인 자본주의 소유주를 점진적으로 몰아내며, 기업을 관료제로 관리하는 등 서로 유사한 '계획 경제'를 발전시켰다. 사실상 민주주의 국가를 포함한 고도로 산업화된 거의 모든 나라에서 그와 유사한 변화가 일어났다.

공산 지도자에 의한 공산 지도자의 '숙청'

러시아혁명 주기는 스탈린과 공산당이 주도하여 공산주의 지도자들을 숙청하는 데서 명확하게 드러난다. 트로츠키, 카메네프[15], 리코프[16], 지노비예프[17] 등 공산당 서열상 레닌 바로 다음에 있다가 후계자가 된 인물 대부분을 비롯해 '공산주의의 토마스 아퀴나스'라 불리는 부하린 그리고 피아타코프[18], 카라한[19] 등 수백 명의 저명한 공산주의자들과 혁명 초기의 지도자들 대부분이 '숙청'되었으며, 수천 명이 투옥되거나 추방되었다.

수만 명의 하급 공산당원들은 부정한 러시아 공산주의 교회에서

---

15 카메네프(Kamenev, 1883~1936) : 소련의 혁명가. 볼셰비키의 온건파로 혁명이 일어났을 때 자주 레닌과 대립. 그의 사후에는 스탈린과 결탁해 트로츠키를 눌렀으나 결국 스탈린과 대립하여 처형당함 - 옮긴이

16 리코프(Aleksei Ivanovich Rykov, 1881~1938) : 러시아의 정치가. 내무인민위원, 최고국민경제회의 의장을 지냈으며 레닌의 뒤를 이어 인민위원회 의장이 됨. 당내 논쟁에서 우파에 가담, 스탈린의 농업 집단화에 반대하였다가 실각함 - 옮긴이

17 지노비예프(Grigorii Evseevich Zinoviev, 1883~1936) : 러시아의 혁명가. 탁월한 이론가로 레닌의 보좌관으로 활동함. 혁명 후 페트로그라드 소비에트 의장이 되었으며, 레닌 사망 후 스탈린, 카메네프와 함께 트로이카 지도체제를 형성함 - 옮긴이

18 피아타코프(Georgy Leonidovich Piatakov, 1890~1937) : 러시아 혁명가. 1910년 러시아 사회민주노동당에 입당 후 볼셰비키에 가담, 혁명 후 귀국 두마 위원으로 선출. 1922년 러시아연방기구의 고스플랜 부주석, 소련 국가경제최고위원회 부위원장을 지냄. 1937년 트로츠키와 정부 전복 공모와 독일에 대한 영토 양보 혐의로 사형선고 받고 처형됨. 1988년 고르바초프에 의해 사후 복권됨 - 옮긴이

19 카라한(Lev Mikhailovich Karakhan, 1889~1937) : 아르메니아 출신의 러시아 외교관. 대학 재학 중에 정치범으로 시베리아에 유형, 1917년의 3월 혁명 후 석방. 볼셰비키에 입당. 1918년 외무인민위원 대리가 되어 1934년까지 재직, 극동 외교를 담당. 실각한 후 1937년 총살되었으나 후에 명예 회복함 - 옮긴이

'제명'되었다. 누가 그랬을까? 반혁명주의자도 반공주의자도 아니고 차르 휘하의 장군도 서방의 자본가도 아니다. 그들은 결코 아니다. 오히려 그들은 스탈린과 공산당에 의해 처형, 투옥, 추방, 제명되었다. 이들에게는 러시아혁명의 공산주의에 치명타를 가한 공로로 우수상을 수여해야 한다.

실제로 모든 주요 혁명에서는 일관되게 나타나는 한 가지 규칙이 있다. 고대의 어느 관찰자가 말했듯이, "혁명은 처음에는 부자와 살찐 사람을 몰아내고, 그 다음에는 중간계급을 그 다음에는 가난하고 쇠약한 사람을, 마지막으로는 혁명가 자신을 몰아낸다." 이 같은 숙청은 러시아혁명의 전개과정이 초기의 공산주의 국면에서 비공산주의 또는 심지어 반공주의 국면으로 급격하게 변모했음을 보여준다.

순수하게 개인적인 동기와 원인, 공산주의 지도자들 사이의 음모와 반대 음모는 단지 표면적 현상에 지나지 않는다. 즉 그것은 (헤겔과 마르크스 용어를 빌리면) 혁명이 '테제'에서 '안티테제'로 이행할 때 심오한 비개인적인 운명이 개인에게서 나타난 것일 따름이다. 숙청된 공산주의자들 대부분은 이 같은 냉엄한 역사적 언명에 귀를 기울이지 않았다. 그들은 러시아혁명이 불가피하게 비혁명적, 비공산주의 국면으로 나아갈 수밖에 없는 흐름을 저지하려 했다.

트로츠키를 비롯한 여러 인물들은 '영구 공산주의 혁명'을 전 세계에 전파하려고 집요하게 추구했다. 그들은 곧 소멸될 러시아혁명의 운명이 좌절되고 불가피하게 민족주의라는 중요한 추세가 부활하는 것을 저지하려 했다. 즉 러시아 민족의 전체 역사에 걸쳐 작동해온 불가항력적인 힘에 대항하려 했다. 이 같은 어리석은 (또는 당신이 좋아하는 말로 한다면 낭만적이고 영웅적인) 시도의 결과 그들은 잔인하게 탄압받고 권력에서 밀려났다. "운명은 의지가 있는 사람을 이끌고, 의지가 없는 사람은 운명에 끌려간다."

러시아혁명 초기에는 심지어 1922년에도 트로츠키, 리코프, 카메네프, 지노비예프에 비해 명성과 권력이 훨씬 적었던 스탈린과 그의 추종자들은 그들을 매우 쉽게 처단했다. 이는 그들이 자신들보다 더 강력하고 유능하고 똑똑해서가 아니라 올리버 크롬웰이나 '테르미도르 주동자' 또는 유명한 혁명적 지도자들 같다는 것이 그 이유다. 스탈린과 그의 추종자들은 (고의적이든 그렇지 않든) 역사적 운명의 흐름을 거스르지 않고 그 흐름에 따라 움직였다. 그리하여 그들은 승리했다. 고로 그들의 반공산주의 정책은 객관적 성격을 띤다.

러시아혁명의 주기에서 그들의 역할은 정점에 이르렀다. 스탈린과 그의 동료들은 다른 어느 개인이나 집단보다 (어쩌면 자신들의 개인적 성향에 반하여) 러시아혁명의 공산주의 국면을 마감하고 러시아 민족주의의 추세를 되살리는 데 기여했다. 이런 점에서 그들은 (실제로는 현명하고 선견지명이 있는 것이 아니라) 운이 좋았다. 그들이 숙청된 공산주의 지도자들처럼 역사적 운명의 흐름을 거스르려 했다면 그들의 희생자들처럼 쉽게 권력에서 밀려났을 것이다. 그들이 미래에 러시아혁명 초기에 존재했던 공산주의를 되살리려 했다면 그들도 트로츠키와 그의 지지자들처럼 무참하게 '숙청'되었을 것이다.

그렇기 때문에 나는 스탈린이나 다른 지도자들이 어떤 생각을 하고 어떤 행동을 하려 했는지에 대해 깊이 고민하지 않는다. 그들이 국가라는 배를 조류에 따라 계속 저어간다면, 그들은 혁명의 파괴 국면이 지나간 후에는 특히 최근 독일과 전쟁을 치를 때처럼 유용한 서비스를 수행할 것이다. 그렇게 하지 않으면 그들은 역사의 교훈을 무시한 참모진들과 운명을 같이하게 될 것이다. 지금까지 논의한 추세는 러시아혁명 초기 단계에서 폐지했던 법률을 되살려 법률과 정부를 복원한 데서도 나타난다(이와 관련해서는 다음을 보라. M. Laserson, *Rehabilitation of Law in Soviet Russia*, Novoie Rus. Slovo, Nov. 6, 1943).

이 장에서는 소비에트의 생활방식과 미국의 생활방식 사이에 양립할 수 없는 갈등이 있다는 주장이 잘못되었음을 보여주고 있다. 실제로 두 나라의 사회조직과 경제는 경제적으로나 정치적으로나 유사한 형태로 꾸준히 수렴해 왔다. 국유화가 확립된 영국과 프랑스를 비롯한 여러 산업국들에서는 이 같은 수렴이 훨씬 폭넓게 진행되고 있다.

5. 결론

이것으로 나의 논의를 마무리하고자 한다. 나는 두 나라는 비개인적 요인이 일정하게 작용한 덕분에(러시아혁명의 파괴 국면과 전쟁 후 기간을 제외하고) 평화와 협력이 깨지지 않고 유지되는 독특한 기록을 가지고 있다는 것을 보여주었다. 나는 이 같은 요인들, 즉 두 나라의 기본 가치 사이에는 화해할 수 없는 갈등이 사실상 일어나지 않았으며, 두 나라의 사회문화는 본질적으로 일치한다는 사실을 실증적으로 보여주었다.

아직 탐구할 문제가 남아 있다. 어째서 그리고 왜 이렇게 오랫동안 지속되어온 협력이 깨지게 되었을까? 현재 미국과 러시아가 충돌하는 진정한 원인은 무엇인가? 두 나라의 우호 관계를 회복할 수 있는 치료법이 만약 있다면 어떤 것이 있을까? 이제 이 기본적인 문제에 대해 살펴보기로 하자.

4부

전쟁의 원인과 평화의 조건

제10장
미국-러시아 간 갈등의 진짜 원인

제11장
전쟁과 평화의 원인 및 요인

제12장
전후 시대 지속적인 평화를 위한 조건과 가능성

제10장

미국-러시아 간 갈등의 진짜 원인

1. 표면적인 원인

모든 점을 고려할 때 전쟁 이후에도 미국과 소비에트 러시아는 전쟁 전과 전시에 가졌던 협력을 지속할 것으로 예상된다. 그 같은 협력은 미국 전 역사에 걸쳐 두 나라가 평화롭고 우호적인 관계를 유지했기 때문이다. 미국이 출현한 이래로, 심지어 유럽 개척자들이 북미 대륙에 정착한 이후로 두 나라 사이에는 양국의 관계를 훼손하는 단 한 번의 전쟁도, 단 한 번의 심각한 외교적 갈등도 일어나지 않았다.

수 세기에 걸친 이 같은 협력은 이후 1차 세계대전, 특히 2차 세계대전 동안 두 나라 사이의 전우애를 통해 확인되었다. 전쟁 후 두 나라의 협력은 양국의 헤아릴 수 없는 경제적, 문화적, 사회적 이점과 그로부터 발생하는 나머지 세계의 경제적, 문화적, 사회적 이점에서 비롯되었다. 요컨대, 전쟁 후에 미국과 러시아의 우호적 관계가 지속된 데에는 그만한 이유가 있지만, 두 나라가 전쟁 중에 유지하던 협력이 돌연 '냉전'으로 바뀐 데는 아무런 명백한 이유가 없다.

이 같은 협력이 안타깝게도 '냉전'으로 바뀌게 된 이유나 원인에 대해 질문이 제기되는 것은 당연하다. 이 질문에 대해 여러 가지 답변이 나왔다. 그런데 이 답변들을 검토해본 결과 별로 만족스러운 것은 별로 없었다. 가장 대중적인 이론에서는 그 같은 현상을 미국과 소비에트 러시아의 지배적인 이데올로기, 정치·사회·경제 제도, 기본적인 문화적 가치 사이에 엄청난 차이가 있기 때문이라고 설명한다.

이 이론은 변증법적 유물론 대 기독교, 국유경제 대 '자유 기업', 공산주의 대 자본주의, 전체주의 독재체제 대 선거 민주주의, 개인과 개인 자유의 억압 대 개인의 가치, 양도할 수 없는 권리 및 자유, 소비에트 러시아 외교 정책의 제국주의적 '공격성' 대 미국 외교 정책의 '비제국주의적 평화주의' 등 '양립할 수 없는 차이가 전시에 두 나라가 지속하던 협력이 '냉전'으로 바뀌게 된 진짜 이유라고 주장한다.

그 같은 이론은 부분적으로는 타당한 면이 있긴 하지만 그럼에도 불구하고 이 같은 변화의 이유에 대해서는 전반적으로 설명하지 못한다.

첫째, 차르 시대 러시아와 미국의 지배적인 이데올로기, 주요 사회제도, 기본 문화적 가치는 실제로 1917년 이전에도 현재의 소비에트 러시아와 미국의 그것들만큼이나 달랐다. 그럼에도 불구하고 차르 체제의 러시아와 미국 사이의 관계는 평화롭고 우호적이었다. 두 나라 사이의 반목의 진짜 원인을 사회문화의 차이에서 찾게 되면 두 나라가 수 세기 동안 평화로운 관계가 이어진 것을 이해할 수가 없다.

둘째, 위에서 말한 소비에트 러시아와 미국 사이의 차이는 1932~1944년에도 현재처럼 매우 심했다. 그럼에도 1932~1944년 동안 두 나라의 관계는 평화롭고 협력적이었다. 따라서 본질적으로 동일한 차이가 이 기간 동안에는 갈등을 일으키지 않았는데 어째서 전쟁 후에는 갈등을 일으켰는지 이해할 수 없다.

셋째, 그 원인이 첨예한 사회문화의 차이에 있다면 왜 전쟁 후에 미국은 튀르키예, 사우디아라비아, 장제스의 중국, 프랑코의 스페인, 페론의 아르헨티나, 노쇠한 그리스 독재 정부 및 그 외 많은 나라에 우호적이었는가? 전체적으로 미국과 튀르키예, 중국, 사우디아라비아, 이란 사이의 사회문화의 차이는 소비에트 러시아와 미국 사이의 차이보다 훨씬 크다. 튀르키예, 중국, 사우디아라비아, 이란의 기본적인 가족 및 결혼제도는 미국과는 근본적으로 다른 반면, 소비에트 러시아의 현대 가족 및 결혼은 빅토리아시대 서구의 일부일처제 가족을 변형한 것에 지나지 않는다.

1930년대 이후, 특히 1944년 7월 8일 법 제정 이후로 소비에트 가족은 미국 및 거의 모든 서구 국가의 가족보다 더 안정된 일부일처제였으며 가족이 해체되지 않았고, 이혼과 유아 유기, 무자녀 등의 비율이 미국인보다 낮았다. 유교, 도교, 불교, 이슬람교, 조로아스터교 등은 확실히 러시아정교 — 이것은 여전히 러시아의 지배적인 종교다 — 보다 미국 내 여러 기독교 종파와 훨씬 다르다. 무신론의 경우 실제 무신론자와 불가지론자의 비율이 미국 및 여러 서구 국가보다 소비에트 러시아에서 더 높은지는 확실하지 않다.

소비에트 러시아에서 무신론자의 비율이 더 높더라도 — 실제로 그런지는 매우 불확실하다 — 무신론의 존재가 (같은 나라에서 신자와 무신론자 사이에 내전이 일어나는 것처럼) 반드시 '냉전'을 유발하는 것은 아니다. 종교 가입 또는 탈퇴의 자유를 선언한 후에는 무신론자와 신자 사이의 차이가 더 이상 전쟁을 유발하는 중요한 요인이 아니었다. 소비에트 러시아의 전제정치와 미국의 민주주의 체제 사이의 차이는 미국의 민주주의 체제와 장개석의 중국, 현대의 튀르키예, 사우디아라비아, 이란, 그리스, 포르투갈 및 여러 남미 독재정권의 차이보다 크지 않다.

이들 나라의 정치체제는 소비에트 정치국만큼이나 독재적이고 전제적이다. 개인과 개인의 자유 및 양도할 수 없는 권리의 경우도 마찬가지다. 오히려 위에서 언급한 나라들의 반봉건적 전제정치에서 개인은 소비에트 러시아의 개인보다 자유와 양도할 수 없는 권리가 더 많이 제한되어 있다(소비에트 러시아에서 개인은 한편으로는 국가의 '노예'이지만 다른 한편에서는 심지어 미국 시민보다 더 많은 자유를 누리고 있다). 중국, 튀르키예, 이란, 사우디아라비아의 언어와 사고, 문화의 성격은 확실히 러시아의 언어, 사상, 문화보다는 미국의 언어, 사상, 문화와 훨씬 다르다.

타타르족이 지배하던 시기와 그 전후를 제외하면 러시아의 언어와 사상, 문화는 본질적으로 서구의 언어, 사상, 문화를 변형한 것이었다. 더욱이 중국, 튀르키예, 이란, 사우디아라비아의 경제 체제는 원시 목축경제, 농업 공동경제, 봉건 경제, 개인 소유 경제와 외국 기업 경제 체제, 순수한 자본주의 경제 체제, 정부 관리 경제 체제가 기묘하게 공존하고 있다. 이들 나라의 경제 체제는 소비에트 러시아의 경제 체제 못지않게 오히려 미국의 경제 체제와 첨예하게 대조된다.

미국의 경제 체제는 거대 주식회사, (주로 소기업과 농업에 잔존하는) 자본주의적 '자유 기업, 정부가 관리·통제하는 '국유' 기업이 공존한다. 소비에트 러시아의 경제 체제는 정부 관리 기업과 소규모의 집단 및 개인 기업이 공존한다. 진정한 민간 소유 경제와 거대 주식회사 경제의 주요한 차이점은 진정한 '자유 기업'에서는 기업을 소유한 사람이 관리하는 반면 거대 주식회사에서는 경영자(이사회 등)는 소유하지 않고 소유자는 관리하지 않는다는 데 있다.

미국의 200대 주식회사의 이사진 가운데 어느 누구도 회사의 채권과 주식의 1%도 소유하지 않고 있다. 반면 압도적 다수를 차지하는 채권자와 주주는 순전히 명목상으로만 경영권을 행사한다. 그런 점에서 주식회사 경제는 정부 관리 기업과 근본적으로 다르지 않은 공적 소유의 한 형태다. 러시아에서 지배적인 정부 관리 경제와 미국에서 지배적인 거대 주식회사 경제 사이의 차이가 반드시 '냉전' 또는 '열전'을 유발하지는 않는다.

이는 미국이 영국을 비롯한 대부분의 서구 국가들과 우호 관계를 맺고 있다는 사실에서 잘 입증되고 있다. 이들 나라에서도 기본 경제체제는 소비에트 '국유' 경제와 유사한 정부 관리 경제('국영'경제)다. 이 같은 대조가 반드시 '전쟁을 야기하지는' 않는다는 것은 주로 정부 관리 경제였던 미국의 전시 경제에 의해서도 입증된다.

마르크스의 변증법적 유물론과 관념론적 이데올로기의 대립이 반드시 충돌을 유발하지는 않는다는 것은 미국이 공식적인 이데올로기를 마르크스의 변증법적 유물론으로 삼고 있는 (독일 및 그 외 지역의) 많은 사회민주주의 정당들과 사회민주주의 체제를 돕고 있다는 사실에서 입증된다.

요약하자면, 소비에트 러시아와 미국 사이의 사회문화의 차이는 미국과 튀르키예, 사우디아라비아, 장제스의 중국, 이란, 그리스와의 차이보다 심하지 않다. 미국은 이들 나라와 우호 관계를 유지하고 있다. 이 같은 귀납적 일반화는 미국-러시아 갈등의 원인을 사회문화의 차이에서 찾는 모든 이론을 무효화한다.

2. 진짜 원인

지금 널리 통용되고 있는 이론은 '냉전'의 원인을 설명하지 못하고 있으므로 냉전의 진짜 원인은 다른 곳에서 찾아야 한다. 그렇게 하려면 질문을 두 개의 하위 질문으로 나누어야 한다. 첫째, 왜 전쟁 후에 특히 전시의 동맹국들 사이에 '열전'과 '냉전'이 지속되고 있는가? 둘째, 왜 주요 충돌이 미국과 소비에트 러시아 사이에 집중되고 있는가?

첫 번째 질문에 대한 답변은 서구 문화 및 사회제도의 일반적인 상태에 있다. 나는 『사회 동학과 문화 동학』 Social and Cultural Dynamics 4권(1937)에서 엄청난 양의 논리적이고 경험적인 증거에 기초하여 그리스-로마 문화와 서구 문화를 상세하고 체계적으로 분석한 후, 서구 사회문화 세계의 현 상황에 대해 명확하게 진단했다. 그 진단 내용은 지난 다섯 세기 동안 지배적이었던 서구 문화와 사회의 주요 (감각적) 상부체계가 지금 붕괴하고 있다는 것이다.

여기서는 내가 제시한 이론의 주요 내용(이것은 『우리 시대의 위기』 Crisis of Our Age)에서 축약해서 제시해 놓았다)을 개관하기보다는 이 같은 감각적 문화와 감각적 사회제도 및 감각적 인간의 본성은 그것이 '무르익은' 단계에 이르면 끊임없이 수많은 긴장과 갈등을 야기하지 않을 수 없다는 진술에 만족하고자 한다.

(1) 이 같은 감각적 문화와 감각적 사회제도들 모두에는 과학, 축구, 순수 예술, 비즈니스에서 종교 및 그 신과 추종자들의 '제국주의적 우월성'에 이르기까지 사회문화 활동의 모든 분야에 경쟁의 정신과 풍조, 파토스 그리고 경쟁자들을 물리치려는 욕

망이 스며들어 있다. 이 같은 정신은 경쟁자에 대한 우위, 권력, 명성을 확보하려고 끊임없이 노력하며 '투쟁 정신'을 함양하여 경쟁자와 지치지 않고 끊임없이 싸우게 만든다. 그 같은 상황에서는 불가피하게 승자와 패자, (비즈니스, 과학, 예술, 종교 등에서는) '우월한 자'와 '열등한 자', '성공한 자'와과 '실패한 자' 사이에 수많은 개인 집단 간의 적대가 빚어질 수밖에 없다. 달리 말하면, 개인 및 집단 간 갈등은 현시대의 문화, 사회, 인간에서 떼어놓을 수 없는 내재적인 또는 선천적인 성질이다.

(2) 이 같은 성질은 또한 전체 가치에서 감각주의, 물질주의, 쾌락주의. 실용주의 가치를 으뜸가는 가치로 부여할 때도 동일한 결과가 낳는다. 많은 사람들이 위선적으로 반쯤은 기계적으로 '하나님의 나라'의 가치에 대해 설교하고 있음에도 불구하고, 현시대의 문화와 사회, 인간은 실제 생활에서 감각주의 물질주의, 쾌락주의 가치를 최고의 가치로 만들고 인간의 포부와 야망, 욕망을 지고의 목표로 삼는다. 이 같은 가치들은 돈, 부, 물질적 안락, 물질적 안전, 과시 소비에서 키스, 성교, 인기, 명성, 권력, 위신에 이르기까지 다양하다.

이 같은 가치들은 희소하고 양적으로 제한되어 있으며, 모든 개인과 집단이 무한정 풍부하게 가질 수 없기 때문에, 우리의 문화와 사회가 그것들에 최고의 가치를 부여하면, 모든 집단이 이 같은 가치를 가능한 더 많이 차지하기 위해 다른 집단을 희생시켜서라도 끝없이 강렬하게 투쟁하고 종종 유혈적인 반사회적 투쟁을 일으킨다. 이리하여 다시 긴장과 갈등이 초래된다.

(3) 현시대 문화의 가치를 과도하게 상대화하는 데서도 동일한 결

과를 낳는다. 감각적 가치는 본성상 상대적이다. 감각적 문화는 그 어떤 절대적 또는 보편적 가치도 인정하지 않는다. 감각적 문화가 지배적인 첫 세기(16세기와 17세기) 동안에는 중세의 (관념적) 문화의 보편적 가치가 오래 잔존하여 감각적 가치의 과도한 상대화를 억제했다. 그 이후로 보편적 가치의 영향력이 줄어들면서 모든 가치가 점차 빠른 속도로 상대화되어 갔다. 20세기에 접어들면서 이 모든 가치들은 사실상 전멸할 정도로 '원자화'되었다.

현재는 사유재산에서 신에 이르기까지 처칠과 스탈린, 공산주의자와 반공주의자, 무신론자와 신자, 부자와 가난한 자 할 것 없이 모두가 받아들이고 구속하는 그 어떤 기본적인 가치도 없다. 어떤 가치든 한쪽이 긍정하면 다른 쪽은 부정한다. 그리하여 서구의 다양한 집단, 당파, 정당에게 공통적인 도덕적 및 법적 기반은 붕괴되었다. 이처럼 모든 가치가 '원자화'됨에 따라 법적, 도덕적, 종교적 기준의 효율성 또는 통제력은 거의 증발했다. 그 기본적인 가치들은 단순한 '과도한 허언', 즉 '이데올로기', '합리화', '파생어', 베일에 싸인 추악한 이기적 포부, 충동, '잔여물', 이익, 본능적 육욕 등으로 바뀌었다.

그것들의 '소금'은 '맛'을 잃어버려, 법적, 도덕적 가치가 개인 및 집단의 상호 관계를 내부에서 통제할 수 없게 되었다. 그 결과 노골적인 폭력과 사기가 옳고 그름, 정의와 불의, 선과 악을 판정하는 최고 조정자 노릇을 하게 되었다. 그 같은 상태에서는 누구나 엄청난 국제 전쟁, 혁명, 분쟁이 발발할 것이라고 예상하게 된다.

기원전 600년부터 1925년까지 그리스-로마와 서양 역사에서 가장 유혈적인 모든 전쟁과 중요한 내부 소요(혁명, 폭동 등)를 체계적으로 연구해 보면 이 같은 예상이 적중한다(졸고 Social and Cultural Dynamics, Vol. 3 참조). 이 같은 연구에 따르면, 전쟁과 혁명은 문화, 특히 감각적 문화의 지배적인 상부체계가 붕괴할 때 일어난다. 또한 현재의 서구의 감각적 문화가 출현하여 성장하는 13세기에서 20세기까지 전쟁과 혁명은 감소하지 않고 약간의 진폭이 있긴 하지만 점점 증가하여 감각적 문화가 무르익은 현재에 와서 최대에 도달했다(현재는 1925년까지 지금 연구한 25세기 중에서 가장 유혈적인 세기였다).

인구 백만 명당 사상자를 기준으로 측정한 유럽 전체의 전쟁 지수를 보면, 12세기 2, 13세기 3, 14세기 6, 15세기 8, 16세기 14, 17세기 45, 18세기 40, 19세기 17, 20세기 1분기 52로 19세기를 제외하고 꾸준히 증가해왔다. 나의 연구에 기초하여 나는 이미 1920년대에 더 크고 더 끔찍한 전쟁, 유혈 혁명, 비참함, 잔혹함이 도래할 것이라고 예측한 바 있다. 안타깝게도 당시 많은 비평가들은 나를 '미쳤다'고 비난했는데 이 같은 예측은 현실로 나타났다. 1차 세계대전, 러시아혁명, 파시즘 및 나치 혁명, 2차 세계대전 ― 이 네 가지 폭발은 지금까지 진행된 감각적 사회문화 질서의 붕괴 과정이 최대로 발현한 것이다.

요컨대 러시아혁명은 러시아 질병에 의해서만 일어났고 서구로부터는 고립된 현상이 아니라 오히려 감각적 질서의 붕괴가 낳은 직접적인 결과다. 러시아혁명은 이 같은 서구에 내재된 '질병'이다.

고로 러시아혁명과 공산주의를 순전히 러시아 고유의 것으로, 즉 러시아 '세균'에 의해서만 배태되고 러시아인에 의해서만 배양된 것으로 취급하는 것은 어리석기 짝이 없다. 그 세균이 번지지 않도록 주위에 일종의 방역시설을 설치하는 것은 더욱 어리석은 일이다. 이 '세균'은 서구에도 러시아만큼이나 많이 있다. 그 같은 세균을 억제하거나 격리하면 모두 죽을 것이라고 생각하는 것이야말로 참으로 어리석은 일이다.

이 같은 정책과 활동은 모두 우리 시대 서구 문화의 지배적인 형태에 내재된 기본적인 붕괴 과정이 유발한 광기 — 정신적, 도덕적 무질서 — 의 또 다른 형태일 따름이다.

이 같은 정신적, 도덕적, 사회적 무질서가 전쟁 후에도 지속되고 있고, 감각적 질서는 무너지고 있는데 아직 덜 '원자화되고', 덜 경쟁적이며, 정신적으로 풍부한 가치와 제도를 가진 새로운 질서가 나타나지 않았으며, '가치가 원자화된' 세계에서는 '계약과 조약은 이행해야 한다'는 원칙은 무시해도 좋고, 자신에게 유리하다고 생각하면 곧바로 파기할 수도 있으며 아무런 구속력이 없다고 생각하여 '약속을 어기는 사람들'의 세계에서는 전쟁 후에도 개인 간 및 집단 간에 잔혹한 충돌이 계속될 것이다. 전쟁 후에도 수많은 혁명, '열전'과 '냉전', 긴장, 파업, 범죄 및 그 외의 적대가 만연하고 있다는 사실은 이 같은 가정의 타당성을 충분히 입증한다.

때문에 이 같은 갈등이 가까운 장래에 사라진다거나 새로운 세계를 파국으로 몰고 가지는 않을 거라고 예상할 만한 중대한 근거는 없다. 이것이 전쟁 후에도 왜 전쟁과 긴장이 발생하느냐는 첫 번째 질문에 대한 답변이다.

이것으로 두 번째 질문 즉 왜 주요 갈등이 미국과 러시아에 집중되는지도 이해할 수 있다. 무자비한 힘이 지배하는 세계에서는 분쟁이 가장 강력한 국가 사이에 집중되기 마련이다. 그 같은 세계에서는 약한 나라들은 혼자 힘으로 아주 강력한 나라에게 도전할 여력이 없다.

약한 나라가 자신보다 훨씬 강한 나라에 대항하면, 그 나라는 몰락하거나 아니면 강력한 나라의 정치에 순응해야 한다.

따라서 약한 나라들은 각자 강력한 두 중심 세력에 순응하든지 아니면 자신들만의 제3의 주요 세력을 가진 블록을 형성해야 한다. 그렇게 하지 않으면 약소국들은 강대국의 단순한 위성 국가나 볼모로 전락하게 된다. 군사력이 거의 대등한 아주 강력한 나라들만이 감히 서로 대항할 수 있다. 미국과 러시아는 지난 전쟁에서 가장 강력한 군사 대국으로 부상하여 두 나라 사이에 충돌이 집중될 수밖에 없었다.

서구 세계는 거의 붕괴된 상태여서 (국제 또는 국내의) 진정한 항구적인 평화가 거의 불가능해졌고, 내부의 질병으로 적대세력이 출몰하여, 가장 강력한 강대국 사이에 충돌이 집중되었다. 러시아 대신에 프랑스나 영국, 이탈리아나 튀르키예가 제2의 강대국으로 부상했다면, 미국과 이들 나라 중 한 나라 사이에 충돌이 집중되었을 것이다. 히틀러의 제3제국이 제거된 후 이전의 동맹국들 사이에 충돌이 집중된 것과 마찬가지로 만약 러시아가 제거된다면, 현재의 서구 블록의 아주 강력한 나라 사이에서 갈등이 집중될 것이다.

아주 약한 나라들은 강대국과 동등하게 강력한 제3의 중심으로 통합하지 않으면 주요 강대국의 위성 국가가 될 수밖에 없다. 국제적인 힘의 정치가 이 같은 결론을 훌륭하게 뒷받침해준다.

요약하자면, 노골적인 힘의 정치는 끊이지 않는 충돌과 함께 해체되고 있는 현시대 세계의 고유한 성질이다. 미국과 러시아로 기본 갈등이 양극화된 것은 이들 나라의 악덕 때문도 미덕 때문도 아니고 지난 전쟁에서 두 나라가 강력한 군사대국으로 부상하면서 각자 불확실한 특권을 가졌기 때문이다. 이 같은 견지에서 보면 미국-러시아의 갈등은 러시아가 차르 체제이든 민주주의 체제든 아니면 다른 어떤 체제든 발생했을 것이다.

　이것이 '냉전'이 계속되고 있는 진짜 이유다. 냉전의 지속을 두 나라 사이의 본질적인 차이나 한쪽은 '순수하게 고귀하고' 상대방은 '공격적'이라는 식으로 대비하여 설명하는 현재 통용되고 있는 견해는 추악한 현실을 가리는 연막에 지나지 않는다.

3. 화해의 가능성과 방법

갈등을 종식시키고 서로 화해할 수 있는 가장 좋은 방법은 무엇인가? 두 나라의 지도자와 인류 전체가 충분히 현명하다고 판단될 때가 좋은 기회다.

　미국-러시아의 갈등은 물론 현재 격화되고 있는 수백 가지의 갈등을 근본적으로 치유해야 감각적 질서가 붕괴되어 정신적, 도덕적, 사회적 무질서 상태가 되는 것을 중단시킬 수 있다. 지금 널리 퍼져있는 감각적 제도와 문화와 개성은 이상주의적인 제도와 문화와 개성에 기초하여, 달리 말해 창조적 사랑 또는 이타주의에 기초하여 재통합해야 무질서 상태를 종식시킬 수 있다.

　우리의 사회를 재통합하려면 가족에서 종교, 정치, 경제 제도에 이르는 우리의 기본 제도에서 또 과학에서 순수 예술, 법률, 윤리에 이르는 우리 문화에서 그리고 현재 유행하는 우리의 감각적인 이기주의적 개성에서 어떤 부분을 어떤 방법으로 변화시켜야 하는지를 고려하여 인류사회를 재건해야 한다. 이 같은 과업은 비록 거대하지만 실현할 수가 있다. 인류가 자멸하지 않는다면 그 과업을 역사의 의제에 올려놓아야 한다. 하지만 그 과업은 단기간에 성취할 수는 없다. 그것을 실현하려면 수십 년이 필요하다.

　미국-러시아의 갈등을 종식하는 데 수십 년을 기다릴 수는 없지만 그 강도와 규모를 약화시키고 '열전'으로 비화하는 것을 방지하기 위해 여러 가지 조치를 실행하여 바로잡아 나가야 한다. 이 같은 과업을 위한 역량과 기법은 전쟁과 평화의 진짜 원인과 그 외 일상적인 관계에 의해 결정된다.

　기본 가치와 이해관계의 화해할 수 없는 갈등이 전쟁의 주된 원인이라면 현시점에서 두 나라의 이 같은 가치와 이해관계는 어떤 상태에 있는가?

　두 나라의 최대의 가치와 이해관계는 서로 조화를 이루고 있는가? 이 같은 질문에 대한 답변은 아주 분명하다. 두 나라와 인류 전체에 가장 무자비한 불구대천의 공동의 적은 동일하다. 그 같은 적은 모든 형태를 죽이고 파괴한다. 최대의 가치, 가장 오래 지속되고, 가장 소중한 긍정적인 가치나 이익은 두 나라와 인류 모두에게 공통적인 가치 또는 관심사다. 그 같은 가치는 인류의 창조적 사명을 지속하기 위해 고귀한 생명체 속에 계속 잔존한다.

　이 같은 가치 – 죽음 또는 파괴를 피하고 창조적이고 행복한 삶을 위해 생존해 있는 것 – 는 두 나라 모두에 공통적이며 두 나라가 협력하지 않고서는 달성할 수 없다. 두 나라가 '냉전'을 지속한다면 이 같은 목표를 향해 나아갈 수가 없다. 3차 세계대전이 일어나게 되면 수 세기 동안 이루어놓은 두 나라와 인류 전체의 발전이 지연될 것이다. 3차 세계대전은 두 나라와 인류 전체에 전례 없는 죽음과 파괴의 재앙을 초래한다.

　이 같은 엄청난 공동의 이익과 가치에 비하면 두 나라의 그 외 모든 가치와 이익은 겉으로는 충돌하는 것처럼 보이지만 아주 미미하거나 쉽게 화해할 수 있으며 심지어 모순되지 않는다. 이 점에 대해서는 앞으로 계속 보여줄 것이다. 현재로서는 이 두 최대의 가치 외에 두 나라의 그 외 중요한 가치와 이익의 압도적 다수는 서로 조화를 이루고 있거나 보완적인 관계에 있다는 점을 덧붙이는 것으로 족하다.

두 나라가 평화를 유지하고 협력하면 경제적, 문화적, 사회적, 정신적, 도덕적으로 헤아릴 수 없는 많은 이익을 얻게 될 것이다. 군비 낭비를 절약하고 인류에게 긴급한 필수품을 충족하기 위해 생산적 용도로 전환하면 수천억 달러와 막대한 노동력을 절감하게 된다! 현금이나 물물교환으로 서로 거래할 때 엄청난 양의 이익을 생긴다! 과학, 기술, 예술 및 기타 성과를 공유할 때 서로 풍요하게 된다! 더욱이 두 나라와 인류 전체가 자신들의 도덕적, 종교적 가치의 마지막 남은 조각을 잃지 않고 또다시 어린이, 여성, 노인을 포함한 수백만 명의 무고한 사람들을 죽이는 살인자가 되지 않는다는 사실을 상기해보라!

두 차례에 걸친 세계대전의 대량살상으로 모든 나라는 예외 없이 하나님과 인류에 용서받을 수 없는 범죄를 저질렀다. 그들의 도덕적 가치의 보고는 이제 거의 텅 비어 있다. 위조된 도덕 화폐가 그들의 윤리적 금고를 채우고 있다. 새로운 세계대전은 도덕적 가치의 잔재마저 파괴하고 모든 나라를 도덕적으로 파산시켜 절망에 빠트릴 것이다. 수백만 명의 무고한 사람들을 살해하는 민주주의나 독재는 민주주의도 독재도 아니고 살인강도다. 그럴 경우 기독교 국가든 공산주의 국가든 기독교와 공산주의에서 파문당한 비인간적인 짐승 무리다.

요약하자면, 가장 물질적인 것에서 가장 영적이고 도덕적인 가치에 이르는 평화로운 협력에서 얻는 이득은 무한하지만 그렇지 않을 경우 잃는 손실 또한 무한하다. 두 나라 또는 인류의 이익은 진심 어린 협력을 요구하며 유혈적인 충돌을 절대로 금지한다.

구체적으로 말하면, 심지어 오늘날에도 두 나라의 가치 중에서 압도적인 다수가 서로 조화를 이루고 있으며, 서로 풍요롭게 하고, 서로 창조적으로 자극을 주고 있다. 사람들은 프로코피에프와 쇼스타코비치의 음악, 해리스와 한센의 음악, 톨스토이와 시모노프[1]의 소설, 스타인벡, 루이스, 펄 벅의 소설을 즐겨 들을 수 있다. 관념론 철학자들은 일부 소비에트 철학자들의 변증법적 유물론에서 자극을 받기도 하고, 그 역인 경우도 있다.

무신론의 빈곤 즉 일부 소비에트 무신론자들의 빈곤조차도 종교적 믿음을 위한 증거이자 자극제가 되기도 한다. 두 나라의 거의 모든 과학적 성과, 모든 철학 체계, 모든 예술 창작물, 모든 종교 운동 그리고 대부분의 정치적, 경제적 실험도 더욱 그러하다. 두 나라 사이의 진지하고 우호적인 상호 비판조차도 좋은 목적에 기여한다. 그 같은 비판이 타당하다면 각자의 결함을 없애는 데 도움이 되고, 그 같은 비판이 타당하지 않으면 비판을 받은 제도 또는 가치를 한층 더 강화한다.

요약하자면, 두 나라에 공통적인 가장 중요한 가치 외에 다른 중요한 대부분의 가치들도 서로 조화를 이루고, 보완하거나 화해할 수 있다.

담배 브랜드들이 저마다 다른 모든 담배 브랜드보다 우수하다고 주장하여 서로 '양립할 수 없는 것처럼 보이듯이 두 나라의 가치들이

---

[1] 시모노프(Konstantin M. Simonov, 1915~1979) : 소련의 소설가·극작가·저널리스트. 독·소 전쟁에 종군 기자로 활약, 스탈린그라드의 공방전을 그린 소설 『주야를 가리지 않고』(1943~44)로 작가로서의 위치를 확보함. 당의 문예 정책을 추진하고, 스탈린 사후 해빙을 지지하는 등 정세의 변화에 따라 태도를 바꿔 논란이 되기도 함 - 옮긴이

겉으로는 충돌하는 것처럼 보이긴 하지만 겉으로만 화해할 수 없는 것처럼 보일 뿐이다. 제정신인 사람은 그 같은 '양립할 수 없다는 말'에 주의를 기울이지 않는다.

양립할 수 없는 것처럼 보이는 가치들 중에서 가장 중요하게 제시되고 있는 것이 소비에트의 국유경제와 미국의 이른바 '자유 기업' 경제다. 그런데 두 유형의 경제는 모두 두 나라에서 과거에도 존재했고 지금도 여전히 존재하고 있으며, 두 나라뿐 아니라 나머지 세계에서도 공통적으로 '복지국가 및 복지경제' 유형으로 수렴되고 있다. 또한 지난 전쟁 동안 동구 세계와 서구 세계 모두 경제를 사실상 정부가 관리하고 통제했다. 정부가 경제적 관계를 비롯해 여러 사회적 관계를 규제하는 정도는 통치자의 개인적 취향이 아니라 해당 사회가 비상사태냐 아니냐에 따라 결정된다.

이 모든 이유에서 볼 때, 경제를 '정부가 관리하느냐' '민간이 운영하느냐는' 나라마다 상대적이며 특수한 것은 아니다. 따라서 제정신이 아닌 사람만 그것들을 신성하고 절대적이라고 선언하며, 하나님의 이름으로 전쟁을 일으켜 민주주의든 공산주의든 또는 국유 경제든 자유 기업이든 '대죄'를 근절시킬 수 있다고 한다.

그 어리석은 지도자들의 광기는 16세기와 17세기의 종교전쟁을 일으킨 가톨릭과 개신교 지도자들의 광기에 비해 나름의 변명의 여지가 있다. 그 당시 지도자들에게는 양립할 수 없던 것들이 지금은 매우 조화를 이룰 수 있다. 16세기와 17세기의 종교전쟁은 매우 불필요했으며 진정한 종교적 또는 도덕적 관점에서 볼 때 변명의 여지가 없다. 하지만 '자유 기업'과 '국유산업'의 정신분열증 환자들이 벌이는 호전적 활동은 더욱 변명의 여지가 없다.

나 같으면 이들 경제 중 하나가 승리하기 위한 전쟁에서 단 한 명의 군인의 생명도 희생시키지 않을 것이다. 어떻게 해서든 생명이 헛되이 사라지게 하지 않을 것이다. '자유 기업'을 실행하는 나라도 비상사태에 처하면 곧바로 전체주의 국유경제로 전환할 것이다. 정부가 관리하는 전체주의 경제를 실행하는 나라도 중대한 비상사태가 사라지면 '자유 기업'으로 전환할 것이다. 그 과정에서 수백만 명 아니 단 한 명의 병사만 희생하더라도 아무런 결실을 맺지 못할 것이다.

두 나라가 양립할 수 없는 또 하나의 중요한 점은 두 나라가 세계 지배 또는 '선두 자리'를 차지하기 위해 다투는 맞수라는 사실이다. 그런데 앞에서 보았듯이 어느 쪽도 맹목적으로 심하게 세계를 지배하거나 '선두 자리'를 차지하려고 추구하지 않았다. 각 나라가 창의적 리더십을 발휘할 수 있는 비범한 재능을 가졌다면 파괴적인 힘으로 '모든 것을 빨아들이는' 역할을 억제하고 그 역할을 역사적 힘을 통괄하는 주인의 역할로 바꿔야 한다. 이 같은 건설적인 리더십을 두고 경쟁을 벌이면 상호 이익이 되지만 파괴적인 리더십은 두 나라는 물론 인류 전체를 파멸로 몰고 간다.

앞에서 말한 서로 다른 유형의 경제와 서로 다른 유형의 지도력 사이에 일어나는 충돌은 공화제와 군주제, 독재와 민주주의, 전체주의 유형과 자유주의 유형, '독재'와 '자유'의 충돌로 이어진다. 이 같은 차이는 절대적이 아니라 상대적이다. 절대적으로 자유로운 나라와 절대적으로 자유롭지 못한 나라, 즉 순수하게 민주적인 나라와 완전히 전제주의적인 나라는 존재하지 않고, 과거에도 존재하지 않았으며 앞으로도 존재하지 않는다.

대신에 우리가 살고 있는 사회는 한편에서는 자유롭지만 다른 한편에서는 그렇지 않다. 어떤 사회는 (일부다처제같이) 한편에서는 자유롭지만 (종교 선택이나 정당 선택같이) 다른 면에서는 자유롭지 않은 반면 어떤 사회에서는 일부다처제는 금지하지만 종교 선택 또는 정당 선택은 자유롭게 할 수 있다.

더욱이 온갖 종류의 비상사태, 특히 전시나 전쟁의 위협 같은 비상사태 시에는 자유가 일정 정도 축소된다. 그러므로 사실상 '냉전'을 부추기거나 '열전'을 준비하는 모든 사람들은 온갖 형태의 폭정, 독재, 전제정치, 노예제를 만들어낸다.

두 나라의 공격적인 요소들이 양립할 수 없다고 선언한 모든 가치와 이익은 사실은 상대적이며, 아주 약간의 지혜와 책임만 발휘해도 쉽게 화해할 수 있다.

이 모든 것을 볼 때 두 나라 사이에 그리고 그 동맹국들 사이에는 완전히 화해할 수 있는 견고한 인과적 기반이 있다.

이 같은 인과적 기반이 두 나라의 가치와 이익을 화해시킬 수 있는 방법을 제시한다. 그 방법은 '과격해지거나' 서로 공격하는 것이 아니라 그 반대다. 두 나라는 물론 인류 전체에 영속적인 공동의 적과 공동으로 싸울 때 그리고 죽음, 파괴, 질병, 광기, 비참함, 범죄에 맞서 싸울 때는 소비에트 세계든 반反소비에트 세계든 언제 어디서나 친밀하게 협력하고 전우애를 발휘한다. 금세기에 이 공동의 적들이 엄청난 독성을 뿜어냈는데 이는 서구의 감각적인 문화와 사회가 무너지고 이어서 동구의 사회와 문화가 무너지는 기본 과정의 결과다.

사회와 문화를 파괴하는 이 질병의 세균은 서구의 반(反)소비에트 블록뿐만 아니라 동구의 소비에트에도 똑같이 유독하고 풍부하게 있다. 그 질병은 처음에는 1차 세계대전으로 발병했고, 두 번째로 러시아혁명, 세 번째로 파시즘과 나치즘 및 일련의 반공혁명, 마지막으로 2차 세계대전으로 발병했다. 동양에서는 중국을 비롯한 여러 나라의 문화를 파괴하고, 모든 나라에서 무정부 상태, 소요, 혁명을 일으키는 데 막대한 영향을 미쳤다.

이 기간 동안 두 블록 사이에 벌어진 상호 공격과 끝없는 혁명, 반란 및 무정부 상태는 이 질병이 치명적이라는 것을 보여주는 또 하나의 징후다. 세계가 분산되어 서로 싸우면 그 세균을 죽지 않는다. 오히려 세균을 활성화하고, 증식시키고, 확산시킬 따름이다. 그 세균이 소비에트 세계에서 발병하든 반反소비에트 세계에서 발병하든, 공산주의로 나타나든 나치 혁명의 형태로 나타나든 또 세계대전으로 나타나든 수많은 내전의 형태로 나타나든, 세균의 발현과 그 희생자를 공격하는 것으로는 세균을 죽이지도 못할 뿐만 아니라 질병을 완화하지도 못한다. 동서양의 모든 건전한 인류의 힘을 동원해서 이 치명적인 적에 대항해야 그 세균을 물리칠 수 있다. 그 세균을 물리쳐야 인류를 위협하는 재난에서 벗어날 수 있다.

이 진정으로 거룩한 전쟁에서는 두 나라 나아가서는 인류 전체가 친밀한 전우애를 가져야만 두 나라 사이의 상호 적개심이 '차가운' 연대로 바뀌고 궁극적으로는 따뜻하고 우호적인 연대가 될 것이다. 이 길을 따라 첫걸음을 내디디면 나머지 걸음은 쉽게 따라올 것이다.

"증오는 증오를 낳고, 공격은 공격을 낳으며, 우정은 우정을 낳는다"는 것은 오래 전부터 알고 있는 사실이다. 하버드 이타주의 연구센터의 최근 실험 연구는 이 말이 유효하다는 것을 입증했다. 이 실험에 따르면, 공격적으로 접근하면 관찰된 사례의 60~90%가 공격으로 대응했고, 우호적으로 접근하면 관찰된 사례의 70~95%가 우호적으로 대응한다고 응답했다.

지금까지 두 나라와 그 동맹국들 사이에서는 상호 공격과 '비타협'으로 일관하여 화해와 평화가 아닌 '열전'으로 이어졌다.

지배 집단에서 시작하여 직간접적으로 상호 공격, 전쟁 위협, 위험을 조장하며 소비에트 생활방식과 미국의 생활방식의 부조화를 확대하며 반反소비에트 또는 반미 '십자군'을 조직하고, 주로 물리력과 무기, 특히 원자폭탄과 유도 로켓, 세균전을 사용하며, 군사 예산의 무한한 증가를 위해 투표하고, 자신이 '선택된' 사람이며 자신들의 우수한 유산 그리고 자신들만이 열등한 사람들을 해악으로부터 구원할 수 있다고 추켜세우는 대다수 기득권 세력과 '대중을 속이는 집단'에 이르는 모든 집단과 개인들은 근거 없이 무심코 떠들어대는 자신들의 허언과 무관하게 분쟁을 확대하고 3차 세계대전을 일으키는 데 일조한다. 그들은 생명, 평화, 사랑, 창의성을 존중하는 세력이 아니라 증오와 죽음과 파괴의 대리인이다.

불행하게도, 지금 대부분의 국제 및 국내 정책은 그 같은 개인과 집단의 손아귀에 있다. 이들 개인과 집단은 주로 감각적 가치를 위해 싸우도록 훈련을 받았다. 그들의 교육과 윤리, 정치는 승리한 투사, 어떤 조건에서도 승리하는 투사의 교육과 윤리, 정치다. 그들이 받드는 영웅은 적들을 굴복시키고, 굴욕감을 주고, 무찔러서 승리한 정복자다. 그들은 평화를 이루거나 진정한 우애를 함양하는 훈련을 받지 않았다.

이 같은 집단과 사람들은 싸우는 사람이므로 평화를 이루려고 노력을 해도 성공할 수가 없다. 때문에 최근에 여러 나라 국가 원수들, 각료, 차관, 유엔 대표들이 모여 평화 회의를 개최했지만 어김없이 실패했다.

화해를 위한 과업을 주로 평화와 사회봉사를 위해 훈련받은 개인과 집단에게 맡긴다면 훨씬 성공적으로 성취할 것이다. 그들의 가치는 유혈적인 충돌을 거부하며, 증오, 경쟁, 우월감이 아니라 주로 사랑과 겸손에서 활력을 얻는다.「우애협회」the Society of Friends(퀘이커교도)가 이 같은 종류의 집단의 본보기다. 간디와 슈바이처는 이 같은 종류의 인물의 본보기다. 이 같은 사람과 집단에 국제 정책을 맡긴다면 인류는 머지않아 진정한 평화와 하나의 세계를 갖게 되어 인류의 여러 부분들이 서로 도울 것이다.

특히 모든 종류의 전체주의와 독재를 싫어하는 사람들에게 평화적으로 협력하는 방법을 권장한다. 앞서 말했듯이 인과적으로 어떤 비상사태든지, 특히 '냉전'과 위협적인 '열전' 같은 비상사태 때 정부는 어김없이 경제적, 정치적, 사회적 관계를 엄격하게 조직하고 편제하여 양적으로 확대하고 질적으로 확충한다.

비상사태는 전체주의와 독재를 유발하고, 경제생활을 비롯한 모든 사회생활을 국유화하거나 공유화한다. 상호 공격과 '냉전', 군비 경쟁, 호전적인 동맹 및 협정 체결 등과 같은 정책은 모두 전쟁 후에 정부에 의한 물가와 임금, 노동조합과 회사, 파업과 공장폐쇄의 통제, 산업의 국유화, 시민의 자유 축소, 비밀 정치경찰의 부활, 사회활동을 통제하는 각종 위원회 대폭 증가, 사상 통제, '양도할 수 없는' 권리의 침해, 권리 장전 및 헌법 위반, 전체주의 경찰국가의 부활 등을 초래한다. 이 모든 일이 서구 국가에서 일어났다. 소비에트 블록에서 공산주의 전체주의가 부활한 것도 그 같은 요인들 때문이다.

이 요인들은 반공 정치인들이 전체주의, 공산주의, 전제정치를 약화시키고 자유와 민주주의를 수호하기 위해 고안한 것인데 실제로는 공산주의와 각종 전체주의를 엄청나게 강화하여 다양한 종류의 전체주의를 부활시키고 자유와 민주주의, 자유 기업, 자유로운 창의성 등 반공 정치인들이 지지하는 여러 가치들을 크게 약화시키는 결과를 낳았다.

인과적으로 그리고 객관적으로, 동유럽에서 공산주의 전체주의가 부활한 것은 평화주의자나 '진보주의자'에 의한 것이 아니라 트루먼 독트린[2], 강압적이고 보편적인 공산주의 '탄압', 대대적인 재무장, 대서양 조약, 원자폭탄이 뒷받침하는 새로운 방어선 구축 등을 창안한 자들 때문이다. 미국을 포함한 서구의 상당 부분이 '전체주의'로 변모한 것은(서유럽은 군국주의화되었고 경찰국가로 전환되었다) 소비에트 블록의 호전적인 군국주의 때문이다. 서구의 반공 단체와 반공 국가들은 소비에트 블록과 싸우는 과정에서 그저 색깔만 다르게 칠하고 이름만 다르게 붙였을 뿐 소비에트 전체주의의 패턴을 점점 더 많이 도입하여 갈수록 '소비에트화'되었다.

만일 불행하게도 두 호전적인 세력 – 소비에트 세력과 반(反)소비에트 세력 – 이 '냉전'을 '열전'으로 돌려놓는 데 성공한다면, 인류는 자유, 자치, 민주주의, 개인의 존엄성, 자유 기업, 자유로운 창의성 그리고 모든 진정한 가치의 마지막 흔적에 아주 오랫동안 작별을 고할 것이다. 민주주의와 세계의 안전을 위해 싸워 민주주의동맹의 승리로 끝난 1차 세계대전 후에 민주주의와 자유의 세계는 현저하게 위축되었고 공산주의, 파시스트, 나치 전체주의가 등장하여 확산되었다.

'네 가지 자유' – 민주주의, 자유, 자본주의, 자유 기업 – 를 위해 싸워 다시 민주주의동맹의 승리로 끝난 2차 세계대전 후에는 그 네 가

2　트루먼 독트린(the Truman Doctrine) : 1947년 3월 미국 대통령 트루먼이 선언한 미국의 '반소반공' 세계외교 정책 원칙. 당시 공산세력의 위협에 직면한 그리스와 터키의 반공 정부에 미국이 경제적·군사적 원조를 제공하기 위한 것임 - 옮긴이

지 자유의 세계가 거의 자취를 감췄다. 그 대신에 공산주의와 전체주의, 국유화, 내란과 무정부 상태, 빈곤과 비참함, 자유의 제한이 전 세계에 엄청나게 증가하여 확산되었다. 만약 3차 세계대전이 일어나 서구 블록의 허울뿐인 승리로 끝난다면, 그 전쟁의 객관적 결과는 민주주의와 자유의 부활이 아니라 소멸이 될 것이다.

또한 자유 기업이 부흥하지 않고 파멸할 것이며, '국민의, 국민에 의한, 국민을 위한' 정부가 아니라 역사상 가장 잔혹하고 잔인한 폭정이 될 것이다. 나아가 창조, 번영, 건강, 삶, 행복이 증가하지 않고 파괴, 죽음, 질병, 비참함, 광기, 고통, 정신적 및 도덕적 타락으로 얼룩진 지옥이 될 것이다.

요컨대, 동구권에 대한 공격과 증오, 전쟁을 직간접적으로 조직하는 반공주의자들은 단지 자신의 무덤을 파고 있을 뿐이며, 가장 파괴적인 전체주의를 억누르기 위해 애쓸 따름이다. 서구 블록에 대해 직간접적으로 그와 동일한 행동을 하는 모든 공산주의자들도 마찬가지로 자기 무덤과 모든 건설적인 공산주의의 무덤을 파고 있다. 3차 세계대전 후에는 인간의 잔재는 어떤 건설적인 공산주의나 사회주의에도 부적합하기 때문이다.

그것은 초라한 원숭이 수준으로 퇴보한 먼 옛날의 호모 사피엔스의 세계가 될 것이다. 일종의 원숭이에서 호모 사피엔스 수준으로 올라가는 진화 과정이 호모 사피엔스에서 육신이 병들고 정신이 덜 발달된 원숭이 수준으로 퇴보하는 과정으로 역전될 것이다.

요약하자면, 이 질병의 치명적인 성질이 보편적으로 확산하는 것을 막으려면 모든 인류의 건설적인 세력을 동원하고 인류 공동의 적 즉 죽음, 증오, 질병, 파괴, 비참함, 잔혹함, 광기 — 이것들이 어디에서 발생하느냐는 중요하지 않다 — 에 대항하는 전쟁을 벌일 때는 동구 블록과 서구 블록이 협력해야 한다. 이 공동의 적에 대항할 때는 발휘하는 전우애야말로 상호 적대를 중단시키고 미국과 러시아 사이뿐만 아니라 지구상의 모든 사람과 집단 사이에 협력과 우애를 향해 내딛는 진정한 첫걸음이다.

　이런 일이 성취될 때 인류 전체의 통일이 확립된다. 이 같은 통일이 확립되어야 공동의 적에 대항하는 진정한 싸움이 시작되어 성공할 것이다. 인류가 일치단결하여 싸울수록 더 빨리 적을 박멸할 수 있다. 창의적이고 이타적으로 협력하여 지금 무너진 사회제도와 문화, 개성을 건설적으로 재통합해야 무너지고 있는 현재의 과정을 되돌려놓을 수 있다.

　이렇게 해야 평화와 안전, 번영, 건강, 행복, 창의적 재능이 이전과는 비교할 수 없는 수준으로 다시 한번 지구에 나타날 것이다. 그런 일이 이루어진다면 세상의 모든 것이 잘 될 것이다. 그것을 거부하면 혼란에 빠진 호모 사피엔스를 위한 진정한 진혼곡이 준비되어 있다.

제11장

전쟁과 평화의 원인 및 요인

1. 주요 원인 대 복합적인 인과관계

평화의 전제 조건에 대한 진단이 정확하고 유익하려면 평화의 주요 원인 또는 필요 원인과 보충 요인 각각의 긍정적인 면과 부정적인 면을 구별해야 한다. 여기서 주요 조건 또는 필수 조건이란 평화를 이룰 때 없어서는 안 되는 요인을 말한다. 또 보충 요인이란 필요 원인의 결과를 실현하거나 무효화하는 수많은 다양한 조건을 말한다.

   예를 들자면 디프테리아의 필요 원인은 감염이다. 디프테리아의 긍정적인 보충 요인은 세균의 확산을 촉진하고 감염에 대한 인체의 면역성을 감소시키는 조건이다. 디프테리아의 부정적인 보충 요인은 감염의 영향을 무효화하거나 억제하여 필요 원인을 불충분한 원인으로 바꾸어놓는 접종 및 그와 유사한 영향을 미치는 조건이다. 출생의 필요 원인은 임신이다.

   출생의 긍정적인 보충 요인은 태아가 아이로의 성장을 촉진하는 모든 조건이다. 부정적인 보충 요인은 낙태와 질병 등 태아의 발달을 방해하는 조건이다. 특정 현상에서 주요 원인은 항상 동일하나 보충 요인은 다양하고 가변적이며 그 성격이 변화하고 여러 가지로 조합된다.

필요 원인과 보충 요인의 구분에 대해서는 많은 반론이 제기되고 있다. 이 같은 반론들은 J. S. 밀, A. A. 추프로프, J. 벤[1], C. 지그바르트[2] 등의 귀납 논리에 관한 거의 모든 진지한 논문과 인과관계에 관한 여러 특집 논문에서 찾을 수 있다. 그러나 이 같은 구분은 논리적 장점과 연구상의 이점이 매우 크고 단점은 비교적 작기 때문에 그 같은 반론들은 무시해도 별 문제가 없으며, 실제로 그리 중요하지 않다. 주요 원인 및 보충 원인 원리는 자연과학 전반에 걸쳐 인과분석에서 일반적으로 사용되고 있다. 그 원리의 효과가 그것의 타당성과 이점을 입증해 준다. 자연과학의 거의 모든 성과는 해당 현상의 주요 원인 또는 필수 원인 그리고 일부 보충 요인과 관련된다.

그 같은 절차가 없으면, 우리는 사회문화 현상 일반, 특수하게는 전쟁과 평화에 대한 거의 모든 인과 분석에서 길을 잃게 된다. 전쟁(또는 평화)에 관한 '다중인과' 이론은 특히 수학적으로 표현하면 서류상으로는 멋있게 보인다. "전쟁은 변수 A, B, C,...M [$W = f(A, B, C,...M)$]의 함수다". 그런데 그 공식은 실제 변수에 적용하는 순간 아무런 의미를 가지지 않고 인과관계를 부정하게 된다. 그 공식은 '으뜸가는 요인' 또는 온 세상이 모든 것의 원인이라는 명제로 무한히 회귀하게 된다.

첫째, 특정 전쟁 또는 전쟁 일반의 수많은 선행 조건을 일일이 열거

---

1 벤(J. Venn, 1834~1923) : 영국의 수학자·논리학자. 집합의 합집합과 교집합을 시각화하는 데 사용하는 벤 다이어그램으로 잘 알려짐 - 옮긴이

2 지그바르트(Christoph von Sigwart, 1830~1909) : 독일의 심리학자. 분트와 함께 심리학의 연구성과를 과대하게 평가하여 논리학, 윤리학, 미학 등의 철학 문제를 심리학적 견지에서 설명하는 심리주의를 주장함 - 옮긴이

하는 것은 불가능하다. 둘째, 설사 그렇게 열거하는 것이 가능하더라도 전쟁의 원인을 명확하게 밝히지는 못한다. 어떤 것이 인과적 원인이고 어떤 것이 부수적 원인인지를 구분하지 않은 채 수백만 개의 조건만 열거해놓은 목록은 불완전하기 때문이다. 셋째, 다중인과 이론은 전쟁을 일으키는 수많은 상황 중 몇 가지를 선택하므로 그 같은 선택은 완전히 자의적일 수밖에 없다. 그렇게 선택된 변수들은 너무 이질적이고, 표준화할 수 없으며, 비교할 수 없기 때문에 유의미한 통일체로 결합할 수가 없다. 더군다나 그것들로는 상대적 인과 효과를 측정할 수가 없다.

1차 세계대전을 일으킨 무수한 선행 조건들 가운데 러시아 차르체제의 부침, 사라예보에서의 총격, 1914년 여름 푸앵카레[3]의 러시아 방문, 합스부르크 제국의 이질적 구성, 그레이 자작이나 빌헬름 호엔촐레른[4]의 심리구조의 특이성, 중부 유럽 일부 지역의 우기雨期, 독일의 팽창주의 정책, 태양흑점 상태, 프랑스-영국-러시아 동맹을 선택해보자. 갖가지 이질적인 변수를 하나의 공식에 집어넣으면 여러 단어나 기호를 아무런 의미도 없고 통일도 되지 않은 채 무의미하게 모아놓는 것에 지나지 않는다.

이 같이 통약 불가능한 요인들을 나열하는 것으로는 상대적 인과 효과를 측정할 수 없다. 따라서 다중인과 이론은 사회문화 현상 일반

---

3 푸앵카레(Raymond Poincaré, 1860~1934) : 프랑스의 정치가·변호사. 프랑스 제9대 대통령. 1차 세계대전 때 독일에 강경정책을 취하였고, '푸앵카레 프랑'을 정하여 통화 안정을 실현함 - 옮긴이

4 빌헬름 호엔촐레른(Wilhelm Hohenzollern) : 호엔촐레른은 브란덴부르크 선제후, 프로이센 왕, 독일 황제, 호엔촐레른 공국의 통치자와 루마니아의 왕을 배출한 가문을 말함. 여기서 빌헬름은 독일을 통일하고 황제를 선포한 빌헬름 1세의 손자로 1차 대전을 일으킨 빌헬름 2세(1859~1941)를 말함 - 옮긴이

또는 구체적으로는 전쟁과 평화의 연구에 적용할 수 없다.[5] 다중인과 이론은 주요 원인 및 보충 요인 이론보다 훨씬 불충분하다. 내가 전자보다 후자를 선호하여 사용하는 이유가 여기에 있다.

2. 국내 평화와 국제 평화의 주요 원인

(1) 국내 평화의 주요 원인은 해당 사회에 기본 가치에 상응하는 행동 규범을 갖추고 잘 통합된 기본 가치 체계의 존재다.[6] 사회의 여러 파벌과 구성원들의 기본 가치들은 본질적으로 서로 조화를 이루어야 한다.

(2) 국제 평화의 주요 원인은 서로 교류하는 각 사회에 서로 양립할 수 있는 궁극적인 가치와 그 규범들이 잘 통합된 체계의 존재다.

(3) 여러 사회들 사이에서 또는 특정 사회 내에서 평화가 이루어질 가능성은 기본 가치 체계의 통합 정도와 상호 양립가능성 정도에 따라 달라진다. 사회의 통합과 조화가 약화되면, 특히 갑자기 급격하게 약화되면, 국제 분쟁 또는 내전이 일어날 가능성이 커진다.

이 명제들을 자세하게 설명하기에 앞서 몇 가지 사항을 차례대로 명확하게 지적해둘 필요가 있다.

---

5   다중인과 관계 및 그 외 의사-수학적 절차에 대한 이 같은 비판에 대해서는 졸고 *Sociocultural Causality, Space, Time*(Duke University Press, 1943)를 참조하라.

6   모든 기본 가치에는 '해야 하는 것'과 '하지 말아야 하는 것'을 명시해놓은 일련의 행동 규범이 있다. 종교적, 윤리적-법률적, 과학적, 경제적, 정치적, 심미적 가치는 각자 자체의 행동 규범을 가지고 있다.

A. 지금까지 집중적으로 살펴본 것은 특정 사회의 사소한 가치가 아니라 주요 가치다. 한 사회의 주요 가치가 정확히 무엇인지는 사실에 입각한 조사를 통해 찾아야 한다. 일반적으로 주요 가치는 윤리적·법률적, 종교적, 과학적, 경제적, 정치적, 심미적 가치 같은 기본 가치와 자긍심과 자주독립 같은 가치로 구성된다. 그렇다고 사회마다 각자 지금은 종교적 가치가 최고의 가치이고, 지금은 경제적 가치가 최고의 가치이며 지금은 정치적 가치가 최고의 가치라고 강조하는 것을 방해하지는 않는다. 사회마다 시대마다 구체적으로는 차이가 있지만 그럼에도 불구하고 일반적으로 이 가치들이 기본 가치다.

B. 지금 우리가 말하는 것은 어떤 특정 가치가 아니라 모든 기본 가치들의 체계다. 주요 가치들이 통합되면 하나의 체계를 형성하고, 그 안에서 모든 가치들이 의미 있게 서로 연결되고 인과적으로 상호의존하게 된다. 한 사회의 기본 가치가 다른 사회의 주요 가치와 양립할 수 없게 되면, 그 사회의 체계 전체가 다른 사회의 체계와 조화를 이루지 못한다. 고립된 가치는 평화를 이루든 전쟁을 일으키든 단독으로 작용하지 않으며 주요 가치들의 체계 전체가 유효 단위가 된다.

C. 주요 가치들이 통합하게 되면 의미 있게 인과적으로 상호의존하게 된다. 여기서 의미 있다는 것은 주요 가치들이 동일한 가치와 원칙, 규범을 서로 다른 방식으로 결합되어 논리적으로 또는 심미적으로 조화를 이룬다는 것을 말하며, 인과적이라는 것은 주요 가치 중 하나가 현저하게 변화하면 나머지도 변화하다는 것을 말한다. 전체 체계가 변화하면 주요 가치들도 그에 상응하여 각자 변화한다. 이전에 통합되었다가 해체되어 흩어져 의미 있게 그리고 인과적으로

상호의존하지 않는 가치들은 통합되지 않은 상태로 남아 있다.[7]

D. 우리의 관심은 가치 체계들의 유사성이나 동질성 또는 일치가 아닌 양립가능성에 있다. 요점은 두 가치 체계는 이질적이라도 양립할 수 있다는 것이다. 우리가 살고 있는 사회에서 시민들은 저마다 서로 다른 종교, 미적 취향, 정치적 이념을 가지고 있다. 그렇더라도 그것들은 서로 양립할 수 있으며, 그것들이 이질적이라도 내전으로 이어지지는 않는다.

이 명제들에 대해 설명했으니 그 명제들의 타당하다는 증거에 대해 살펴보자.

3. 이 명제들의 타당성에 대한 증거

이 명제에 대한 부정적인 증거와 긍정적인 증거는 다음과 같다. 이 두 증거는 어느 정도 규칙적으로 반복되는 유사성을 합해 놓은 것이어서 단순히 단일 사실들을 모아놓은 것보다 더 적절한 증거라 할 수 있다. 그러면 우선 부정적인 증거부터 살펴보기로 하자.[8]

부정적인 증거

부정적인 증거는 주요 가치들의 통합과 양립가능성이 감소하면 어김

---

7 이에 대해서는 졸저 *Dynamics*, Vol. 4, Chaps. 1, 2, 3을 보라.

8 증거를 확실하기 위해 사실에 입각한 데이터는 졸저 *Social and Cultural Dynamics* (New York, 1937-1941), Vol. 3, Chaps 9~14와 Quincy Wright, *A Study of War* (Chicago University Press, 1942), Vol. 1, 2에서 찾아볼 수 있다.

없이 전쟁이 폭발하거나 증가한다는 것을 말한다. 특정 사회 내에서 구성원들 사이에 주요 가치들의 통합과 양립가능성이 감소하면 내전 또는 잔혹한 유혈 사태가 발생한다. 서로 다른 사회들의 가치 체계 사이에서 통합과 양립가능성이 감소하면 국제전이 발생한다.

> A. 첫 번째 부정적인 증거는 서로 다른 가치 체계를 가진 사회가 지금까지 고립되어 있다가 처음으로 다른 사회와 직접 또는 지속적으로 접촉할 경우 무수한 전쟁이 발생한다는 것이다. 그 같은 사회가 다른 사회와 접촉하면 서로 화해불가능한 주요 가치들이 잠재해 있다가 현실에서 충돌하게 된다. 그 명제에 따르면, 그 같은 상황이 전개되면 전쟁은 유발하고, 고대는 물론 최근에도 어김없이 전쟁이 일어났다.
> 퀸시 라이트[9]의 연구에 따르면. 비교적 고립된 민족들은 전쟁 평균 지수가 가장 낮고(2.03). 다른 민족과 조금씩 접촉하는 민족의 전쟁 평균 지수가 그 다음으로 높고(2.59). 전면적으로 광범위하게 접촉하는 민족의 전쟁 평균 지수가 가장 높다(2.91)[10]. 초기 역사서와 인류학 저서를 보면 이전에 고립되었던 두 부족이 접촉한 다음 수백 차례 전쟁을 벌였다는 사례가 나타난다.

---

9 퀸시 라이트(Quincy Wright. 1890~1970) : 미국의 국제법학자. 시카고학파 일원으로 국제관계학을 종합 사회과학으로 체계화한 평화연구의 선구자. 미국해군과 국무부 실무자, 뉘른베르크 국제군사법정의 미국대표단 법률고문을 지내고, 미국정치학협회(1956), 국제법협회(1944~1946) 회장을 역임함. 15년에 걸친 『전쟁 연구』(*A Study of War*, 1942. 개정판 1965)는 수량 데이터 외에 역사학, 법률학은 물론 사회학, 심리학, 인류학, 정신분석학, 의학, 생물학, 식물학 등을 도입한 대작으로 평가되고 있음 - 옮긴이

10 Quincy Wright, 위의 책, p. 559. p. 557의 표 12도 보라.

기본 가치가 서로 다른 그 부족들이 접촉하는 경우에는 어김없이 전쟁이 일어났다. 역사적으로 유명한 사회들은 모두 그러했다. 이들 사회에서 일어난 전쟁들에서 주목할 부분은 한 사회가 이주, 팽창, 식민화 과정에서 다른 사회와 첫 대면했을 때 전쟁이 일어났다는 것이다. 그 같은 접촉을 한 다음에는 의식적으로 군사적 목적을 가지지 않았더라도 어느 쪽이 방어를 하든 공격을 하든, 서로 충돌을 하든 다른 쪽을 복속하든 식민지를 만들든 거의 항상 전쟁이 뒤따랐다.

이집트, 바빌로니아, 중국, 페르시아, 그리스, 로마, 유럽, 미국의 역사가 바로 그러했다. 이집트인이 누비아인[11] 또는 팔레스타인인, 힉소스인[12] 그리고 자신들과 가치관이 다른 민족을 만났을 때도 전쟁이 뒤따랐다. 그리스인들이 평화적으로 식민지화하는 과정에서 다른 민족을 만났을 때도 전쟁이 일어났다. 마케도니아인과 로마인도 역사를 통틀어 같은 일이 벌어졌다. 이들 제국은 팽창 과정에서 자신들과는 가치 체계가 다른 사회들과 교류하면서 상대방을 무너뜨리거나 정복할 때까지 또는 그들의 가치와 양립할 때까지 전쟁이 지속되었다. 서양이 동양을 만났을 때도, 스페인 사람들이 아메리카 원주민을 만났을 때도 그랬으며, 지금도 지속적으로 전개되고 있는 식민화 전쟁에서도 그러하다.

---

11 누비아인 : 누비아는 이집트 남부의 나일강 유역과 수단 북부에 있는 지역. 거의 대부분 수단 영토이며, 1/4 정도만 이집트에 속함. 고대에 누비아는 독립 왕국이었음 - 옮긴이

12 힉소스(Hyksos) : BC 17세기에 나일 강 유역으로 점차 침투해 들어와 하(下)이집트를 다스린 셈족과 아시아인들의 혼합 집단 - 옮긴이

B. 이것이 교류와 소통이 급속하게 확장하기 시작한 13세기 이후로 지구상에서 전쟁이 증가하게 된 부분적인 이유다. 새로운 통신수단과 운송수단 기술이 발달하면서 점점 더 많은 부족, 사회, 국가. 제국이 접촉하게 되었다. 그리하여 각 사회의 가치 체계들이 더욱 격심하게 대립하여 전쟁, 특히 식민화 전쟁이 계속 증가했고, 그 결과 19세기에 들어서면서 진정으로 고립된 민족은 지구상에서 거의 자취를 감췄다. 그 같은 민족들은 모두 무력에 의해 예속되었고 강대국들 사이에서 분할되었다.

이 모든 전쟁의 진짜 원인은 사회들 간의 접촉과 교류의 확장이 아니다. 접촉과 교류는 그 자체로 디프테리아의 원인이 아니다. 어떤 사람은 다른 사람들과 수천 번 접촉해도 디프테리아에 걸리지 않는다. 그는 환자와 접촉해도 감염되지 않으면 건강을 유지할 수 있다. 그 원인은 세균에 의한 감염이다. 접촉은 [감염을] 촉진하는 환경이다. 마찬가지로 각 사회의 가치 체계가 양립할 수 있다면 사회들 간 접촉과 교류가 있더라도 전쟁이 일어나지 않는다. 전쟁의 원인은 양립불가능성이다. 사회 간 접촉과 교류는 촉진 요인이다.

C. 세 번째 증거는 사회의 한 부분에서 기본 가치가 급격하고 근본적으로 변화할 때 다른 부분에서는 변화가 일어나지 않거나 반대 방향으로 변화할 경우 내전이 발생하다는 것이다. 이런 경우는 그 사회의 두 부분에서 각자의 주요 가치의 양립불가능성이 급격하게 심화된다. 현재의 명제에 따르면, 그 같은 변화가 일어나면 어떤 식으로든 내전이 발생한다. 실제로 과거의

모든 내전은 혁명 세력과 반혁명 세력의 주요 가치가 급격하게 대립할 때 발생했다. 이집트와 페르시아의 내전에서 최근의 러시아와 스페인의 격변에 이르기까지 역사는 우리 명제의 타당성을 일관되게 입증한다.

D. 네 번째 증거는 서로 교류하는 사회들 가운데 하나 또는 일부 사회에서만 가치 체계가 크게 변화하고 다른 사회에서는 변화가 일어나지 않는 경우다. 그 같은 상황에서는 양쪽 사회의 가치가 더욱 심하게 양립불가능하게 된다. 그 같은 상황이 심화되면 관련 사회들 사이에서 어김없이 전쟁이 발생한다. 그 예로 종교 변혁이 크게 일어난 역사적 사례로 들어보자. 고대 이집트 아케나텐 왕[13] 때 종교혁명이 일어나자 곧바로 내전이 일어났고 뒤이어 국제전이 벌어졌다. 인도에서는 불교가 출현했을 때 일련의 충돌이 뒤따랐다. 기독교의 출현, 비잔틴의 우상파괴 개혁, 개신교 종교개혁 모두 기나긴 전쟁을 낳았다. 후스파[14] 교도의 종교운동, 알비파 '이단 등 기독교 종파들이 득세했을 때도 그러했다. 이런 사태는 인류 역사에서 여러 차례 반복되었다.

그 같은 변화가 정치적 또는 정치-경제적 가치 영역에서 발생할 경우 정치 또는 정치-경제 혁명이 일어난다. 한 사회가 급격하게 변화하는

---

13 아케나텐(Akhenaten)왕 : 고대 이집트 제18왕조 제10대 왕으로 재위 5년에 아케나텐(아텐의 영광)으로 개명 (재위 : 기원전 1352년~기원전 1335년) - 옮긴이

14 후스파(Hussite) : 종교 개혁가 얀 후스(1372~1415) 추종자. 얀 후스: 14~15세기 체코의 신학자. 예정 구원론을 기반으로 성서를 기독교 믿음의 유일한 권위로 인정할 것을 강조하는 복음주의적 입장에서 교황 등 로마 교회 지도자들의 부패를 비판하다가 1411년 파문, 1415년 화형에 처함 - 옮긴이

경우에는 일반적으로 급격한 변화가 일어나지 않은 이웃과의 일련의 '전쟁'이 뒤따른다. 크롬웰 혁명, 프랑스혁명, 러시아혁명, 나치 혁명이 그 전형적인 예다. 역사적으로 정치혁명이나 경제혁명이 전쟁을 수반하지 않은 경우는 거의 없다.

> E. 다섯 번째 증거는 교류하는 사회들의 사회문화의 변화가 가속화하면 전쟁도 증가한다는 사실이다. 특히 지난 다섯 차례 세기 동안 서구와 전 세계가 그러했다. 그 기간 동안 전쟁이 증가한 진짜 원인은 사회문화의 변화가 가속화해서가 아니다. 모든 사회에서 변화가 균일한 속도로 진행되면 각 사회의 가치 체계의 조화가 깨지지 않기 때문에 내부에서도 외부와도 전쟁이 일어나지 않는다. 예를 들면, 19세기 후반에 유럽과 미국의 가치 체계가 급속하게 변화했음에도 전쟁이 일어나지 않았다. 변화 속도와 변화 폭 자체가 전쟁이나 평화를 조성하는 요인이 아니다. 변화 속도와 변화 폭은 중립적인 요인이다. 모든 사회가 같은 속도로 변화하지 않을 때 전쟁이 일어난다. 변화 속도가 다르면 가치 체계가 더욱 양립불가능해지고, 따라서 유혈적인 충돌이 증가한다. 변화가 급속하게 일어나면 주요 가치가 유동적이어서 '정착하여' 보편적인 가치가 될 시간적 여유가 없다. 주요 가치들이 동요하면 더욱 전쟁을 촉진한다.
> F. 제국이 매우 이질적이고 서로 충돌하는 여러 인구와 문화로 구성되어 있을 때, 통합을 위협하는 내란의 발생을 방지하기 위해 전쟁을 개시한다. 이 같은 경우에는 먼저 내부에서 양립불가능이 심화되어 내전이 발생하고 이어서 국제전으로 비화한다.

G. 다음은 반대 사례 즉 국가가 민족주의적 성향이 강해서 아주 내부적으로 완벽하게 통합되어 있는 경우다. 민족주의적 성향이 강한 사회의 가치 체계는 그렇지 않은 사회의 가치 체계와 근본적으로 달라서 그 같은 사회의 규범은 그렇지 않은 사회의 규범과 양립할 수 없다. 민족주의 성향이 강한 국가는 이웃 나라의 사고방식을 존중하지도 용납하지도 않는다. 민족주의 성향이 강한 국가의 오만함과 편협성은 어김없이 전쟁으로 비화된다.

두 경우[F와 G] 모두 전쟁의 원인은 이질성도 동질성도 아니다. 상황이 달라지면 그 둘은 다른 결과를 낳을 수 있다. 이 같은 상황에서는 그 둘은 각자의 가치가 충돌하기 때문에 전쟁으로 귀결된다.

H. 여덟 번째 증거는 그리스, 로마 및 유럽 국가의 역사에서 일어난 전쟁 규모의 주요 변동사항과 관련된다 (이에 대해서는 나의 선구적인 연구와 지금 인용한 퀸시 라이트의 저작에서 제시한 바 있다). 두 연구 모두 모든 핵심 사항에는 사실상 일치하는데, 지금까지 이 문제를 체계적으로 연구한 것은 없다. 이들 곡선의 주요 진폭에 대해서는 여기서 제시한 가설을 말고는 어떤 가설로도 설명할 수 없다. 우리의 가설에 따르면, 전쟁의 규모는 인구 백만 명당 사상자 수를 통해 측정할 수 있는데 전쟁의 규모가 가장 클 때 한 사회의 주요 가치가 급격하게 변화한다는 것을 알 수 있다.

그리스에서 전쟁이 가장 많이 일어난 때는 기원전 4세기와 5세기다.[15] 이 두 세기에 그리스 사회의 가치 체계가 가장 심대하고 급속하게 변화했다. 당시 낡은 종교 체계와 관념 체계는 무너지고 있는데 새로운 감각 체계는 아직 세워지지 않았다. 모든 그리스 사회가 엄청나게 유동적인 상태에 있었다.[16] 모든 국가(그리스는 여러 개의 도시국가들로 형성되어 있다 - 옮긴이)와 집단, 개인을 보편적으로 구속할 수 있는 어떤 가치나 규범도 남아 있지 않았다. 완전히 사회문화의 아노미 상태가 최고조에 달했다. 이 같은 상태에서는 공통된 가치의 양립불가능성이 엄청나게 증가한다.

가치를 보편적으로 구속할 수 있는 수단이 없으면 사회를 통제할 수 없다. 인간과 집단은 주로 맹목적이고 이기적인 생물학적 충동에 지배를 받아 왔다. 잔인한 폭력에 사기가 더해지면 최악의 상태가 된다. 이 같은 상황에서 전쟁과 내전이 엄청나게 증가하지 않는다면 그것은 기적이다. 실제로 이 세기 동안에 그리스 역사상 전쟁 빈도가 최고 수준에 이르렀다.

로마 역사상 전쟁이 가장 빈번했던 때는 기원전 3세기와 기원후 1세기, 3세기였다.[17] 왜 그랬을까? 기원전 3세기에는 로마와 카르타고 사이에 화해할 수 없는 가치 체계의 유혈적인 충돌이 오랫동안 끊이지 않았다. 기원전 1세기에는 로마의 관념적 가치가 과도한 감각적 형태로 크게 변모하고 있었다. 감각적인 헬레니즘 문화가 로마 사회에 침투하자 급격한 변화가 일어났다. 그리스에서도 기원전 2세기 말부터 기원전 1세기에 그 같은 변화가 일어나 아노미 상태에 빠졌다.[18]

---

15 졸저 *Dynamics*, Vol. 3.에 있는 자세한 데이터를 보라.

16 실제 사실과 세부 사항에 대해서는 졸저 *Dynamics*, Vol. 4.를 보라.

17 졸저 *Dynamics*, Vol. 3.에 있는 데이터와 지수를 보라.

이 같은 상황에서는 내전과 국제전이 증가할 가능성이 크다. 3세기에 '곡선'이 상승한 것은 쉽게 이해할 수 있다. 3세기에는 당시 지배적인 감각적 체계와는 날카롭게 대립하는 관념적 가치 체계를 가진 기독교가 실질적인 세력으로 표면에 나타났다. 이교도의 (감각적) 체계와 기독교의 (관념적) 체계 사이의 투쟁이 공공연하게 전개되었다. 따라서 그 명제에 따르면 전쟁이 증가한다. (다음 몇 세기 동안에 대해서는 신뢰할 만한 어떤 자료도 입수할 수 없었다.)

유럽 국가 중 8개국을 선별하여 이들 나라의 역사상 가장 전쟁이 잦았던 시기를 조사해 보아도 그 결과는 마찬가지다. 이들 나라에서 전쟁이 가장 많았던 시기는 가치 체계가 양립불가능하고 붕괴하던 시기와 맞아떨어진다.[19] 각 나라에 대해 자세히 설명하지 않더라도 12세기부터 1925년까지 유럽 전체의 전쟁 동향을 개괄할 수 있다.

이 전쟁 빈도는 시초의 저점에서 13세기와 14세기에 아주 서서히 상승하기 시작하다가 15세기와 16세기에 빠르게 상승하여 17세기에 처음으로 정점에 도달한다. 그러다가 그 곡선은 18세기 말과 19세기 초에 소폭 상승하긴 했지만 18세기에는 약간 하락하더니 19세기에는 큰 폭으로 하락했다. 20세기 들어 전쟁 빈도는 2,500년에 걸친 서구

---

18 로마는 기원전 7세기에 도시국가로 시작하여 기원전 3세기에 들어 이탈리아반도를 통일하고 세력을 확장하여 주변 국가들과 끊임없는 전쟁을 치렀다. 이후 기원전 264년 당시 북아프리카를 지배하던 카르타고제국과 지중해 패권을 두고 100년 넘게 세 차례에 걸친 일명 포에니전쟁을 치렀다. 이 전쟁은 로마 역사상 가장 치열한 전투로 기록되고 있다. 이 전쟁에 승리한 로마는 지중해 패권을 넘어 제국으로 성장하게 되었다. 기원후에도 1세기부터 3세기까지 로마제국은 이집트를 포함한 북아프리카 전체는 물론이고 아라비아반도 일부와 비잔티움(투르키예) 그리고 다뉴브강을 넘어 갈리아(프랑스 등), 이베리아반도를 넘어 잉글랜드까지 확장하면서 끊임없이 전쟁을 치른다 - 옮긴이

19 이들 나라에 관한 데이터는 졸저 *Dynamics*, Vol. 3.를 보라.

역사상 유례없는 지점까지 치솟았다.

우리의 가설은 전쟁이 가장 잦았던 세 시기를 잘 보여주고 있다. 12세기 말부터 17세기에 이르는 동안 유럽의 가치 체계는 중세의 관념적 체계에서 현대의 감각적 체계로 크게 변모했다. 관념적 가치는 무너지고 있는데 근대적인 감각 체계는 아직 성숙하지 못했다.[20] 가치가 원자화되고 상대화되어 가치를 안정시키는 힘이 약해졌다. 개인들 사이에도 집단들 사이에도 국가들 사이에도 가치의 양립불가능성이 이전보다 훨씬 커졌다. 그 결과 유럽 전역에서 국제전과 내전이 빈번해졌다. 그런데 17세기에 들어서면서 유럽에서 기본 가치들이 새롭게 통합된 체계가 형성되었다. 분열된 가치들이 통합된 것이다. 그 결과 18세기와 19세기 동안에는 전쟁 빈도는 하락했다.

18세기 말과 19세기 초에 전쟁 빈도는 일시적으로 상승했는데 이에 대해서는 쉽게 설명할 수 있다. 그것은 봉건질서와 관념적 문화의 마지막 잔재를 청산하려는 세력과 그것을 지키려는 세력 사이의 다툼 때문이었다. 잠시 동안 두 세력 간에 충돌이 있은 후부터 19세기 내내 전쟁 빈도는 큰 폭으로 하락했다. 이 20여 년 동안 감각적 문화와 사회질서가 잘 통합되어 정점에 이르렀다. 유럽 전역에서 가치의 충돌이 역사상 가장 적게 일어났다. 그래서 이 20여 년 동안 평화가 유지되었다. 20세기가 시작되면서 감각적 문화가 급격하게 무너졌다.[21] 보편적으로 유효한 것이 하나도 남아 있지 않을 정도로 모든 가치가 상대화되고 원자화되었다.

결혼, 사유재산, 하나님 — 이 모든 가치들이 훼손되고, 비판받고,

---

20 그 증거에 대해서는 졸저 *Dynamics*, 네 권 전체를 보라.

먼지처럼 사라졌다. 사회 무질서가 극에 달했다. 어떤 단일 가치도 히틀러주의자와 반反히틀러주의자를, 공산주의자와 자본가를, 부자와 가난한 자를, 종교인과 무신론자를 구속하는 것으로 인정받지 못했다. 그 결과 가치는 억제력을 대부분 상실했다. 감각적, 이기적, 생물학적 충동의 지배를 받는 인구가 계속 증가했다. 폭력과 사기가 다시 행동을 지배했다.

개인 간 관계, 집단 간 관계, 사회 간 관계가 엄청나게 확대함에 따라갈수록 가치의 양립불가능성이 심화되면 내전과 국제전이 전례 없을 정도로 폭발하는 것을 피할 수가 없다. 우리는 2,500년의 인류 역사상 가장 유혈적인 세기에 살고 있다.

이렇게 10개국(그리스, 로마, 유럽 8개국)의 역사에서 전쟁이 가장 빈번한 시기를 보기만 해도 우리의 가설을 확실하게 뒷받침해준다.

I. 살인은 개인의 전쟁이다. 살인의 원인은 무엇인가? 시간이 지남에 따라 살인은 어떻게 증가 또는 감소하는가? 살인을 저지르는 이유는 여러 가지다. 이렇게 원인이 다양함에도 불구하고 비록 살인의 보충 요인은 다양하더라도 모든 살인의 원인은 동일하다. 살인의 원인은 전쟁의 원인과 동일하다. 물질적 이익을 위해 저지른 살인, 광신자에 의한 살인, 복수나 반목, 격정, 광기에 의한 살인, 자기 보존을 위한 살인도 마찬가지다.

이 모든 경우에 그 원인은 당사자들의 기본 가치가 화해할 수 없

---

21 그 증거에 대해서는 졸저 *Dynamics*, 네 권 전체와 *Crisis of Our Age* (New York, 1942)를 보라.

거나(광신, 이타주의, 복수, 불화, 열정 등에 의한 살인의 경우) 아니면 기본 가치들이 극단으로 원자화되었기(물질적 이득, 자기 보존 또는 광기에 의한 살인의 경우) 때문이다. 후자의 경우, 살인자들은 주로 맹목적이고 무질서한 생물학적 충동에 지배를 받는다. 두 유형 모두 앞서 언급한 사회 아노미 상태의 축소판이다.

이 같은 살인-인과관계 이론은 가치가 강하게 통합된 사람들은 비상 상황이 아무리 심하거나 아무리 돈으로 유혹해도 두 번째 유형의 살인을 저지르지 않는다는 사실이 뒷받침해준다. 나의 연구에 따르면, 기근이나 여타 중대한 비상사태 시에 목숨을 잃는 동료의 비율은 1%도 되지 않는다. 나머지 사람들이 다 죽더라도 사람들은 살해하지 않는다.[22] 마찬가지로 첫 번째 유형의 살인(불화, 복수, 격정, 광신에 의한 살인)도 피해자의 규범과 정반대되는 규범을 가진 사람들만 저지른다.

J. 또 하나의 증거는 범죄에 대한 형벌 — 특히 사형 — 의 가혹성과 확장의 변화에서 나타난다. 가혹한 형벌은 처벌하는 사람과 처벌받는 사람 사이의 화해할 수 없는 갈등을 보여주는 하나의 지표다. 이런 의미에서 형벌 또한 개인 간 및 집단 간 전쟁의 한 형태다. 범죄에 대한 형벌의 가혹 정도는 일정하지 않으며, 형법과 관행은 시대와 사회에 따라 다르다.

다른 곳에서[23] 나는 그리스, 로마 및 주요 유럽 국가의 형법에 대해 상

---

22 졸저 *Man and, Society in Calamity* (New York, 1942), pp. 81~82 곳곳을 보라.

당히 자세하게 연구한 적이 있다. 이들 나라의 형법과 실제 관행에서 형벌의 가혹함이 변화하는 것에 대해 체계적으로 조사했다. 형벌의 가혹성이 증가하는 시기와 감소하는 시기를 확인하면서 그렇게 변동하는 원인이 무엇인지를 연구했다. 연구 결과 다음과 같은 해법을 얻었다. "특정 집단에서 구성원들 사이에 윤리적-법적 이질성과 적대감이 증가하면 한쪽이 다른 쪽에 부과하는 형벌의 가혹성이 증가하는 경향이 있으며, 다른 조건이 같다면, 양립불가능성이 클수록 형벌의 가혹성과 형량이 더욱 증가한다."[24]

이 명제의 타당성을 입증하기 위해 『사회 및 문화 동학』*Social and Cultural Dynamics*에서 충분한 증거를 제시해 놓았다.

K. 전쟁과 평화의 원인에 대한 그 외 모든 이론은 부적절하다는 점이 우리의 명제를 뒷받침해준다. 그중에서 다중인과 이론과 배타적 특수 요인 가설이 대표적이다. 특히 후자는 경제적 또는 정치적 요소 외에 태양흑점, 인구 밀도 및 규모, 기후 등과 같은 특수한 변수를 강조한다. 그런데 이 같은 이론들은 어느 것도 기초적인 검증조차 통과할 수 없다. 나와 라이트 교수의 전쟁 빈도 이론 중 어느 것을 택하든 이론적인 면에서는 빈도의 '상승'과 '하락'을 설명해 볼 수도 있다. 하지만 그 결과는 실패로 끝날 것이다. 이들 이론은 데이터에 맞지 않고 데이터는 그 이론들에 맞지 않기 때문이다.

---

23 졸저 *Social and Cultural Dynamics*, Vol. 2, pp. 515~627을 보라.
24 같은 책, p. 595. 거기에 있는 사실에 입각한 증거를 보라.

다중인과 이론의 부적절성에 대해서는 위에서 설명한 바 있다. 앞에서 논의한 것에 한 가지 더 추가할 수도 있다. 다중 인과관계가 일종의 균형이론 형태를 취하여 균형 체계의 어느 한 변수의 변화가 전쟁 또는 평화의 원인 중 하나라고 말할 때, 우리는 아무런 결론도 내릴 수 없다. 그 변수는 무수히 많으므로 전쟁 또는 평화를 일으키는 무수한 선행 조건 중에서 어떤 변수들을 임의로 선택하게 된다. 그 같은 변수들은 통약 불가능하며 상황에 따라 끊임없이 변화한다. 따라서 균형 개념은 사회체계에 적용할 수가 없다. 이 같은 결론은 다중인과 이론을 사용하려는 라이트의 시도에 의해 강력하게 보강된다. 그는 방대한 자료를 수집하고 많은 귀중한 기여를 했음에도 불구하고 그의 시도는 성공하지 못했다. 그는 전쟁과 평화의 원인에 대한 문제를 미해결 상태로 남겨두었다.[25]

긍정적 증거

대부분의 증거는 앞에서 '부정적 증거'에서 제시했으므로 여기서는 좀 더 중요한 세 가지 증거만 언급해두고자 한다.

    A. 첫 번째 증거는 그리스, 로마, 유럽의 역사에서 전쟁이 가장 적게 일어난 시기에 관한 것이다. 이들 나라 모두 전쟁이 가장 적게 일어나거나 평화가 최대 상태일 때와 이들 나라의 가치 체계가 고도로 통합되었고 교류하는 국가나 민족이 조화를 이룬 시기는 정확히 일치한다.

---

25 다음을 보라. Q. Wright, *A Study of War*, 특히 Volume 2. 다음 글에 실린 나의 비판도 보라. Ethics, April, 1943. 균형이론에 대한 비판으로는 다음 졸저를 보라. *Dynamics*, Vol. 4, Chap. 14.

그리스에서는 기원전 5세기 전에는 기본 가치 체계가 고도로 통합되었다. 당시 기본 가치 체계는 그리스 사회와 문화의 모든 구획에 침투해 있는 관념적 또는 종교-애국적 체계로 그 어떤 도전도 의문도 받지 않았다. 그리스의 모든 [도시]국가들에서 실제로 그러했다. 이 때문에 이 기간 동안에 전쟁이 가장 적게 일어났다. 물론 전쟁이 사라지지는 않았는데 이는 가치들이 완벽하게 통합되지 않았고 또 스파르타와 아테네 공동체처럼 가치 체계의 부차적인 측면들이 양립불가능한 상태로 남아있었다. 또 때때로 그리스 [도시]국가들은 자신들의 가치와는 전혀 양립할 수 없는 페르시아 같은 자신들과는 완전히 다른 문화와 접촉하고 있었기 때문이다.

이 같은 상황으로 인해 이따금 전쟁이 발발하긴 했지만. 그 빈도는 기원전 5세기와 4세기에 비해 훨씬 낮았다.[26] 기원전 4세기 이후 그리스에서는 감각적 제도가 지배적인 제도가 되었다. 전환기의 무질서가 끝나면서 새로운 감각적 가치 체계로 재통합되었다. 그리하여 기원전 3세기와 2세기에는 그리스의 전쟁 빈도는 내려갔다.

로마에서는 기원전 4세기와 기원후 1세기와 2세기에 전쟁이 가장 적게 일어났는데 이 시기는 로마의 가치 체계가 비교적 고도로 통합된 세기였다. 로마는 4세기 이후에 크게 팽창하기 시작하여 우리 시대가 시작될 무렵 모든 면에서 완성되었다.

중세 유럽에서 13세기 이전에 전쟁이 비교적 낮은 수준을 나타내고 있는 것도 그와 유사하게 설명할 수 있다. 중세 시대에는 기독교 가

---

26 그리스와 로마, 유럽의 전쟁에 관한 사실에 입각한 자세한 데이터는 졸저 *Dynamics*와 Q. Wright's A Study of War에서 찾아볼 수 있다.

치 체계가 고도로 통합되었으며 유럽 전체에 보편적 가치 체계였다. 당시에는 사회문화의 아노미 상태 역시 가장 낮은 수준이었다. 그런데 관념적 가치 체계가 고정된 감각적 가치 체계로의 전환이 완료된 18세기와 19세기에는 전쟁의 빈도가 낮았다.

우리의 가설에 따르면 이 시기에 전쟁의 빈도가 최소 수준으로 떨어졌다. 이 같은 결론은 이와 별도로 연구한 유럽 8개국 – 영국, 프랑스, 러시아, 오스트리아, 이탈리아, 스페인, 네덜란드, 폴란드-리투아니아 – 에 대한 관련 데이터에 의해 더욱 강화된다.[27]

B. 마찬가지로 살인의 빈도가 최소 수준일 때는 가치 체계가 강력하게 통합된 시기다. '상업적 살인'은 가치 체계가 아노미 상태일 때 번성한다. 과도기, 아노미 상태, 대재난 시기에는 살인이 현저하게 증가한다. 그 같은 범죄를 저지르는 집단은 문란하고 도덕적으로 타락하며 무질서한 생물학적 충동에 좌우된다. 반면에 가치 체계가 고도로 통합된 시기에는 살인이 현저하게 줄어든다.[28]

C. 잘 확립된 사회에서는 한쪽이 다른 쪽에 가하는 형벌이 주기적으로 완화되고 인간적이 된다. 사회가 잘 통합된 시기에는 형벌의 가혹성이 완화된다.[29]

---

27 졸저 *Dynamics*에 있는 데이터를 보라. 전쟁에 관한 모든 인과 이론의 치명적인 결점은 그 이론의 주창자들이 전쟁의 동향에 관해 수집한 완전한 자료로 자신들의 이론을 검증하는 데 별로 신경을 쓰지 않았다는 것이다. 그들은 모두 어림짐작으로 그저 추측만하고 있을 뿐이다.

28 같은 책.

29 졸저 *Dynamics*, Vol. 2, Chap. 15를 보라.

이 같은 일련의 증거들은 전쟁의 원인(들)에 대한 그 어떤 가설보다도 전쟁의 주요 원인과 관련하여 제안된 이론을 훨씬 잘 뒷받침해준다. 그 이론은 지금까지 지속적인 평화를 확립하는 데 직간접적으로 여념이 없는 모든 사람들에게는 충분히 관심을 받을 만하다. 이 모든 사람들이 겉보기에는 매우 구체적이고 매우 '실용적인' 것 같은 '평화의 원인에 관한 이론'에 자신도 속이고 다른 사람들도 속인다면, 지속적인 평화를 굳게 지키려는 자신들의 거창한 계획은 실패하고 말 것이다. 이 같은 '실용적인' 계획을 세운 사람들이 1차 세계대전 후에 전쟁을 막으려고 시도했지만 안타깝게도 실패했듯이 전쟁과 평화의 가짜 원인을 진짜 목적으로 받아들인다면 실패하고 말 것이다.

다음 장에서는 전쟁과 평화의 주요 원인과 보충 요인에 대해 위에서 분석한 내용을 통해 지속적인 평화를 위한 필수 조건에 대해 간략하게 살펴보고자 한다.

제12장

전후 시대 지속적인 평화를 위한 조건과 가능성

1. 이전의 모든 계획과 노력이 실패한 주요 원인

2차 세계대전 후에 평화를 지속하려면 전쟁의 원인을 제거하든가 아니면 대폭 줄여야 한다. 이 같은 중대한 조치를 취하지 않으면 어떤 계획도 성공할 수 없다. 안정된 평화를 실현하기 위한 많은 조치들이 제안되고 있지만 전쟁의 진짜 원인에 대한 논의는 이루어지지 않고 있다. 이 때문에 그 계획들은 실패할 수밖에 없었다. 사실 이런 계획들 중 상당수는 전쟁의 원인을 제거하기보다는 강화하고 있다.

　그것들은 베르사유 조약의 비극적인 오류를 되풀이하고 있다. 지금은 수백만 명의 생명이 걸려 있는 이 도박을 중단하고 전쟁의 진짜 원인을 제거 또는 제한하는 조치를 통해 항구적인 평화를 실현할 가장 좋은 시기다. 항구적인 평화를 실현하기 위한 수많은 계획과 노력들이 있어 왔지만 지금껏 실패했다. 이 같은 실패의 주된 이유는 두 가지다. 첫째, 객관적인 사회문화적 조건이 그 같은 모험에 비우호적이었고 성숙하지 않았다. 둘째, 항구적인 평화를 실현하기 위해 제안한 조치들이 불충분했다.

A. 비우호적인 객관적 조건

비우호적인 객관적 조건이란 무엇보다도 가치 체계가 양립할 수 없는 사회들이 많이 존재하고 또 인류의 여러 부분과 집단들 사이에 범세계적인 교류와 상호의존이 결여된 상태를 말한다. 인류는 모든 민족과 국가, 대규모 사회들이 상호의존하는 하나의 유기체가 아니라 공통의 가치 체계를 가지지도 않고 서로를 항구적으로 묶어주는 유대도 가지지 않은 여러 민족, 국가, 사회들로 분리되어 고립되었다.

그 같은 상황에서는 특정 사회나 국가는 다른 사회나 국가에 심대한 영향을 미치지 않고 영향을 받지 않고서도 존재하고 작동할 수 있다. 항구적인 상호의존도 인류를 함께 묶어주는 사회적, 경제적, 문화적 유대도 없는 그 같은 상황에서는 어떤 국제조직도 작동할 수 없다. 그 같은 상호의존과 유대가 없는 상태에서 그 어떤 보편적이고 항구적인 평화도 불가능하다.

그 같은 상황에서는 국가나 집단, 민족은 나머지 인류에 관심을 가지지 않고 자신과 자신의 이익을 위해 행동한다. 집단 이기주의가 득세하고 주요 가치가 충돌하면 반드시 갈등을 유발하고, 그 갈등을 해결하는 최종 수단은 전쟁밖에 없다. 이 같은 상황에서는 항구적인 보편적 평화를 위한 어떤 계획도 실패할 수밖에 없다.

객관적인 사회문화의 현실에 존재하는 평화를 가로막는 또 하나의 주요한 장애물은 분리된 국가, 민족 및 집단 내에 다수의 기득권이 존재하고 충돌하는 가치들이 존재한다는 사실이다. 이 같은 기득권과 가치들은 항구적인 평화를 성공적으로 확립하는 데 필요한 전체 사회문화 세계의 과감한 재건에 강하게 반발했다. 이기주의적인 국가 또는 사회가 많이 존재하면 이들은 당연히 자신들의 주권, 영토 독립, 이익을 제한하는 것에 반대한다. 이들 국가의 정부와 사회의 상류층은 특권과 이익 그리고 높은 지위를 유지하기 위해 모든 힘을 다해 저항한다. 이들 나라 안에 있는 종교집단과 문화집단을 비롯한 여러 집단은 자신들의 상황을 변화시키려는 어떤 시도에도 그와 유사하게 대응했다.

요컨대, 수많은 기득권과 가치들이 항구적인 평화를 확립하기 위해 근본적인 변화를 추구하는 그 어떤 시도나 계획, 노력에도 강하게 반발했다. 그 같은 평화를 확립하려고 계획한 설계자는 마치 연립주택에서 대저택, 구불구불한 비포장도로, 질병의 온상이나 감염 장소에 이르기까지 현존하는 모든 건물을 허물지도 개조하지도 않고 심지어 건드리는 것조차 금지하여 이상적인 도시를 건설하려는 설계자와도 같았다.

이 같은 상황에서는 어떤 설계도 위생적이고 아름다운 도시를 건설할 수 없다. 기껏해야 몇 개의 건물에 도색만 다시 하거나 약간만 개조할 뿐 그 같은 '혁신'으로는 새로운 도시를 만들어낼 수 없다. 태곳적부터 바로 그 같은 제약 아래서 '영원한 평화의 도시'를 건설하려는 꿈을 가진 모든 사람들이 애를 써 왔다. 그들은 단지 유토피아적 몽상가일 뿐이었으며, 현존하는 수많은 사회집단, 정치집단, 경제집단, 문화집단의 상충되는 가치의 거대한 저항에 부딪혀 좌절하여 실패할 수밖에 없는 운명에 처해 있다.

B. 제안된 조치들의 부적절성

평화를 확립하려는 계획이 실패한 두 번째 주된 이유는 제안된 조치들이 부적절했기 때문이다. 그 같은 계획을 수립한 사람들은 대부분 몇몇 사회제도와 정치제도의 표면만 약간 다시 칠하고 개조하는 것으로, 즉 기존의 정치적 조건 또는 경제적 조건을 단순히 표면만 바꾸어놓고 거기에 '교육적' 및 '문화적' 조치로 보완하는 것으로 자신들이 세상에서 가장 위대한 건물 즉 '영원한 평화의 성전'을 지을 수 있다고 자신도 속고 다른 사람들도 속았다.

그 같은 기적으로는 거대한 사회제도를 창설하는 것은 고사하고 평범한 재료로 만든 건물도 건설할 수 없다. 어떤 경우든 사용하는 재료와 방법이 원하는 목적에 적합해야 한다. 실제로 고대의 계획에서 시작하여 가장 최근의 계획에 이르기까지 항구적인 평화를 위한 모든 계획이 부적절했다. 즉 평화를 달성하기 위해 급하게 제안한 조치들은 그 목적을 이루기에는 불충분했다. 그 조치들은 대체로 새롭긴 하지만 주권국가의 수와 국경, 정치 체제, 국제 무역 및 상업, 화폐 제도, 천연자원 등을 조금 재배치하는 데 그쳤다.

이 같은 조치들로는 항구적인 평화를 이룰 수 없다. 그 조치들은 기껏해야 일시적인 휴전만 가져올 뿐이다. 이것조차 불확실하다. 이 같은 조치들은 1차 세계대전 후에 적용되었는데 그 결과는 끔찍했다. 그 조치들은 항구적인 평화 대신에 가장 파괴적이고 끔찍한 거대한 전쟁을 가져왔다. 동일한 조치를 반복하면, 설사 그것이 새로운 것이라 하더라도 항구적인 평화가 아니라 이전보다 훨씬 더 끔찍한 새로운 전쟁이 일어날 것이다. 이 같은 계획들이 부적절한 이유는 항구적인 평화를 실현하는 데 없으면 안 되는 네 가지 조건을 수반하지 않기 때문이다.

2. 항구적인 평화를 위한 네 가지 필수적인 조건

항구적인 평화를 위해서는 네 가지 조건이 필수적이다. 첫째, 현시대의 문화적 가치들을 근본적으로 재통합하고 재평가한다. 둘째, 보편적인 일련의 기본 규범과 가치들을 모든 국가, 민족, 사회에 효과적으로 보급하여 주입한다. 셋째, 전쟁 및 평화에 관련된 모든 국가의 주권을 명백하게 제한한다. 넷째, 모든 국제 분쟁에 대한 결정을 의무적으로 지키도록 강제할 수 있는 최고 국제기구를 창설한다.

> A. 첫 번째 조치는 기본 가치를 재통합하여 현존하는 아노미 상태와 그 결과를 종식시키기 위한 것이다. 현재 진행되고 있는 기본 가치의 원자화와 상대화를 막으려면 주요 가치와 행동 규범을 강력하게 보편적인 가치로 만들어야 한다. 초감각적, 정신적 가치를 결여한 순수한 감각적 가치는 보편적 가치가 될 수 없다. 그런 가치는 점점 더 원자화될 수밖에 없다. 그리하여 최종 가치인 정신적 원리와 결합하여 현재의 감각적 규범을 재평가할 수밖에 없게 된다.
> 지배적인 정신구조를 보다 이상적인 정신구조로 만들려면 심오한 정신혁명과 도덕혁명이 시급하다. 이런 용어들을 좋아하지 않는다면 절대적인 명령, 무조건적인 사회적 의무 등 보다 중립적인 용어로 바꿀 수도 있다. 행위규범을 의무적이고 신성한 것으로 여기면 공리주의 및 쾌락주의 기준을 넘어 초월적인 가치가 된다.[1]
> B. 여러 민족들의 모든 종교적, 윤리적, 법적 규범, 미학적 가치와 경제 및 정치조직, 다양한 문화를 동일하게 만들 수는 없다. 그렇

---

1 자세한 내용은 졸저 *Crisis of Our Age*를 보라.

지만 여러 민족의 기본 행동규범을 보편화하여 양립할 수 있게 할 수는 있다. 도덕적 우주를 조직하지 않으면 어떤 경제 개혁이나 정치 개혁을 이루더라도 항구적인 평화는 불가능하다. 당사자들이 냉소적이고 허무주의적이며 규정된 규범과 가치의 절대적 명령을 지키지 않는다면 어떤 조약이나 계약도 구속력이 없다. 항구적인 평화가 실제로 확립되기 전에 "당신의 집단에 하고 싶지 않은 일을 다른 집단에 하지 말라"는 슬로건을 공포하여 모든 인간과 모든 국가, 민족, 국민 그리고 그 지도자들의 가슴과 영혼 속에 즉 정신과 실제 행동 속에 깊이 심어주어야 한다.

앞의 장에서는 전쟁의 주요 원인은 서로 싸우고 있는 사회들을 규제하는 규범 및 가치 체계가 서로 화해할 수 없는 상태에 이르렀기 때문이라고 설명했다. 각 사회의 규범들이 충돌하지 않으면 집단 본능 또는 제국주의, 민족주의, 인종 차별 및 그 외 경제적 또는 정치적 원인은 전쟁을 일으키지 않으며 일으킨 적도 없다.

둘 이상의 사회의 가치 체계가 원자화되고 충돌하면 아주 사소한 사건이 일어나도 전쟁으로 비화될 가능성이 있으며, 실제로 그러했다. 그 같은 분열과 불화가 극심할 때 전쟁이 엄청나게 증가했다. 그 같은 분열과 불화가 전쟁을 일으키는 필수 원인이라면 항구적인 평화를 확립하기 전에 제거하든가 공격해야 한다. 그것을 제거하지 않으면 다른 모든 조치들은 허사가 된다.

이 글에서는 세부적인 사항에 대해 논의하지 않더라도 우리 명제의 본질이 명확하게 드러난다. 항구적인 평화를 위한 계획을 무시하거나 단순히 세부적인 사항 또는 경건한 소망쯤으로 간주하면 모두 실패하기 마련이다. 그럴 경우 그 같은 계획은 그것을 설계한 사람들까지도 속인다. 이 같은 최소한의 도덕적 조직조차 없으면 어떤 항구적인 평화도 불가능하기 때문이다. 배신자와 갱단은 어떤 조약이나 계약, 서약을 하든 항구적인 평화를 기대할 수 없다.

위에 말한 규범이 실현되지 않으면 민주주의와 평화를 부르짖는 거창한 모든 슬로건은 공허하거나 위선적이다. 그 같은 평화의 조건에 모순되는 체제나 사회관계는 진정한 민주주의도 아니고 그렇게 될 수도 없기 때문이다. 이 같은 원리를 결여한 '민주주의'는 강압적인 독재정치 못지않게 이기적이고 부패하며 약탈적인 정치 기구일 따름이다.

'실천적인' 사람들이 그 같은 규범을 주입하는 것은 불가능하다고 반대한다면 또 잠시 동안 우리가 그들이 (실제로는 틀렸지만) 옳다고 인정한다면, 항구적인 진정으로 정의롭고 민주적인 평화는 불가능하다. 따라서 그런 사람들을 그 같은 평화를 확립하려는 모든 시도를 단호히 거부한다.

이를 깨닫지 못하면 인류는 과거 어느 때보다도 많은 전쟁을 치르게 된다. 전쟁의 참화를 줄이고 싶다면 개인 간 관계를 규율하는 위에 말한 규범을 국가 간, 민족 간 관계를 비롯해 모든 집단 간 관계로 확장해야 한다. 다른 어떤 가능한 대안은 없다.

C. 항구적인 평화를 위한 세 번째 필수적인 조건은 전쟁과 관련된 모든 문제에서 모든 국가들의 주권을 명시적으로 제한하는 것이다. 현재는 국가와 정부를 제외하고 상공회의소나 대학 또는 모든 사회기관은 전쟁을 개시할 권리가 없는 것과 마찬가지로 모든 국가와 정부에게 전쟁을 개시할 권리를 명시적으로 박탈해야 한다. 전쟁과 관련하여 주권을 가진 많은 국가가 존재

하는 한, 항상 전쟁이 존재하게 된다. 종종 냉소적이며, 때때로 이기적이고, 언제나 근시안적인 정부를 가진 현재의 전체주의 국가의 경우 특히 그러하다.

신성동맹, 3국 동맹Triple Alliances,[2] 4국 동맹Quadruple Alliances[3], 세력균형체제, 협상국Ententes[4], 범아시아연맹, 범아메리카연맹 등 온갖 동맹이 있음에도 불구하고 주권 국가들의 집단 이기주의가 있는 한 전쟁은 사라지지 않았고, 가끔 줄어들지도 않았다. 최근 국제연맹, 헤이그중재재판소the Hague Court of Arbitration 등 전쟁 종식을 위한 수많은 국제회의와 협정이 있음에도 불구하고 전쟁은 소멸되지 않았다. 반대로, 국제연맹을 비롯한 이 조약과 회의들은 인류 역사상 가장 끔찍한 전쟁을 초래했다.

국가가 주권을 쥐고 있고 그 정부가 전쟁과 평화를 결정할 자유를 가지고 있는 상황에서는 이 같은 시도를 반복하더라도 고통받고 있는 인류에게 항구적인 평화를 가져다줄 수 없다. 특히 현재의 냉소적이고 허무주의적인 세계에서는 그런 기적이 일어나지 않는다.

---

2   3국 동맹(Triple Alliances) : 1879년부터 긴밀한 동맹 관계를 맺어온 독일과 오스트리아-헝가리 제국에 1882년에 이탈리아가 합세하여 맺은 동맹으로 1차 세계대전까지 주기적으로 갱신됨 - 옮긴이

3   4국 동맹(Quadruple Alliances) 유럽 평화를 위해 결성된 위트레흐트 조약(1713)의 규정을 위반하는 스페인을 저지하기 위해 영국·네덜란드·프랑스가 주축이 된 3국 동맹에 1718년 오스트리아가 합세하여 형성된 동맹 - 옮긴이

4   협상국(Ententes) : 1차 세계대전 당시 독일 제국, 오스트리아-헝가리 제국, 이탈리아 왕국의 삼국 동맹에 대항하기 위해 프랑스와 러시아제국, 영국 세 나라가 맺은 협상을 일컬음 - 옮긴이

다시 말하지만, 국가의 주권을 명시적으로 제한하는 것이 불가능하다는 말이 맞다면, 항구적인 평화가 불가능하며 따라서 가망 없는 시도로 우리 자신과 타인을 속일 필요가 없다. 그 같은 평화를 원한다면 전쟁과 관련한 모든 국가의 주권은 폐지해야 하며, 폐지할 때는 모든 실질적인 조치와 그에 따른 결과를 고려해야 한다.

> D. 항구적인 평화를 위한 네 번째 필수 조건은 모든 국가(및 많은 집단) 간의 모든 국제 분쟁을 해결할 수 있는 권리와 분쟁과 관련한 판결을 집행할 수 있는 권한을 가진 실질적이고 효과적인 강력한 국제기구를 창설하는 것이다. 이 국제기구는 그 자체로 전쟁과 평화에 관한 모든 사항에 대해 주권을 행사해야 한다. 그 결정은 (그 기구 자체가 재심의하지 않는 한) 최종적이고, 또 위의 규범을 따라야 하며, 전쟁은 일반적으로 완전히 제거하기 위해서나 아니면 무력을 행사한 집단을 징벌하는 수단으로 파괴적이고 비인간적인 전쟁 수단을 제거하기 위해 아주 드물게 소규모로만 사용해야 한다.

그 같은 국제기구의 전문적인 조직과 기능에 대해 세부적으로 논의하는 것은 이 짧은 장의 관심사 범위를 넘어선다. 그렇지만 한 가지 사항은 언급해둘 필요가 있다. 그 같은 국제기구는 이전의 모든 동맹과 연맹 및 국제연맹처럼 각국의 대표로만 구성할 것이 아니라 세계 종교계, 과학계, 예술계, 농업계, 산업 노동계 및 경영계 대표로 구성해야 한다. 이전의 모든 동맹과 국제연맹이 가진 주요 결함 중 하나는 정치집단의 대표로만 구성되었다는 점이다. 그러나 국가만 유일하고 중요한 사회조직이 아니다.

　종교계, 과학계, 예술계, 경제개 조직, 가족을 비롯한 그 외 조직들도 국가와 나란히 그리고 국가에 못지않게 중요하다 – 이것들은 사실 창의성 면에서는 국가나 정부보다 훨씬 중요하다. 이것들은 인류의 발달에 국가 못지않게 어쩌면 그 이상으로 기여했다. 지금까지 전쟁을 독점한 국가는 이 같은 거대한 사회조직보다 호전적이고 전쟁을 일으킬 가능성이 훨씬 크다. 종교, 과학, 미술, 산업 및 농업, 가족의 위대한 창조적 가치는 국가, 특히 오류투성이인 정부의 이익보다 훨씬 더 평화롭고 훨씬 덜 호전적이다. 거대한 비정치적 조직의 역할은 인류 역사에서 국가의 역할보다 훨씬 건설적이었으며 덜 파괴적이었다.

　이들 조직의 영향력과 위력 또한 엄청나다. 거대한 국제기구의 훌륭한 구성원들 사이에 그 조직들을 대표하는 지도자들이 존재하면 그 기구의 지혜와 지식이 증가하고, 그 기구의 윤리적, 법적 품격이 높아지며, 그 기구의 사회적, 과학적, 윤리적, 법적 위세가 엄청나게 강화된다. 그 같은 형식을 갖추게 되면 그 기구는 사실상 인간 지혜의 대변자, 즉 인류의 대법원이 될 것이다.

　국제기구 설립을 위한 현존하는 거의 모든 계획은 그 구성원을 국가 대표로 제한하고 있다. 이 같은 결정적인 결함을 없애려면 위에서 언급한 것과 같은 위대한 사회조직과 문화조직 대표자를 포함하도록 계획을 수정해야 한다. 그렇게 하지 않으면 새로운 국가연맹의 초국가 기구는 옛 국가 이기주의의 모든 폐해를 드러내고 국제연맹의 모든 결함을 되풀이할 것이다. 그 기구는 심지어 진정한 세계 폭정으로 돌변할 수도 있다.

　그 같은 국제기구는 현실적으로 창설 불가능하다고 다시 반대한다면, 항구적인 평화를 확립할 수가 없다. 이것으로써 항구적인 평화를 실현하는 데 논리적, 귀납적으로 필요한 네 가지 조건에 대해 대략적으로 살펴보았다.

3. 현재 제안된 계획은 실현 가능한가?

위에서 지적한 이유로 과거에는 위에서 개관한 네 가지 조건에 기초한 항구적 평화를 위한 계획을 전혀 실현할 수 없었다. 최근에는 세계가 전쟁, 기근, 전염병, 혁명 글 어떤 재난도 겪지 않았다. 모든 인류 역사에서 한 번도 극심한 위기가 없었다면 그 계획은 유토피아적이었고 전혀 실행되지 않았을 것이다. 그런데 현재 일어나고 있는 재앙을 고려하면 상황은 완전히 달라진다. 만약 우리가 항구적인 평화를 간절히 원한다면 그것을 실현하는 것은 이제 우리에게 달려있다. 그 계획은 경건한 소망이 아니라 실천적인 제안이다.

현재가 그 같은 기회는 멀리 있지 않다. 첫째, 인류는 이미 수많은 사회적, 문화적, 경제적, 기술적, 정치적 유대를 맺고 있으며 하나의 통일체로 결속되어 있다. 인간 사회의 어느 중요한 부분에서 중요한 변화가 조금이라도 일어나면 나머지 부분도 상당히 영향을 받는다. 어떤 사회나 국가라도 건설할 때는 좋든 나쁘든 다른 모든 사회나 국가를 고려하지 않을 수 없다. 다른 모든 사회들이 그렇게 건설된 건물에 영향을 받게 되고, 그 건물도 나머지 사회의 영향을 받는다.

넓은 의미에 볼 때 고립주의 시대는 더 이상 돌이킬 수 없을 정도로 종식되었다. 우리는 정말로 세계 사회에서 살고 있다. 우리의 바람과는 상관없이, 나머지 인류가 항구적인 평화를 확립하지 않으면 우리 사회도 항구적인 평화를 이룰 수 없다. 인류의 나머지를 소홀히 하면 우리만 오늘날 행복하고 현명하며 번영하는 사회를 건설할 수 없다. 즉 항구적인 평화는 이를 위한 기반이 보편적으로 마련되어 있어야만 가능하다. 어느 한 지역에서만 항구적인 평화를 실현하는 것은 더 이상 가능하지 않다. 따라서 항구적인 평화를 가로막는 첫 번째 주요 장애물은 이미 제거되었다.

두 번째 주요 장애물 즉 현존하는 국가 및 각종 집단의 기득권 또는 상충되는 가치들의 저항도 역시 대폭, 사실상 결정적으로 약화되었다. 지난 수십 년 동안 많은 국가들이 거품처럼 나타났다가 사라진 사실에서 보듯이 대다수 국가의 주권은 이미 무너져서 그 주권을 제한하더라도 저항할 기반을 거의 상실했다. 국가가 이전의 국경선을 고수할 근거가 없어진 것이다.

이전의 국경선은 이미 지워져 대개는 복원이 불가능해졌다. 지난 수십 년 사이에 정치적 경계선은 끊임없이 변화해서 완전히 유동적인 상태가 되었으며, 불안정하고 불확실해졌다. 1차 세계대전 이전에 존재했던 대부분의 정부는 더 이상 존재하지 않는다. 1939년 이전에 활동했던 정부는 이제 대부분 난민 신세가 되었다. 독재국가를 포함한 현재 존재하는 대부분의 국가는 향후 몇 년 안에, 길어봐야 10~20년 안에 대체될 것이다. 기득권 세력의 정치적 비전은 일장춘몽 또는 희미한 기억으로 바뀌었고, 무정부 상태가 지속되면서 더욱 빠른 속도로 그렇게 되고 있다.

이처럼 끊임없이 변화하고 상호 적대적인 정부를 복원하려는 바람은 전혀 가망이 없다. 어떤 위대한 혁명도 이전의 정부와 이전의 귀족정치를 영구적으로 복원할 수 없을 정도로 완전히 무너졌다. 현재의 위기는 우리가 알고 있는 모든 혁명 중에서 최대의 위기다.

최근 또는 현재는 사회의 상류층조차도 거대한 변화를 반대할 만한 아무런 진지한 근거도 가지고 있지 않다. 그들의 위치 역시 한 세대도 못 넘길 만큼 단명할 정도로 위태로워졌다. 1914년 이후 대부분의 서구 국가와 일부 동유럽 국가에서는 두세 차례 서로 다른 '귀족 정치'가 교체되었다. '일일 칼리프' 뒤에는 새로운 칼리프가 등장하고 차례대로 사라진다. 이 '귀족 정치들' 중 어느 것도 이전의 고귀한 상태로의 회복을 바라지 않는다. 이 같은 상황에서 그것들은 거대한 개혁에 반대할 힘도 없으며 그렇게 하는 것에 결정적인 관심을 가지지 않는다.

　그 외 부유층, 전문직 종사자, 중간계급은 사실상 국가 간 전쟁과 무정부 상태 같은 현존하는 상황에서 피해를 입거나 상당한 영향을 받은 희생자들이다. 그들은 거대한 재건 과정에서 굴욕과 고난과 고통 외에는 아무것도 잃을 것이 없다.

　나머지 인류, 즉 농민과 노동자에서 상인과 사무원에 이르기는 그리고 모든 나라의 아버지와 어머니에서 아들과 딸에 이르는 대다수의 일반 대중에게 주권 국가들의 전쟁은 극심한 불행과 슬픔, 죽음만 가져다준다. 이들 계급은 주권 국가들끼리 전쟁을 벌이는 전장에서 희생했음에도 아무런 영광이나 이익도 받지 못하고 돌아오는 것은 사망 또는 부상 진단서뿐이다. 이 같은 비참함과 죽음은 수많은 주권 국가들의 무정부 상태가 계속되고 있는데 기인하는데도 대부분의 인류는 이 같은 무정부 상태가 영속적으로 존재하는 데 관심이 없고, 그 끝없이 일어나고 있는 새로운 재앙을 당하고만 있을 뿐이다.

　기초적인 윤리적 감각과 사회적 책임을 지닌 품위 있는 모든 사람은 이제 인류에게 최대의 감염원인 무정부 상태에 빠진 일단의 주권국가를 제거하려 들 것이다.

극소수의 모험적인 사람을 제외하면 어떤 국가도, 어떤 과거와 현재의 정부도, 전 인류의 어떤 중요한 부분도 현재 상황에서는 이익을 얻을 수 없고, 이익을 온전하게 유지할 수 없으며, 기껏해야 자신의 이전 상태를 복원하든가 기존 틀 내에서 새롭고 행복한 삶을 구축할 수 있을 뿐이다. 대신에 그들은 모두 자신들 개인의 복지와 행복뿐만 아니라 이전의 사회, 문화, 정치, 경제 전체가 망가진 것을 발견한다.

이렇게 망가진 것은 이전 상태로 복원할 수가 없다. 그런 것은 약간 고쳐서 복원하더라도 과거의 재앙을 되풀이할 따름이다. 주권국가는 과거에는 사회에 큰 기여를 했지만 이제는 사회를 파멸하는 근원이 되었다.

어떤 도시가 재앙으로 파괴되었을 때 새로운 도시를 건설하는 현명한 설계자들은 모든 결점으로 얼룩져 망가진 도시를 복원하려 하지 않고, 과거의 결함을 없애고 효용성과 건강미, 아름다움을 최대한 살린 새로운 도시를 건설하려 할 것이다. 거기에는 백만장자 장사꾼을 비롯한 모든 낡은 기득권 세력은 배제된다.

우리 세대와 다음 세대는 망가진 사회문화 세계 한가운데 있다. 우리는 인간적으로 가능한 전쟁이 없는 새로운 사회를 건설하는 계획을 세워야 한다. 과거의 기득권은 이미 산산이 무너져서 우리의 계획을 반대하는 데 성공할 수 없다. 역사는 우리에게 반동적인 반대의 압력으로부터 벗어날 수 있는 남다른 기회를 부여한다.

인류와 진정한 지도자들이 전쟁이 없는 위대한 새로운 사회를 건설하기로 결심한다면 그 일을 해낼 수 있다. 과거에는 그것이 도달할 수 없었고 유토피아적이었지만 현재는 실현할 수가 있다. 비전과 용기와 믿음을 가진다면 하나님의 큰 영광과 인간의 고귀함을 가진 '항구적인 평화의 전당'을 세울 수 있다.

찾아보기

ㄱ
고교회파　115
괴링　145
괴벨스　135
굽타 왕조　35
금권정치　144, 145

ㄷ
데카브리스트　23, 83, 191, 192
도스토옙스키　68, 69, 74, 116~119, 122, 139, 178, 179, 203, 217
두마　100, 105, 156, 169, 240
두장폭 시수　59
디미트리 돈스코이　38, 224

ㄹ
루스카이아 프라우다　103
류리크 왕조　44, 98

ㅁ
마우리아 왕조　35
메테르니히　48, 191
모스크바 대공국　37~39, 44, 82~85, 103, 105, 107
미르　89~91, 237

ㅂ
바쿠닌　73
빅토리아시대　80, 177, 213, 214, 249

ㅅ
상호부조　90, 138, 139
샤를 12세　70
세르기우스　121, 125, 128, 157
스페란스키　94, 175
시노드　121
신성동맹　23, 191, 192, 300

ㅇ
알래스카　11, 24, 26, 27, 29, 39, 40
알렉산드르 1세　23, 48, 49, 51, 54, 94, 191~193, 220
알렉산드르 넵스키　70, 82, 102, 132, 220, 224
알비파　114, 280
옵슈치나　44, 89~91, 237, 238
위그노　114
윌리엄 제임스　197, 218
유대인　45~48, 54~56, 85, 113, 144
의화단 봉기　24
인텔리겐치아　101, 129

ㅈ

제퍼슨　23
젬스트보　90~93, 139, 160, 165, 172, 173
지노비예프　126, 240, 242

ㅋ

케렌스키　9, 15, 16, 52, 124, 158, 163, 193, 203
쿠투조프　220, 226
쿨리코보 전투　38
크로포트킨　73, 138

ㅊ

타타르족　37, 38, 44, 45, 69, 70, 79, 102~104, 106, 112, 143, 225, 250
투르게네프　73, 74, 178, 179, 203
티콘　124, 127, 128

ㅍ

폴란드　37~39, 45~51, 54, 60, 82, 104, 113, 142, 202, 204, 225, 228, 291
표트르 대제　36, 44, 45, 82, 85, 88, 98, 106, 121, 122, 124, 220, 224
푸시킨　68, 69, 178, 179, 217, 219
프란시스 데이나　22
핀란드　44~48, 50~53, 141, 179, 225, 228

ㅎ

헤라클리우스 2세　39
협동조합운동　91, 92